Ausführliches Verzeichnis der

Guttentag'schen Sammlung

Deutscher Reichs- und Preußischer Gesetze

Text-Ausgaben mit Anmerkungen — Taschenformat

welche alle wichtigeren Gesetze in unbedingt zuverlässigen Gesetzestexten und in mustergiltiger Weise erläutert enthält, befindet sich hinter dem Sachregister.

Ausführliches Verzeichnis der

Guttentag'schen Sammlung

Deutscher Reichs- und Preußischer Gesetze

Text-Ausgaben mit Anmerkungen — Taschenformat

welche alle wichtigeren Gesetze in unbedingt zuverlässigen Gesetzestexten und in mustergiltiger Weise erläutert enthält, befindet sich hinter dem Sachregister.

Guttentag'sche Sammlung
Nr. 85. Deutscher Reichsgesetze. Nr. 85.
Text-Ausgaben mit Anmerkungen.

Scheckgesetz.

Vom 11. März 1908.

Text-Ausgabe mit Einleitung, Anmerkungen
und Sachregister

von

Professor Dr. Max Apt,
Syndikus der Korporation der Kaufmannschaft in Berlin.

Zweiter unveränderter Abdruck.

Berlin 1908.
J. Guttentag, Verlagsbuchhandlung,
G. m. b. H.

Inhaltsübersicht.

Abkürzungen.

Älteste der Kaufmannschaft von Berlin = Scheckverkehr und Scheckgesetz, Gutachten der Ältesten der Kaufmannschaft von Berlin, erstattet am 2. September 1907.

Begr. = Begründung zum Entwurf eines Scheckgesetzes, vorgelegt dem Reichstag am 9. Januar 1908.

Bernstein = Allgemeine deutsche und allgemeine österreichische Wechselordnung, erläutert von Dr. W. Bernstein, 1898.

BGB. = Bürgerliches Gesetzbuch.

Rehbein = Allgemeine Deutsche Wechselordnung mit Kommentar in Anmerkungen und der Wechselprozeß nach den Reichs-Justizgesetzen, herausgegeben von Dr. H. Rehbein, 1900.

RG. = Entscheidungen des Reichsgerichts in Zivilsachen.

ROHG. = Entscheidungen des Reichsoberhandelsgerichts.

Rießer Bemerkungen = Bemerkungen zum „Vorläufigen Entwurf eines Deutschen Scheckgesetzes" unter besonderer Berücksichtigung der Herbeiführung eines einheitlichen Scheckrechts in Deutschland, Österreich und Ungarn, von Geh.-Rat Prof. Dr. Rießer, 1908.

Staub-Stranz = Staub, Kommentar zur Allgemeinen Deutschen Wechselordnung. 5. Aufl., bearbeitet von Justizrat Dr. J. Stranz und Dr. M. Stranz, 1907.

Stranz = Allgemeine Deutsche Wechselordnung. Kommentar von Justizrat Dr. J. Stranz und Dr. M. Stranz. 8. Aufl. 1902.

WO. = Wechselordnung.

ZPO. = Zivilprozeßordnung.

Einleitung.

I. Geschichtlicher Abriß[1]).

Der Name Scheck wird meist von dem englischen „exchequer" abgeleitet. Dies war die Königliche Schatzkammer, auf die der König Anweisungen ausstellte. Französisch wurde exchequer mit échiquier übersetzt. Mitte des 18. Jahrhunderts war in England der Ausdruck „checker" üblich, an dessen Stelle bald der Ausdruck „check" trat[2]).

Man kann annehmen, daß es Anweisungen zu allen Zeiten gegeben hat, in denen das Schrifttum entwickelt war und daß auch bei den Bankiers der Griechen und Römer (Trapeziten und Argentarie) Anweisungen auf Grund der

1) Vgl. hierzu die vortrefflichen Arbeiten von Georg Cohn zur Geschichte des Schecks und zur Lehre des Schecks in der Zeitschrift für vergleichende Rechtswissenschaft, Bd. 1 S. 117 ff., 424 ff.; Bd. 2 S. 69 ff.; Bd. 11 S. 365 ff.; Bd. 12 S. 96 ff.

2) Schanz im Wörterbuch der Volkswirtschaft, 2. Aufl. Bd. 2 S. 757.

Deposita üblich waren. Indes sind schlüssige Beweise für das Scheckwesen im klassischen Altertum bisher noch nicht erbracht worden; diese Beweise werden wohl nicht eher erbracht werden, bis über das Bankwesen des Altertums abschließende Untersuchungen vorliegen, eine Aufgabe, deren Lösung noch immer der Erfüllung harrt.

Im Mittelalter lassen sich zahlreiche schriftliche Anweisungen auf Schuld nachweisen. Namentlich pflegten im 13., 14. und 15. Jahrhundert die Kaiser sowie die Könige von Polen und Dänemark, die Herzöge von Sachsen, Braunschweig, Lüneburg, ihrer Geldnot dadurch abzuhelfen, daß sie ihren Gläubigern statt der Barzahlung Anweisungen auf die fälligen oder fällig werdenden Abgaben ihrer Städte erteilten. Der Rat der Stadt Lüneburg war im 14. Jahrhundert den Herzögen von Braunschweig, der Danziger Rat am Ende des 15. Jahrhunderts den Königen von Polen ständige Anweisungsstelle. Selbst die kleinsten Ausgaben der polnischen Könige wurden statt in bar durch Anweisungen auf die Stadt Danzig berichtigt. In England pflegten die Könige im 13. und 14. Jahrhundert statt baren Geldes Anweisungen auf die Lords des Exchequer, der Königlichen Schatzkammer, zu geben. Diese Anweisungen der öffentlichen Gewalten erachtet Georg Cohn nur für Vorläufer des Schecks. Als die Heimat der Bankdepotanweisung, des regulären Schecks, bezeichnet er Italien. Die ältesten uns erhaltenen Schecks stammen aus Sizilien. In Palermo sind seit 1416 sogenannte polizze nachweisbar, welche von Staatsbehörden auf öffentliche, bei Bankiers deponierte oder eingezahlte Gelder ausgestellt wurden. Schecks, die von Privatleuten auf ihr Privatguthaben gezogen und bei Vorzeigung fällig waren, begegnen wir seit der zweiten Hälfte des 16. Jahrhunderts vielfach, so in Messina 1543, Neapel 1573, Mailand 1593[1]).

Sehr verbreitet war der Gebrauch der Anweisung als Zahlmittel in den Niederlanden. In Amsterdam entwickelte sich mit dem Berufsstand gewerbsmäßiger Kassenverwalter, sogenannter Kassiers, wohl noch vor 1608 eine besondere Urkunde, das Kassiersbriefje. Es war dies der Form nach meist eine in Erwartung der Zahlung ausgestellte und als Zahlmittel benutzte Quittung, in welcher der Ausstellende, ein Kaufmann, im Voraus bekannte, eine Summe Geldes von seinem Kassier erhalten zu haben. Dem Beispiel Hollands folgten die Kaufleute in England. Sie deponierten ihr Metallgeld bei den Goldschmieden, die zugleich Geld-

1) Georg Cohn, Handwörterbuch der Staatswissenschaften, 2. Aufl. Bd. 3 S. 24.

wechsler und Goldhändler waren. Über die hinterlegten Beträge gaben die Goldschmiede den Deponenten Empfangsscheine auf den Inhaber oder der Deponent erteilte seinerseits dem Goldschmied einen schriftlichen Auftrag, an seinen Gläubiger eine bestimmte Summe zu zahlen. Der Zusammenhang von Goldschmiedekunst und Bankiergewerbe löste sich allmählich, die Goldschmiedsanweisung wird zur Anweisung auf den Bankier und zwar zunächst auf den Privatbankier. Den größeren Handelsgesellschaften wird erst 1828 die Befugnis zugesprochen, das Depositengeschäft in Verbindung mit Scheckeinlösungen zu betreiben. Seit der Mitte des vorigen Jahrhunderts hat der englische Scheckverkehr in Verbindung mit dem clearing Verkehr ungeahnte Ausdehnung angenommen.

In Deutschland fehlte es schon im 17. Jahrhundert nicht an An- und Überweisungen zum Zwecke der Zahlung, namentlich an den Meßplätzen und in Hamburg, woselbst es wie in Amsterdam gemeinschaftliche Kassierer gab. Um die Mitte des vorigen Jahrhunderts wandten einzelne Bankinstitute, besonders der Berliner Kassenverein, die Frankfurter Bank, die Danziger Privatbank und die Städtische Bank in Breslau sich der Pflege des Depositen- und Scheckverkehrs nach englischem Vorbild zu. Aber erst in den letzten 25 Jahren hat das Scheckwesen auch seitens der Privatbankiers, Sparkassen und Vorschußvereine Pflege gefunden und bei den großen Bankinstituten bedeutende Ausdehnung angenommen, worauf im folgenden Abschnitt näher eingegangen werden wird.

II. Wirtschaftliche Bedeutung des Scheckverkehrs.

Seit länger als drei Jahrzehnten bemühen sich hervorragende Volkswirte und Juristen, dem Scheckverkehr in Deutschland eine immer größere Ausbreitung zu geben. Die Periode andauernder Geldknappheit, welche wir jetzt durchmachen, läßt die Frage der Erleichterung und des Ersatzes des Bargeldumlaufs besonders dringlich erscheinen, wobei man sich allerdings vor Überschätzung freihalten muß, da die Gestaltung des Geldmarktes eines Landes von den verschiedensten unvorhergesehenen Faktoren abhängig ist. Indes der Ersatz des Bargeldumlaufs ist in normalen Zeiten einer der wichtigsten Faktoren. Als Ersatz des Bargeldumlaufes kommen in Betracht Banknoten, Wechsel und Schecks. Die Banknote enthält das Anerkenntnis einer Bank von einer gewissen Bedeutung, wonach der Inhaber etwas von ihr zu fordern hat. Sie ist insofern in der Zirkulationsfähigkeit dem Scheck, dessen Einlösung immerhin nicht für jedermann außer

Zweifel steht, als Geldersatz weit überlegen. Allein der Scheck soll auch nicht mit der Banknote konkurrieren, da er zur Zirkulation gar nicht bestimmt ist, vielmehr möglichst rasch, sei es durch Barabhebung, Umschreibung oder Abrechnung seine wirtschaftliche Funktion erfüllen soll. Er ist der Banknote andererseits überlegen, indem er die Ausschreibung jeder auch nicht abgerundeten Beträge gestattet. Er ist der Gefahr des Verlustes weniger unterworfen, er ermöglicht durch die ihm innewohnende Tendenz, den Banken zuzustreben, den Ausgleich der Rechtsgeschäfte durch Kompensation oder Verrechnung. Näher als der Banknote steht der Scheck dem Wechsel. Von dem Wechsel unterscheidet sich der Scheck wirtschaftlich insofern, als der Wechsel in den meisten Fällen der Träger eines Kreditgeschäfts ist, während der Scheck im allgemeinen eine Disposition über ein vorhandenes Guthaben darstellt oder, wie Georg v. Siemens treffend sich ausgedrückt hat: der Mann, welcher einen Wechsel verkauft, braucht Geld, der Mann, welcher einen Scheck verkauft, hat Geld. Der Scheck strebt, da er nicht wie der Wechsel diskontierbar ist, nach raschester Einlösung bei dem Bezogenen. Die Tratte ist im höheren Grade Zirkulationsmittel, dazu bestimmt, längere Zeit zu laufen, durch Indossament übertragen zu werden. Der Wechsel ist Kreditpapier, der Scheck Kassapapier. Das

Überhandnehmen des Schecks an Stelle des Wechsels bedeutet somit einen Fortschritt zu einer gesünderen Gestaltung des gesamten Verkehrs[1]).

Der Scheck ist das Erzeugnis einer modernen wirtschaftlichen Entwickelung, hervorgerufen durch das Prinzip der Arbeitsteilung, indem die Kasseführung des einzelnen mehr und mehr in die Hände berufsmäßiger Kassenverwaltungen gelegt wird. Durch den Gebrauch des Schecks tritt eine Erleichterung des Zahlungsverkehrs ein. Das Halten größerer Kassenbestände wird für den Privaten entbehrlich. Die Mühe und Gefahr der Kassenführung werden demselben abgenommen. Gegenüber der Barzahlung bietet der Scheck folgende Vorteile. Das Ausschreiben und Abheben des Schecks ist bequemer und meist weniger zeitraubend, als die gleiche Manipulation mit Geld. Das zeitraubende Geldzählen wird überflüssig, die Gefahr des Verlustes durch Irrtümer im Zählen, Empfangen falscher Geldstücke wird vermieden. Die Kunden werden vor Diebstahl und Feuersgefahr gesichert, die Sorge für die sichere Aufbewahrung übernimmt der Kassenhalter. Vor allem kommt hinzu die Ver-

1) Vgl. hierzu Georg Hoffmann, Der Scheck und das Bürgerliche Gesetzbuch, Bankarchiv, Juli 1905; Georg v. Siemens in der Sitzung des 11. Deutschen Handelstages vom 15. Dez. 1882; Thorwart, Bedeutung des Scheckverkehrs, Frankfurt a. M. 1907.

zinsung der deponierten Summe. Die Beträge, welche der einzelne vorrätig hält, sind in der Hand des einzelnen ein unproduktives Vermögen. Wenn die Summen vieler einzelner in die Hand eines Geldinstituts gelegt werden, so häufen sie sich zu einem ansehnlichen Betrage an, welcher durch das Bankhaus für die allgemeine Volkswirtschaft nutzbar gemacht werden kann. Das Institut kann das Geld ausleihen, Zinsen dafür einnehmen und einen Teil davon seinen Kunden gutschreiben. Ein englischer Schriftsteller führt mit Recht aus, daß durch die bloße Tatsache, daß unser Geld in Banken liegt, dasselbe auch viel leichter zugänglich ist. Eine Million in den Händen der Bankiers ist eine große Macht. Dieselbe Summe, 10- oder 50-fach durch die ganze Nation zerstreut, ist überhaupt keine Macht. Niemand weiß, wo er sie suchen soll. Ein Teil des Metallgeldes wird auf diese Weise von seiner Funktion als Zahlungsmittel entbunden, und diese Verringerung des Geldgebrauchs wird durch den Scheckverkehr erleichtert. Je mehr die dabei entstehende Vervollkommnung durch Umschreibungs- und Abrechnungsstellen zur Durchführung gelangt, je ausgebreiteter dieses System wird, desto geringer wird der Geldgebrauch, und jede Ersparnis an Geld wiederum wirkt auf die Kapitalbildung günstig ein, da das, was nicht zu Geldzwecken Verwendung findet, zur Vermehrung der Produktionsmittel benutzt werden kann[1]).

In England ist es selbstverständlich, daß jeder Kaufmann, Industrielle und Privatmann täglich seine Kasse, soweit er sie nicht für den Tagesbedarf braucht, einem Bankier überliefert; und man muß Eberstadt darin Recht geben, daß der Scheck überhaupt an das Depositengeschäft gebunden ist, und daß speziell in England das Bankwesen durch seine vortreffliche bis ins einzelne ausgearbeitete Organisation den Scheck geschaffen hat[2]).

Nach statistischen Erhebungen werden in London von allen Zahlungen bei Banken 97% in Schecks und nur 3% in Bar oder Noten geleistet, erfolgen in den englischen Provinzen 87% aller Zahlungen in Schecks und 13% in Bar oder Noten. In New York wurde durch mehrfache Beobachtungen festgestellt, daß der große Verkehr mit 94% in Schecks und nur mit 6% in Bar oder Noten zahlt. Die Einzahlungen in 5500 Banken Nordamerikas beliefen sich schon am 1. Juli 1896 im Großhandel auf 95% in Schecks. Ebenso wie im großen so hat sich auch im kleinen

1) Vgl. hierzu Michael, Sparkassen- und Scheckverkehr, Berlin 1892.

2) Eberstadt, Depositenbankwesen und Scheckverkehr in England, Schmollers Jahrbuch für Gesetzgebung, Verwaltung und Volkswirtschaft, 2. Jahrg., S. 583 fg.

Verkehr Englands und Amerikas der Scheck eingebürgert.

Nach den von Thorwart angestellten Berechnungen hat sich der Welthandel Englands in dem letzten Jahre auf nahezu 19900 Mill. M. belaufen, während unser deutscher Welthandel 12300 Mill. M. betrug. Der englische Metallvorrat ist 2800 Mill. M. groß, der deutsche 4080 Mill. M. England besaß einen ungedeckten Notenumlauf von 495 Mill. M., Deutschland dagegen 1300 Mill. M. Diese Ziffern zeigen, daß der englische Welthandel mit einer Summe von 14% in barem Gelde auskommt, während er in Deutschland eine solche von 33% verlangt, und daß, wenn wir die umlaufenden Noten hinzufügen, die Summe des englischen Geldumlaufs, Bargeld und Noten, im ganzen 16% des Welthandels, in Deutschland dagegen 44% ausmacht.

Die bisherige Entwickelung des Scheckverkehrs in Deutschland ist an sich nicht gering zu achten[1]). Der einen umfassenden Scheckverkehr einschließende Reichsbank-Giroverkehr (Bankgesetz § 13 Nr. 7) hat von Jahr zu Jahr an Ausdehnung zugenommen. Die Umsätze (Einnahme und Ausgabe), welche im ersten Jahre (1876) 16711245213 M. betrugen, sind im Jahre

1) Die folgenden Angaben aus Begr. S. 8.

1906 auf 245 622 470 231 M. gestiegen. Die Bestimmungen über den Giroverkehr mit der Reichsbank (Anlage I) verfolgen das Ziel, durch die vielseitigen Mühewaltungen, welche die Reichsbank übernimmt, den Kontoinhabern die eigene Kassenhaltung zu ersparen. Im Zusammenhange hiermit steht die auf Anregung der Reichsbank zurückzuführende Errichtung von „Abrechnungsstellen", deren erste am 14. Februar 1883 in Berlin begründet worden ist. Die Bestimmungen für die Abrechnungsstelle zu Berlin sowie die Geschäftsordnung in ihrer gegenwärtigen Fassung sind in Anlage II wiedergegeben. Zur Zeit bestehen 13 Abrechnungsstellen (in Berlin, Bremen, Breslau, Chemnitz, Cöln, Dortmund, Dresden, Elberfeld, Frankfurt a/M., Hamburg, Leipzig, München und Stuttgart). Ihr Umsatz betrug im Jahre 1889 rund 18, im Jahre 1906 rund 42 Milliarden M.; die Summe der schließlich auf Girokonto bei der Reichsbank gutgeschriebenen Beträge im Jahre 1889 rund 4351, im Jahre 1906 rund 9404 Mill. M. Ein im andauernden Steigen begriffener Teil der Giroumsätze vollzieht sich eben mittels Schecks, welche zur Gutschrift auf ein anderes Konto als das des Ausstellers eingeliefert, bald von dem Aussteller oder von einem Dritten zur baren Abhebung des Betrages vorgelegt werden.

Nach dem Beispiele der Reichsbank haben die

meisten großen Bankhäuser und viele kleinere Firmen Giro- und Scheckkonten, teils mit, teils ohne Verzinsung für ihre Kundschaft eingerichtet. Auch bei ihnen ist eine fortdauernd günstige Entwickelung des Überweisungs- und Scheckverkehrs wahrzunehmen.

Alles das ist aber wiederum sehr wenig im Vergleich zu England und den Vereinigten Staaten. Denn in England werden im Clearing-Verkehr jährlich 216 Milliarden, in den Vereinigten Staaten sogar 487 Milliarden umgesetzt und auch wird das Vielfache dieser Summen vorher durch Umschreibung in den Büchern zur Erledigung gebracht [1]).

Durch die Reduzierung der Geldmenge, welche die Ausdehnung des Scheckverkehrs zulassen würde, könnten wir viele Millionen Mark in jedem Jahre sparen. Der Bestand an Gold- und Silbergeld, welcher in Deutschland vorhanden und unter den jetzigen Verhältnissen zur Bewältigung des Verkehrs erforderlich war, betrug am 1. Januar 1903 nach der Schätzung des amerikanischen Münzdirektors 4075 Mill. M., wovon 3204 Mill. M. in Gold. Rechnen wir nur das Goldgeld, so betrugen hiernach die Kosten, welche aus der Verwendung eines wertvollen Mediums zur Vermittelung des Verkehrs erwachsen, allein

1) Nach Heyn im Bankarchiv 1904 S. 108 f.

schon an Zinsen ($3\frac{1}{2}$ %) 112 Mill. M. pro Jahr. Dazu kommen für Abnutzung ca. 1 Mill. M. und außerdem die Prägekosten. Im Gegensatz hierzu braucht England zur Vermittelung seines viel größeren Verkehrs nur 2218 Mill. M. Goldgeld neben 490 Mill. M. Silbergeld, so daß die Kosten an Zinsen, selbst wenn wir den gleichen Prozentsatz annehmen, sich nur auf $67\frac{1}{2}$ Mill. M. stellen. Der Unterschied beträgt nicht weniger als $44\frac{1}{2}$ Mill. M. pro Jahr. Deutschland könnte bei gleich ausgebildetem Scheckverkehr immer noch an 800 Mill. M. Goldgeld sparen.

Deutschland könnte ferner bei ausgebildetem Scheckverkehr der Produktion sehr viel mehr Kapital zur Verfügung stellen. Wenn alle diejenigen Geldbeträge, welche jetzt zeitweise nutzlos in den Kassen der einzelnen Unternehmer liegen und dann an andere übertragen werden, die sie ebenso nutzlos liegen lassen, gesammelt würden, wie es bei Übertragung der Kassahaltung an die Bank unter Ausdehnung des Scheckverkehrs geschähe, so würden leicht mehrere 100 Millionen Mark herauskommen. Um ebensoviel würden sich die Barreserven der Bank vergrößern. Auf Grund einer solchen Zunahme ihrer Barreserven würden aber die Banken ihre Krediterteilung bedeutend ausdehnen können. Eine der Hauptursachen dafür, daß in England, wenn wir von den letzten Jahren absehen, der Diskont und ferner auch der Zinsfuß für langfristige Darlehen im allgemeinen ein so viel niedrigerer ist als bei uns, liegt ganz zweifellos darin, daß die dortigen Banken infolge der besseren Ausbildung des Scheckverkehrs imstande sind, kurzfristiges Kapital in so viel größerer Menge und so viel billiger anzubieten. Tatsächlich hat der Privatdiskont in England in dem 10-jährigen Zeitraum von 1891 bis 1900 nicht weniger als 1% niedriger gestanden als bei uns, denn in London hat er im Durchschnitt dieser Zeit nur 2,004%, in Berlin dagegen 3,028% betragen. Dies würde auch auf den Wechseldiskont von Einfluß sein.

Der durchschnittliche Wechselumlauf bezw. Wechselbestand in Deutschland betrug im Jahre 1902 ca. 5376 Mill. M. Nehmen wir an, daß am Diskont für diese Wechsel auch nur $\frac{1}{2}$% gespart werden könnte, so ergäbe das allein schon eine Summe von 27 Mill. M. pro Jahr[1]).

Wenn auch in Deutschland der Scheck, wie vorher dargelegt, im Großverkehr, wenn auch nicht in gleichem Umfange wie in England und den Vereinigten Staaten, Eingang gefunden hat, so kommt es doch darauf an, sein Tätigkeitsfeld auf die mittleren und kleinen Geschäfte auszudehnen, ihn mit anderen Worten zu demokratisieren. Dazu gehört in erster Reihe, daß

1) Heyn im Bankarchiv, 1904, S. 110.

dahin gewirkt wird, daß jeder der es kann, sich ein Bankkonto einrichten läßt. Wie sich der Scheckverkehr bei unseren Banken entwickelt hat, läßt sich bei dem Mangel einer einigermaßen zuverlässlichen Statistik und bei der Verschiedenheit der Buchungsmethoden schlüssig nicht nachweisen[1]).

Als Kunden der Scheckinstitute nehmen in Deutschland zur Zeit nicht bloß alle größeren Handels- und Industriefirmen, sondern auch Reichs- und Staatsbehörden, sowie Privatpersonen in immer wachsender Zahl am Scheckverkehr teil, so daß sich die Gewohnheit, Zahlungen mittels Scheck zu leisten, von Jahr zu Jahr weiter verbreitet. Daß der Kleinverkehr sich mit Vorteil des Schecks bedienen kann, zeigen die Verhältnisse bei der Oldenburgischen Spar- und Leihbank in Oldenburg, die seit einer Reihe von Jahren mit Erfolg bemüht ist, den Scheckverkehr gerade dem Kleinverkehre dienstbar zu machen. An dem Scheckverkehre dieser Bank waren im Jahre 1906 beteiligt: 481 Kaufleute und Fabrikanten, 284 Handwerker, 503 Beamte, Ärzte, Lehrer und Militärpersonen, 52 Landleute, 137 Vereine und Kassen, 77 Rentiers, 399 weibliche Personen. Der Umsatz auf Scheckkonto ist in demselben Zeitraume von 9,86 Mill. M. auf

---

1) Näheres bei Buff, Gegenwärtiger Stand und Zukunft des Scheckverkehrs in Deutschland, München 1907.

46,25 Mill. M. angewachsen. Die Zahl der eingelösten Schecks ist von 11 678 auf 29 747 gestiegen. Einen weiteren Beweis für die Pflege des Scheckverkehrs in mittleren und kleineren Kreisen enthalten die Veröffentlichungen der Schulze-Delitzschen Kredit-Genossenschaften. Bei ihnen ist die Zahl der Kontoinhaber von 21 509 im Jahre 1900 auf 33 390 im Jahre 1906 gestiegen. Die Zahl der eingelösten Schecks ist in demselben Zeitraume von 272 209 auf 527 165 gestiegen, mit denen 296,87 bezw. 511,98 Mill. M. abgehoben worden sind. Bei der Oldenburgischen Landesbank ist die Zahl der eingelösten Schecks von 893 im Jahre 1901 auf 43 066 im Jahre 1906 und das Scheckkonto in demselben Zeitraume von 1,2 auf 3,2 Millionen gestiegen. Die Mecklenburgische Hypotheken- und Wechselbank verzeichnet für 1900 bis 1906 eine Zunahme der Scheckkonten von 10 792 auf 14 519 und der Scheckbestände von 16,9 auf 23,47 Mill. M.

Aussteller und Empfänger des Schecks kann man in zwei Hauptgruppen einteilen. Die eine Gruppe umfaßt die Privaten im weitesten Sinne des Wortes, die andere die Behörden. Zu den Behörden gehören in erster Reihe die Staaten und Kommunen. Sowohl bei den Staaten wie bei den Kommunen ist ein immer weiter greifendes Verständnis für die Bedeutung des Scheckverkehrs bemerkbar, wenngleich auch hier noch viel zu tun übrig bleibt. Beinahe in ganz Deutschland werden die Gehälter der Beamten direkt an den öffentlichen Kassen in bar ausgezahlt. Die Summen, die für diese Zwecke eine ganz enorme Höhe aufweisen, werden also in der Mehrzahl der Fälle von staatlichen und kommunalen Kassen bereit gehalten. Was das besagen will, ergeben folgende Zahlen: Man hat ausgerechnet, daß allein an Gehältern für die Reichsbeamten und preußischen Beamten jährlich 888 Mill., vierteljährlich also 222 Mill. M. bei den einzelnen staatlichen Auszahlungskassen schon zwei bis drei Tage vor den Kalenderquartalen behufs barer Auszahlung an die Beamten zur Verfügung gestellt werden, um dann behufs allmählicher Barausgabe zinslos liegen bleiben. Vom preußischen Finanzminister wurde allerdings in der letzten Zeit die Verfügung getroffen, wonach die unmittelbar zu zahlenden Gehaltsbezüge derjenigen Beamten, welche ein Konto bei einem an den Reichsbank-Giroverkehr angeschlossenen Bankhause besitzen, auf Wunsch ganz oder zum Teil deren Bankkonto im Girowege zugeführt werden können. Zu erwähnen ist noch ein Vorschlag der Bank der Ostpreußischen Landschaft in Königsberg Ende vorigen Jahres an verschiedene Provinzialbehörden sowie Stadtgemeinden, wonach sie sich verpflichtete, den Beamten auf Gehaltskonten

3 % bei täglicher Abhebung auf Scheckkonto zu gewähren.

Dieses Verfahren könnte auch auf die Pensionszahlung 2c. ausgedehnt werden. Würde das Kontohalten der Beamten allgemein, so könnten ungeheure Summen auf diese Weise zentralen Instituten zugeführt werden, dem Erwerbsleben und somit der deutschen Volkswirtschaft dienstbar gemacht werden. Hier könnten ganz besonders unsere Sparkassen wirken, falls sie Scheckkonten der Beamten führten. Zu verweisen ist ferner auf die Steuer- und Zollzahlungen. Die Kommunen gehen immer mehr dazu über, das Publikum auf die Möglichkeit und Vorteilhaftigkeit der bargeldlosen Zahlungen hinzuweisen. Auch bei den Kassen der Verkehrsanstalten beginnt das Verständnis für die Bedeutung und den Nutzen des Haltens eines Bankkontos immer mehr durchzudringen. So teilt die Generaldirektion der Sächsischen Staatseisenbahn mit, daß Barzahlungen bei den sächsischen Staatseisenbahnen nur bewirkt werden, wenn die Umstände eine andere Ausgleichung nicht gestatten. Auch bei der Post ist die bargeldlose Zahlung an Private nicht unbekannt. So wurde an einer Anzahl von Plätzen im Jahre 1887 von der Reichsbank mit der Postverwaltung eine Vereinbarung getroffen, welche jetzt alle mit Giroverkehr ausgestatteten Bankanstalten umfaßt, derzufolge Postanweisungen an Girointeressenten auf Wunsch an ihr Girokonto eingezahlt werden, während andererseits die Girokunden den Betrag der bei den Postämtern eingelieferten Postanweisungen in Schecks auf die Reichsbank entrichten dürfen[1].

Die Gutschriften von auszuzahlenden Postanweisungsbeträgen auf Reichsbankgirokonto betrugen bereits im Jahre 1900 1,025 Milliarden M., die mittels Scheck eingezahlten Postanweisungsbeträge 119 Mill. M., indessen kann diese Annehmlichkeit bloß einem beschränkten Kreise zu gute kommen, da nur Personen oder Firmen, welche ein Reichsbankgirokonto besitzen und größere Summen per Postanweisung überwiesen erhalten, von dieser Einrichtung Gebrauch machen können.

Im Postanweisungsverkehr werden täglich 20 bis 30 Mill. von den Briefträgern behufs Auszahlung bar in den Taschen herumgetragen, so daß, da diese 20 bis 30 Mill. M. Auszahlungsgelder entsprechenden täglichen Einzahlungsbeträgen, gegenüberstehen, täglich 40 bis 60 Mill. zinslos und bar kursieren, also anderweiter produktiver Verwendung entzogen werden.

Daß man bei uns dazu übergehen will, den

---

1) Die Reichsbank 1876—1900.

in hoher Blüte in Österreich stehenden Postscheckverkehr einzuführen, dürfte bekannt sein[1]).

Es ist ferner zu verweisen auf den hypothekarischen Abrechnungsverkehr. Die hypothekarische Belastung Deutschlands ist statistisch nicht genau zu erfassen. Aus den Rechenschaftsberichten der öffentlichen Kassen, der Hypothekenbanken, der Versicherungsanstalten ꝛc. hat man indessen auf Grund ihrer hypothekarischen Forderungen geschlossen, daß die Immobiliarbelastung Deutschlands auf 42 Milliarden M. zu beziffern sei. Natürlich handelt es sich hier nur, wie Thorwart mit Recht bemerkt, um Schätzungen. Wenn diese 42 Milliarden M. nur mit 4% verzinst werden, so verbrauchen wir für Zinszahlungen jährlich 1680 Mill. M., vierteljährlich also 420 Mill. M. Welche Geldersparnis wäre zu erzielen, wenn nur ein Teil aller dieser Zahlungen durch Schecks und Abrechnungsstellen verrechnet werden könnten. Es ist zu begrüßen, daß die Reichsbank die Anregung für eine hypothekarische Abrechnungsstelle gegeben hat, und daß dieselbe auch demnächst in Wirksamkeit treten wird.

Und noch ein anderer Gesichtspunkt kommt in Betracht. Die Zahl der in Deutschland lebenden selbständigen Erwerbstätigen betrug

1) Kirschberg, Der Postscheck, Tübingen 1907. Eine diesbezügliche Vorlage ist am 5. März d. J. dem Reichstage zugegangen, Drucks. Nr. 747.

im Jahre 1895 9590000 Menschen. Nimmt man an, daß jeder von diesen nur 100 M. bares Geld heute zuhause liegen hat, diese in Zukunft jedoch den Bankiers gegen Zinsvergütung zur Verfügung stellen wird, dann würde sich in den Kassen der letzteren eine Summe von 960 Mill. M. ansammeln, die nicht nur Geld frei machen, sondern auch zu neuen wirtschaftlichen Zwecken verwendet werden können; und wenn ein jeder selbst nur 50 M. von seinem Barvorrat bei den Bankiers einzahlt, dann würde diese Summe immer noch 500 Mill. M. ausmachen. Da der durchschnittlich ungedeckte Notenumlauf der Reichsbank im vorigen Jahre 496 Mill. M. betragen hat, so würden jene 500 Mill. M., wenn auf Reichsbank-Girokonto eingezahlt, ausreichen, um den ungedeckten Notenumlauf in Deutschland entbehrlich werden zu lassen[1]).

Was die öffentlichen Sparkassen anlangt, so ist die Lippesche Landessparkasse neben den Sparkassen zu Rendsburg und Oldesloe zur Zeit wohl die einzige öffentliche Sparkasse, die Schecks auf sich ziehen läßt, die Sparkasse in Bremen die einzige, welche Mitglied einer Abrechnungsstelle ist. Im übrigen haben unsere deutschen Sparkassen bisher wenig Gewicht darauf gelegt, das Sparguthaben durch bankmäßige Verkehrsformen

1) Thorwart a. a. O. S. 12.

in den Dienst der laufenden Wirtschaft zu stellen. Der Verkehr am Schalter ist ausschließlich Barverkehr. Trotzdem ist der Scheckverkehr unseren deutschen Sparkassen nicht fremd, denn die meisten von ihnen besitzen Konten bei den Banken, woselbst sie ihre überschüssigen Gelder zunächst bis zur weiteren Verwendung anlegen. Außerdem besitzen zahlreiche Sparkassen ein Girokonto bei der Reichsbank, welches jedoch nicht in dem wünschenswerten Maße in Anspruch genommen wird.

Nach dem Statistischen Jahrbuch für das Deutsche Reich vom Jahre 1907 betrugen die Gesamtguthaben der Einleger bereits im Jahre 1904 über 11 Milliarden, sie sind jetzt auf über 13 Milliarden gewachsen. Gewöhnt sich das Publikum daran, von den Sparkassen solche Schecks anzunehmen, so wird es auch allmählich zur Überzeugung gelangen, daß die Einzahlung mittels Schecks für die beteiligten Kreise ebenfalls von großem Werte ist und eine nicht unbeträchtliche Vereinfachung des Zahlungsverkehrs bedeutet [1]. Natürlich müßten Sparkassenbeamte in systematischer Weise aufklärend auf das Sparpublikum einwirken; es müßten Zirkulare ausgegeben werden, auf welchen die Vorzüge der bargeldlosen Zahlung anschaulich geschildert werden.

---

1) Buff, Annalen des Deutschen Reichs, 1907, S. 802.

Für die Popularisierung des Scheckverkehrs sind in allerneuester Zeit mit besonderem Nachdruck die Ältesten der Kaufmannschaft von Berlin auf Anregung ihres Präsidenten Kaempf eingetreten. Sie waren der Auffassung, daß vor allen Dingen die Entwickelung des Überweisungs- und Scheckverkehrs in Deutschland praktisch gefördert und auf eine Änderung der Gewohnheiten des deutschen Publikums hinsichtlich des Zahlungsverkehrs hingewirkt werden müsse. Zu diesem Zwecke haben sie zahlreiche Konferenzen mit Sachverständigen abgehalten, an denen Vertreter der Bankwelt, der staatlichen und städtischen Behörden teilgenommen haben. Sie haben gleichzeitig Rundschreiben erlassen, in welchen sie auf die hohe Bedeutung des Scheckverkehrs aufmerksam machten. Infolge dieser Anregungen hat der Verein Berliner Banken und Bankiers ein Merkbüchlein verfaßt, in welchem die Vorteile des Scheckverkehrs für das große Publikum auseinandergesetzt werden. Eine ähnliche Ausarbeitung hat die Königliche Seehandlung im Juni 1907 an alle Behörden, Institute und Private versandt, die in wirksamer Weise die Bedeutung des Scheckverkehrs behandelt. Auch der deutsche Handelstag hat Anfang August 1907 ein Flugblatt veröffentlicht.

III. Die Entwickelung des Kodifikationsgedankens in Deutschland[1]).

Die Bewegung zu Gunsten einer gesetzlichen Regelung des Scheckwesens läßt sich in Deutschland auf etwa 30 Jahre zurückverfolgen. An der Spitze der Vorkämpfer für eine gesetzliche Regelung des Scheckwesens steht in erster Reihe der hochverdiente vormalige Reichsbank-Präsident Dr. Richard Koch, welcher im Jahre 1878 auf den Gebrauch von Schecks als Zahlungsmittel in einem beachtenswerten Aufsatz in Buschs Archiv Bd. 37 S. 85 ff. hingewiesen hat und im Jahre 1883 durch seinen in der Juristischen Gesellschaft zu Berlin gehaltenen Vortrag über Bedürfnis und Inhalt eines Scheckgesetzes für das Deutsche Reich in klarer Weise die Grundzüge für ein zukünftiges Scheckgesetz gezeichnet hat. Durch dogmatische und geschichtliche Forschungen hat Prof. Dr. Georg Cohn die Kochschen Anregungen vertieft. Unter den juristischen Gegnern einer gesetzlichen Regelung des Scheckverkehrs ist der frühere Reichsgerichtsrat Dr. Behrend hervorzuheben, welcher in seinem Gutachten für den 17. Deutschen Juristentag[2]) zu verneinendem Urteil kommt. Dem gegen-

1) Vgl. hierzu Rießer, Zur Revision des Handelsgesetzbuches. Beilageheft zu Bd. 33 Goldschmidts Zeitschrift für das gesamte Handelsrecht S. 232 ff.

2) Verhandlungen des 17. Deutschen Juristentages Berlin 1884 Bd. 1 S. 32 ff.

über hat insbesondere Rießer die Forderung einer gesetzlichen Regelung bis in die jüngste Zeit in Aufsätzen und Vorträgen vertreten[1]).

Die Auffassung des Handelsstandes war in der Frage der gesetzlichen Regelung des Scheckwesens keine einheitliche, doch ist die Schwankung in der Auffassung weniger zurückzuführen auf grundsätzliche Gegensätze als auf Erwägungen politischer Natur, da man bei der in den letzten zwei Jahrzehnten herrschenden handelsfeindlichen Gesetzgebung ein den Handel förderndes Scheckgesetz nicht erhoffte. Im Jahre 1879 verfaßte die Braunschweiger Handelskammer einen Entwurf zu einem Scheckgesetz, den sie mit Erläuterungen am 12. September 1879 den Handelskammern zur Begutachtung übersandte. Die überwiegende Majorität der Handelskammern stimmte im Prinzip dem Verlangen nach gesetzlicher Regelung zu, die Handelskammer Mannheim unter Einsendung eines Gesetzentwurfs, die Heidelberger Handelskammer unter Einsendung eines Gutachtens aus der Feder von Georg Cohn. Am 18. November 1879 fand sodann in Braunschweig eine Konferenz Delegierter deutscher

1) Deutsche Juristenzeitung 1907 Nr. 1 S. 31; Leipziger Zeitschrift 1907 Nr. 2 und 3; Scheckverkehr und Scheckrecht in Heft IV der Veröffentlichungen des Mitteleuropäischen Wirtschaftsvereins in Deutschland, Berlin 1907; Bemerkungen zum vorläufigen Entwurf eines deutschen Scheckgesetzes, Berlin (J. Guttentag) 1908.

Handelskammern statt, welche aber eine Resolution, durch welche die gesetzliche Regelung des Scheckwesens für notwendig und dringlich erklärt werden sollte, ablehnte. Der Ausschuß des Deutschen Handelstages, welcher auf Anregung der Magdeburger Handelskammer am 21. November 1879 die Frage beriet, verhielt sich ablehnend, im wesentlichen mit der Begründung, daß sich das Scheckwesen erst in der Praxis mehr einleben sollte[1]).

Die Verwaltung der Reichsbank arbeitete 1882 einen Scheckgesetzentwurf aus, welcher einer Beratung mit Sachverständigen unterworfen wurde.

Als Verfasser dieses Entwurfes wird allgemein der damalige Vizepräsident der Reichsbank Dr. R. Koch angesehen. In seiner 11., am 15. und 16. Dezember 1882 in Berlin abgehaltenen Vollversammlung beschäftigte sich der Deutsche Handelstag mit der Scheckfrage und sprach sich nach einem vortrefflichen Referat von Georg Siemens in Übereinstimmung mit einem Beschlusse der Ältesten der Kaufmannschaft von Berlin vom 11. Dezember 1882 mit großer Majorität dahin aus, daß der Erlaß eines Scheckgesetzes nützlich wirken würde, wenn in demselben folgende Grundsätze niedergelegt würden:

1) Deutsches Handelsblatt S. 443.

1. der Scheck ist vorzugsweise Zahlungsmittel, nicht Umlaufsmittel;

2. die Ausdehnung des Scheckverkehrs empfiehlt sich aus wirtschaftlichen Rücksichten namentlich im Interesse der Zentralisation unseres Geldwesens;

3. der Erlaß eines Scheckgesetzes würde günstig wirken, wenn darin festgestellt ist:

a) eine Legaldefinition des Schecks als Sichtanweisung des Ausstellers auf das verfügbare Guthaben desselben bei dem Bezogenen,

b) kurze Präsentationsfrist für Platzschecks, entsprechend verlängert für alle übrigen Schecks, auch ausländische,

c) Stempelfreiheit,

d) Regreß in der Form des Wechselrechts gegen den Aussteller und die ev. Giranten.

Im Jahre 1884 wurde die von der Ständigen Deputation des Deutschen Juristentages gestellte Frage, „empfiehlt sich eine gesetzliche Regelung des Scheckverkehrs", von Koch unter ausführlicher Motivierung bejahend, von Behrend verneinend entschieden.

Der 17. Deutsche Juristentag in Würzburg erklärte sich, wenn auch mit geringer Mehrheit, für die gesetzliche Regelung des Scheckverkehrs. Die Reichsregierung legte dem Reichstag am 11. März 1892 den Entwurf eines Scheckgesetzes nebst Begründung zur Beschlußfassung vor. Wegen der inzwischen erfolgten Auflösung des Reichstages kam jener Entwurf nicht zur Verhandlung. In der Sitzung des Ausschusses des deutschen Handelstages vom 20. Februar 1897 gelangte die Scheckfrage auf Anregung der Handelskammer München zu erneuter Verhandlung. Der Ausschuß erklärte, daß er die Ordnung des Scheckverkehrs zwar für eine der Aufgaben halte, denen die deutsche Gesetzgebung sich werde unterziehen müssen; allein er glaube nicht, daß das Eingreifen der Gesetzgebung ein so dringendes Bedürfnis sei, um zur Zeit deshalb Anträge an die Reichsregierung zu stellen. Der erste Allgemeine Bankiertag, der im September 1902 in Frankfurt a. M. tagte, machte sich diesen Beschluß des Handelstages zu eigen, unter der ausdrücklichen auch auf dem Handelstage ausgesprochenen Begründung, man habe nicht die Zuversicht, daß ein aus dem Parlament hervorgehendes Scheckgesetz in Fassung und Inhalt befriedigen werde.

Mit besonderer Schärfe haben die Ältesten der Kaufmannschaft von Berlin diese Gesichtspunkte in ihrer Denkschrift vom 29. Oktober 1906 über die Frage eines Reichsscheckgesetzes betont. Sie sind hierbei von der Ansicht ausgegangen, daß es besser sei, kein Scheckgesetz zu besitzen als ein schlechtes, und daß ein verkehrsfeindliches

Scheckgesetz die Entwickelung des Scheckverkehrs nicht fördern, sondern nur hemmen könne.

Die Zeit anhaltender Geldknappheit, welche das Wirtschaftsleben des vorigen Jahres beherrschte, ließ die Frage nach einem Ersatz des Bargeldumlaufes besonders dringlich erscheinen. Die Reichsregierung hielt es daher für richtig, von neuem mit einem Scheckgesetzentwurf hervorzutreten, welcher im Reichsanzeiger vom 13. Juli 1907 veröffentlicht worden ist. Dieser Scheckgesetzentwurf trug den gerade von den Handelsvertretungen geäußerten Wünschen insofern Rechnung, als er die Stempelfreiheit des Schecks statuierte und von Strafbestimmungen Abstand nahm. Einem in diesem Geiste abgefaßten Gesetzentwurf konnten natürlich auch die Handelsvertretungen ihre Zustimmung geben. Nachdem dieser vorläufige Entwurf in seiner Grundtendenz Zustimmung erhalten hatte, wurde am 9. Januar 1908 dem Reichstag der Entwurf eines vom Bundesrat beschlossenen Scheckgesetzes zur verfassungsmäßigen Beschlußfassung vorgelegt. Die erste Lesung des Entwurfs hat im Reichstage am 22. und 23. Januar 1908 stattgefunden und hat mit der Überweisung an eine Kommission geendet. Die zweite Lesung hat am 21. Februar 1908 stattgefunden, in der insbesondere ein Zusatz beschlossen wurde, wonach die unter amtlicher Aufsicht stehenden Sparkassen unter § 2 fallen. Die dritte Lesung hat am 25. Februar 1908 stattgefunden. Die Veröffentlichung im Reichs-Gesetzblatt ist am 14. März erfolgt.

IV. Grundzüge des Gesetzes.

Das Gesetz sieht von einer Legaldefinition des Schecks ab. Es beschränkt sich nach dem Vorgang der Wechselordnung darauf, die Erfordernisse vorzuschreiben, welche notwendig sind, damit einer Urkunde die Eigenschaft als Scheck im Sinne des Gesetzes zukommt. Der Scheck muß enthalten:

1. die in den Text aufzunehmende Bezeichnung als Scheck oder, wenn der Scheck in einer fremden Sprache ausgestellt ist, ein jener Bezeichnung entsprechender Ausdruck in der fremden Sprache;
2. die an den Bezogenen gerichtete Anweisung des Ausstellers, aus seinem Guthaben eine bestimmte Geldsumme zu zahlen;
3. die Unterschrift des Ausstellers;
4. die Angabe des Ortes und des Tages der Ausstellung.

Nur wenn im Text die Bezeichnung als Scheck aufgenommen ist, wenn also der Scheck die s. g. Scheckklausel enthält, ist er ein Scheck im Sinne des Gesetzes. Fehlt ihm die Scheckklausel, so ist er eine nach bürgerlichem Rechte zu beurteilende Anweisung.

Die in der Wissenschaft streitige Frage, ob die ausdrückliche Bezugnahme auf das Guthaben des Ausstellers unter die wesentlichen Erfordernisse der Scheckurkunde aufzunehmen sei, wird vom Gesetz in Übereinstimmung mit dem österreichischen Rechte bejaht. Mit Recht führt die Begründung aus, daß es immer zur strengen Beobachtung des Grundsatzes, daß ungedeckte Schecks nicht ausgestellt werden dürfen, beitragen wird, wenn der Aussteller in der von ihm zu vollziehenden Urkunde die Zahlung ausdrücklich aus seinem Guthaben versprechen und sich deshalb gegenwärtig halten muß, daß er sich im Falle der Unrichtigkeit seiner Zusicherung steuerlichen Nachteilen, unter Umständen der Bestrafung wegen Betruges aussetzt. Als Guthaben ist der Geldbetrag anzusehen, bis zu welchem der Bezogene nach der zwischen ihm und dem Aussteller getroffenen Vereinbarung von dem letzteren ausgestellte Schecks einzulösen verpflichtet ist.

Es ist nicht notwendig, daß ein bestimmter Barbetrag von dem Aussteller bei dem Bezogenen niedergelegt worden ist. Das Guthaben kann entweder durch Einzahlung Dritter, durch diskontierte Wechsel, Lombardierung von Wertpapieren rc. entstanden sein. Auch ein Darlehn des Bezogenen an den Aussteller, dessen Betrag mittels Schecks ratenweise abgehoben wird, die Gewährung eines ungedeckten Kredits oder die Akkreditierung des Ausstellers beim Bezogenen durch einen Dritten kann als genügend angesehen werden. Für die Sicherheit des Scheckverkehrs kommt es allein darauf an, daß der Bezogene nach dem Inhalte des zwischen ihm und dem Aussteller bestehenden Rechtsverhältnisses dem Aussteller gegenüber den Scheck einzulösen verpflichtet ist. Erforderlich ist die Bezugnahme auf das Guthaben im Texte der Urkunde, nicht etwa das Vorhandensein des Guthabens selbst. Da das Vorhandensein des Guthabens aus der Urkunde nicht ersichtlich ist, so kann ihm für die Gültigkeit der Urkunde kein Einfluß eingeräumt werden. Verschiedentlich hat man es unternommen, das Interesse des Inhabers an der Einlösung des Schecks in der Weise sicherzustellen, daß man an die Ausstellung ungedeckter Schecks oder an Handlungen, durch welche einem Scheck nach seiner Ausstellung die Deckung entzogen wird, strafrechtliche oder zivilrechtliche Folgen knüpfte. Der Entwurf von 1892 hatte für bestimmte Fälle Geldstrafen vorgesehen, seine Vorschläge sind aber auf den lebhaften Widerstand der beteiligten Kreise gestoßen und haben dazu beigetragen, daß der Wunsch nach einer gesetzlichen Regelung des Scheckwesens in diesen Kreisen zurücktrat. Wegen fahrlässiger Überziehung des Guthabens Strafen anzudrohen, hat das Gesetz mit Recht unterlassen, weil man dadurch gerade vom dem Gebrauche des Schecks nur abschrecken würde.

Dem Scheck ist wesentlich die Angabe des Ortes und des Tages der Ausstellung. Schecks, welche kein Datum tragen, können keine Schecks im Sinne des Gesetzes sein, da bei ihnen jeder Anhaltspunkt für die Berechnung der Verlegungsfrist fehlt. Schecks, welche vor dem auf ihnen angegebenen Ausstellungsdatum in den Verkehr gebracht werden, sogenannte vordatierte Schecks, genügen an sich den Vorschriften, sie tragen einen Ausstellungstag, allerdings nicht den wirklichen. Das Gesetz knüpft indes an die unrichtige Datierung keine strafrechtlichen Folgen.

Die Fähigkeit, einen Scheck auszustellen (aktive Scheckfähigkeit), richtet sich nach den Bestimmungen des bürgerlichen Rechts, dagegen ist die Fähigkeit, als Scheckbezogener zu fungieren, durch den Entwurf wie folgt beschränkt: Als Bezogene sollen nur bezeichnet werden

1. diejenigen Anstalten des öffentlichen Rechts, diejenigen unter staatlicher Aufsicht stehenden Anstalten, sowie diejenigen in das Genossenschaftsregister eingetragenen Genossenschaften, welche sich nach den für ihren Geschäftsbetrieb maßgebenden Bestimmungen mit der Annahme von Geld und der Leistung von Zahlungen für fremde Rechnung befassen; ferner die unter amtlicher Aufsicht stehenden Sparkassen, wenn sie die nach Lan-

desrecht für sie geltenden Aufsichtsbestimmungen erfüllen;

2. die in das Handelsregister eingetragenen Firmen, welche gewerbsmäßig Bankiergeschäfte betreiben.

Die Auffassung der ausländischen Gesetzgebung in dieser Frage ist eine geteilte. England läßt die Scheckziehung lediglich auf einen Banker zu. In der gleichen Richtung bewegt sich die Praxis der Vereinigten Staaten von Nordamerika. Den Standpunkt völliger Scheckfreiheit vertreten Frankreich, Belgien, die Schweiz, Spanien, Rußland, die Skandinavischen Staaten und Japan. Eine vermittelnde Stellung nehmen Italien und Portugal ein, indem sie neben den Kreditinstituten und Banken auch Kaufleute als Bezogene gelten lassen. Österreich bezeichnet als Bezogene 1. die Postsparkasse, öffentliche Banken oder andere zur Übernahme von Geld für fremde Rechnung statutenmäßig berechtigte Anstalten; 2. alle anderen handelsgerichtlich registrierten Firmen, die gewerbsmäßig Bankiergeschäfte betreiben.

Während der Entwurf von 1892 noch von dem Grundsatze der allgemeinen passiven Scheckfreiheit ausging, hatte bereits der im Juli vorigen Jahres veröffentlichte Entwurf den Grundsatz der Beschränkung der passiven Scheckfähigkeit akzeptiert. Die Beschränkung der passiven Scheckfähigkeit ist nur zu billigen. War doch der Ausgangspunkt der gegenwärtigen Propaganda für die Popularisierung des Scheckverkehrs der Gesichtspunkt der Geldersparung. Der Scheck soll nicht durch die Zahlung, sondern durch Abrechnung oder Umschreibung zur Einlösung gelangen. Indem für den Scheckverkehr bestimmte Annahmestellen geschaffen werden, findet eine Konzentration des Geldes statt, und indem diese Annahmestellen ihrerseits durch das Mittel der Abrechnungsinstitute miteinander in Verbindung treten, wird der Ersatz des Geldumlaufs durch das System der Abrechnung auf das leichteste bewirkt. Da nach dem heutigen Stande der Schecktechnik an diesem Abrechnungsverfahren außer den großen Kreditinstituten nur noch Firmen, die gewerbsmäßig Bankiergeschäfte betreiben, teilnehmen, so ergibt sich, daß das vom Entwurf adoptierte Prinzip als zweckmäßig zu erachten ist.

Während nach dem Entwurf von 1892 die Bezeichnung des Zahlungsempfängers zu den wesentlichen Erfordernissen der Scheckausstellung gehörte, so daß Schecks, welche die Bezeichnung eines Zahlungsempfängers nicht trugen, als solche ungültig waren, hat das Gesetz diesen Standpunkt verlassen, um die Scheckausstellung nicht unnötig zu erschweren und um zu verhindern, daß ungültige Schecks in Umlauf kommen. Schecks, die keinen Zahlungsempfänger tragen, sind als Inhaberschecks anzusehen. Im einzelnen sieht das Gesetz, entsprechend der bisherigen Übung, folgende Arten von Schecks vor: 1. Rektascheck; 2. Orderscheck; 3. Inhaberscheck: a) mit der reinen Inhaberklausel, b) mit der alternativen Inhaberklausel (an X oder Überbringer bezw. an X oder Inhaber), c) ohne Bezeichnung des Zahlungsempfängers.

Als Ort, an dem die Zahlung aus dem Scheck zu leisten ist, gilt nach dem Entwurfe der bei dem Namen oder der Firma des Bezogenen angegebene Ort. Ist bei dem Namen oder der Firma des Bezogenen ein Ort nicht angegeben, so wird vermutet, daß es der Absicht des Ausstellers entspricht, daß der Bezogene am Ausstellungsorte zahlen soll. Dem Bezogenen bleibt es überlassen, durch welche seiner Zahlstellen er die Einlösung besorgen lassen will. Von dem Bezogenen, der der Kassenhalter des Ausstellers ist, kann nicht verlangt werden, daß er an einem Orte zahlen soll, an dem er keine Kasse hält oder daß an seiner Stelle ein Dritter zahlen soll. Diese Erwägung führt jedoch nicht dazu, domizilierte Schecks, d. h. solche, welche einen anderen Zahlungsort als den bei dem Namen oder der Firma des Bezogenen angegebenen enthalten, für nichtig zu erklären. Das Gesetz bestimmt vielmehr, daß die Angabe eines anderen Zahlungsorts lediglich als nicht geschrieben gilt.

Für die Anweisung ist keine Beschränkung der Zahlungszeit vorgesehen, dagegen gehört die Zahlbarkeit bei Sicht zum Wesen des Schecks; sie ist, wie die Begründung treffend hervorhebt, notwendig, wenn der Scheck nicht seinem wirtschaftlichen Zwecke, als Zahlungsmittel zu dienen, entfremdet und zu einem dem Wechsel ähnlichen Kreditpapier gemacht werden soll. Die Angabe einer anderen Zahlungszeit macht den Scheck nach dem Entwurfe nichtig, während nach dem österreichischen und schweizerischen Gesetze ein Scheck auch dann auf Sicht zahlbar ist, wenn er eine andere Bestimmung über die Verfallzeit enthält. Das Gesetz hat sich indes dieser Regelung nicht angeschlossen, weil dem Willen der bei der Begebung einer solchen Urkunde Beteiligten dadurch ein unbilliger Zwang angetan werde. Der Aussteller, der den Nehmer ausdrücklich in der Zukunft befriedigen will, dürfe nicht so behandelt werden, als hätte er eine Anweisung zu sofortiger Zahlung erteilt. Diese Erwägung erscheint nicht als durchschlagend und steht auch mit der an anderer Stelle erwähnten in Widerspruch, daß man möglichst vermeiden müsse, ungültige Schecks in den Verkehr zu bringen. Ich halte daher die Regelung, die Österreich getroffen hat, für richtiger. Von einem ähnlichen Gesichtspunkt geleitet, den Scheck nicht zu Wechselfunktionen verwenden zu lassen, ist im § 10 die Bestimmung getroffen, daß der Scheck nicht angenommen werden darf; es soll die Auffassung vermieden werden, als ob der Bezogene durch Akzept eine neue und primäre Schuldverbindlichkeit übernimmt; der Bezogene ist lediglich Zahlungsorgan und nicht Kreditorgan. Dem in der Literatur gemachten Vorschlage, ein ausnahmsweise vorkommendes Akzept, wie in England und Frankreich, wirksam sein zu lassen, dann aber den Scheck als einen Sichtwechsel mit kurzer Zahlungsfrist zu behandeln und mit dem Wechselstempel zu belegen, ist der Entwurf nicht nachgekommen; vielmehr läßt er ein Akzept überhaupt nicht zu. Der Standpunkt des Gesetzes entspricht der im deutschen Scheckverkehr schon tatsächlich herrschenden Auffassung, welche unter anderem darin zum Ausdruck gekommen ist, daß die mit der Reichsbank zu Abrechnungsstellen vereinigten Bankhäuser und Scheckinstitute das Akzept des Schecks für ihren Verkehr ausgeschlossen haben. Die Rücksicht auf einen ordnungsmäßigen Verkehr verlangt, daß die Umlaufszeit des Schecks begrenzt wird. Zwei Tendenzen hat der Gesetzgeber hierbei zu vereinen; auf der einen Seite soll der Scheck Zahlungsmittel sein, und dieser Gesichtspunkt führt zu einer möglichst kurz bemessenen Frist, auf der anderen Seite soll er als gelbersparendes Umlaufsmittel dienen, und dieser Gesichtspunkt führt zu einer Ausdehnung der Frist. Die ausländischen Gesetzgebungen zeigen hier eine große Buntscheckigkeit. In Frankreich und der Schweiz gilt eine Frist von 5 Tagen für Platzschecks und von 8 Tagen für Distanzschecks; in Belgien eine Frist von 3 bezw. 6 Tagen; in Spanien gelten Fristen von 5 bezw. 12 Tagen; in Italien und in Portugal solche von 8 bezw. 14 und 15 Tagen. In Österreich beträgt die Vorlegungsfrist für Platzschecks 5, für Distanzschecks 8 Tage. In England ist der Scheck „within a reasonable time" vorzulegen. Der Entwurf von 1892 hat eine Frist von 5 Tagen vorgeschlagen, die aber allgemein als zu knapp bezeichnet worden ist. Der im Juli vorigen Jahres veröffentlichte Entwurf hat für die Präsentation des Schecks, gleichgültig ob Platz- oder Distanzscheck, eine Frist von 7 Tagen vorgesehen, wobei der Ausstellungstag, sowie Sonntage und allgemeine Feiertage nicht gerechnet werden. Allein auch diese Frist hat den Beifall der Handelskreise nicht gefunden, weshalb der Entwurf für im Inland ausgestellte und zahlbare Schecks eine Frist von 10 Tagen vorschlägt, wobei kein Unterschied zwischen Platz- und Distanzschecks gemacht wird. Mit Recht weist die Begründung darauf hin, daß in diesem Zeitraum der Scheck seiner Aufgabe, als ein zur Ersparung von Barzahlungen dienendes Zahlungsmittel gerecht werden kann. Die Festsetzung der Vorlegungsfrist für im Auslande ausgestellte und im Inlande zahlbare Schecks ist dem Bundesrat überlassen worden.

Eine Spezialbestimmung statuiert das Gesetz für die Abrechnungsstellen. Das Zahlungssystem des Schecks und des Giroverkehrs gipfelt in den Abrechnungsstellen. Es kommt zu seiner vollen volkswirtschaftlichen Geltung, wenn die überwiegende Zahl derjenigen Schecks, welche nicht bei dem Bezogenen selbst durch einfache Gutschrift oder Zahlung zur Einlösung kommen, in den Abrechnungsstellen zur Ausgleichung gelangen. Hierzu ist es aber bei der Kürze der Vorlegungsfrist zur Vermeidung der Präjudizierung unumgänglich notwendig, der häufig erst am letzten Tage der Frist zu ermöglichenden Einlieferung in die Abrechnungsstelle die Wirkung der Vorlegung zur Zahlung am Zahlungsorte beizulegen; da im Falle der Nichteinlösung meist nicht mehr genügende Zeit zu anderweiter fristgemäßer Vorlegung übrig bleiben wird. Unter den Mitgliedern der Abrechnungsstellen ist diese Bestimmung bereits im Wege der Vereinbarung getroffen worden. Der Nachweis der rechtzeitigen Vorlegung zur Zahlung oder der Nachweis, daß die Vorlegung zur Zahlung erfolgt ist, ist Voraussetzung für die Ausübung der

Regreßansprüche aus der Urkunde. Der Nachweis kann nur geführt werden:

1. durch eine auf den Scheck gesetzte, von dem Bezogenen unterschriebene und den Tag der Vorlegung enthaltende Erklärung, oder
2. durch eine Bescheinigung der Abrechnungsstelle, daß der Scheck vor dem Ablaufe der Vorlegungsfrist eingeliefert und nicht eingelöst worden ist, oder
3. durch einen Protest.

Beim Wechsel ist noch eine besondere Frist von zwei Werktagen nach dem Zahlungstage für die Vorlegung und Präsentation gewährt. Diese Vorschrift findet für den Scheck keine Anwendung, da sie lediglich eine Verlängerung der Lauffrist herbeiführen würde. Für die Benachrichtigung der Vormänner und ihr Einlösungsrecht, für den Umfang der Regreßforderung und die Befugnis zur Ausstreichung von Indossamenten sollen die einschlägigen Vorschriften der Wechselordnung entsprechend Anwendung finden. Dem Scheckinhaber verbleibt in gleicher Weise wie dem Wechselinhaber das Wahlrecht, wen er zuerst in Anspruch nehmen will. Er hat die Wahl, sein volles Regreßrecht entweder gegen einen oder mehrere unter den Regreßpflichtigen oder gegen alle gleichzeitig auszuüben.

Ist der Scheck nicht rechtzeitig vorgelegt worden oder die Regreßverbindlichkeit durch Verjährung erloschen, so werden die Indossanten von der Verbindlichkeit aus dem Papier befreit. Der Aussteller bleibt aber nach dem Gesetz dem Inhaber des Schecks insoweit verpflichtet, als er sich mit dessen Schaden bereichern würde. Ein Widerruf des Schecks ist erst nach dem Ablauf der Vorlegungsfrist wirksam.

Was nun die gegenseitige Haftung der am Scheckverkehr beteiligten Personen anlangt, so ist zwischen Aussteller und Bezogenem der Scheckvertrag maßgebend. Was das Verhältnis zwischen Bezogenem und Scheckinhaber betrifft, so gab der Entwurf von 1892 und vom Juli v. J. dem Scheckinhaber einen selbständigen Anspruch gegen den Bezogenen auf Zahlung des Scheckbetrags, so weit er zur Zeit der Vorlegung des Schecks dem Aussteller gegenüber zur Einlösung desselben verpflichtet ist. Das Gesetz nimmt von der Statuierung eines solchen direkten Klagerechts Abstand. Mit Recht führt die Begründung aus, daß der Anspruch des Scheckinhabers sich auf das dem Scheckinhaber völlig unbekannte, unter Umständen erst durch langwierige Prozesse zu erkundende Rechtsverhältnis zwischen dem Aussteller und dem Bezogenen gründet. Während für den Scheckverkehr gerade einfachste und durchaus klare Rechtsgrundsätze geschaffen werden sollen, wird der Scheckinhaber mit seinem unmittelbaren Anspruche gegen den Bezogenen auf einen Weg gewiesen, der zu vielfachen Streitigkeiten führt und daher geeignet ist, einerseits bei dem Bezogenen die Neigung zur Einräumung von Scheckkonten an weitere Kreise abzuschwächen, andererseits bei dem großen Publikum den Scheck in Mißkredit zu bringen. Die Sicherheit, die man durch Gewährung des Klagerechts zu erreichen denkt, ist eine trügerische, schon aus dem Grunde, weil der Inhaber für die Verfolgung seines Rechts lediglich von der Unterstützung des Ausstellers und von dessen gutem Willen abhängig ist.

Dem Scheckinhaber haften demnach für die Einlösung des Schecks die Aussteller und die Indossanten. Das Wesen dieser Regreßrechte besteht darin, daß der Scheckinhaber auf Grund der Scheckbegebung ein selbständiges Recht aus der Scheckurkunde geltend machen kann, und daß er nicht auf das der Scheckbegebung zu Grunde liegende Rechtsverhältnis zurückzugreifen braucht. Dagegen hat das Gesetz von der Einführung besonderer zivilrechtlicher Schadenersatzansprüche Abstand genommen. Es wird dies damit begründet, daß in der Regel der Regreßanspruch, der auf den Betrag der Schecksumme nebst 6 % Zinsen, auf die durch den Rücklauf des Schecks entstandenen Kosten und auf 1/3 % Provision geht, genügen werde, um den Inhaber schadlos zu halten. Was aber die Fälle betrifft, in denen durch die Nichteinlösung des Schecks ausnahmsweise ein größerer Schaden entstanden ist, so kommt in Betracht, daß dem ersten Schecknehmer gegenüber der Aussteller in der Regel schon aus dem Begebungsvertrage für das Vorhandensein eines zureichenden Guthabens in vollem Umfange verantwortlich ist; andererseits sind auch die späteren Inhaber durch die allgemeinen Grundsätze des BGB. für unerlaubte Handlungen genügend geschützt. Ob diese Erwägungen zutreffend sind, wird erst eine langjährige Praxis entscheiden können. Vom Standpunkt der Gesetzespolitik erscheint es richtiger, den Scheckverkehr nicht von vornherein mit Sondervorschriften zu belasten, deren praktische Konsequenzen nicht übersehen werden können. Auch nach Ablauf der Vorlegungsfrist bleibt der Bezogene zur Einlösung berechtigt.

Welchen Einfluß Tod, Geschäftsunfähigkeit und Konkurs auf die Einlösung des Schecks haben, bestimmt das Gesetz nicht ausdrücklich, es sind daher die allgemeinen Vorschriften des BGB. und der Konkursordnung maßgebend. Hiernach hat der Tod und der Eintritt der Geschäftsunfähigkeit eines der Beteiligten auf die Scheckeinlösung keinen Einfluß.

Was den Konkurs anlangt, so kann im Interesse der sonstigen Konkursgläubiger ein besonderes Aus- oder Absonderungsrecht des

Scheckinhabers in Bezug auf das zur Konkursmasse abzuführende Guthaben des Ausstellers nicht anerkannt werden. Der Bezogene darf sobald er von der Eröffnung des Konkurses über das Vermögen des Ausstellers Kenntnis erhalten hat, den Scheck nicht mehr einlösen, wenn er sich nicht nochmaliger Inanspruchnahme aussetzen will. Hat dagegen der Bezogene einen Scheck, den der Gemeinschuldner vor der Eröffnung des Konkurses ausgestellt hatte, nach der Konkurseröffnung ohne Kenntnis von derselben eingelöst, so wird er dadurch von seiner Verbindlichkeit auf Rückgabe der Deckung befreit.

Die Regreßansprüche gegen den Aussteller und die übrigen Vormänner verjähren innerhalb kurzer Frist; wenn der Scheck in Europa zahlbar ist in drei Monaten, anderenfalls in sechs Monaten. Aus einem Scheck, auf dem die Unterschrift des Ausstellers oder eines Indossanten gefälscht ist, bleiben diejenigen, deren Unterschriften echt sind, verpflichtet. Besondere Vorschriften über verfälschte Schecks, d. h. über solche, deren Inhalt gefälscht ist, sind mit Recht nicht getroffen.

Der Scheck ist ein Instrument des internationalen Verkehrs. Bei der Verschiedenheit der Gesetzgebung müssen daher Sondervorschriften zum Ausgleich gegeben werden. Nach dem Gesetz werden die wesentlichen Erfordernisse eines im Auslande ausgestellten Schecks sowie jeder dort auf einen Scheck gesetzten Erklärung nach den Gesetzen des Ortes, an welchem die Ausstellung oder die Erklärung erfolgt ist, bestimmt. Wenn also nach ausländischer Gesetzgebung die Scheckklausel nicht nötig ist, sind hiernach auch in Deutschland zahlbare Schecks ohne Scheckklausel gültig. Entspricht ein im Ausland ausgestellter Scheck oder eine dort auf einen Scheck gesetzte Erklärung den Anforderungen des inländischen Gesetzes, so soll daraus, daß nach dem ausländischen Recht ein Mangel vorliegt, ein Einwand gegen die Rechtsverbindlichkeit der später auf einen solchen Scheck im Inland gesetzten Erklärungen nicht abgeleitet werden können. Wird z. B. ein in Japan ausgestellter nach japanischem Rechte wegen Fehlens der Bezeichnung des Zahlungsempfängers ungültiger, aber den Erfordernissen des § 4 vorliegenden Entwurfes entsprechender Scheck in Berlin indossiert, so ist das Indossament gültig.

Auch ist die im Auslande erfolgte Ausstellung eines im Inlande zahlbaren Schecks sowie die auf einen solchen Scheck im Auslande gesetzte Erklärung, trotzdem nach ausländischem Rechte Mängel vorliegen, wirksam, wenn sie den Anforderungen des inländischen Gesetzes entspricht. Die Vorschrift weicht von der im Art. 85 Satz 3 der Wechselordnung gegebenen ab, entspricht aber den Bedürfnissen des Scheckverkehrs. Die Begründung weist mit Recht darauf hin, daß in dem Verkehr der Banken mit ihren Kunden, auch mit den ausländischen, in der Regel die von den ersteren gelieferten Scheckmuster, die den deutschen Vorschriften entsprechen, Verwendung finden. In der ausschließlichen Verwendung dieser Muster liegt eine größere Sicherheit für die Echtheit der vorgelegten Schecks. Ihre Zulassung erleichtert zugleich die Abwickelung des Scheckverkehrs an der Kasse des Bezogenen. Es bedarf nicht erst der umständlichen Prüfung, ob der Scheck den am Ausstellungsorte geltenden Vorschriften entspricht. Im übrigen haben die Ältesten der Kaufmannschaft von Berlin auf die Notwendigkeit der Schaffung eines Weltscheckrechts hingewiesen und die Vorarbeiten hierfür in Angriff genommen. Die am 8. und 9. November v. J. in Budapest abgehaltene Scheckkonferenz des mitteleuropäischen Wirtschaftsvereins hat für die Ausbreitung dieser Idee verdienstlich gewirkt.

Zwei Neuerungen werden im Gesetz vorgeschlagen, die beide im Interesse des Verkehrs zu begrüßen sind. Das im Reichsbankverkehr und im Abrechnungsverkehr eingeführte Verbot der baren Auszahlung eines Schecks durch den quer über den Text gesetzten Vermerk „Nur zur Verrechnung" ist in Deutschland so üblich geworden, daß bei den Reichsbankanstalten ein sehr großer Teil der vorgelegten Schecks diesen Vermerk trägt. Durch die Verrechnungsschecks wird die Gefahr, daß der Scheck von einem Unbefugten eingezogen werden kann, erheblich verringert. Die Verrechnung gilt als Zahlungsleistung und demzufolge die Vorlegung zur Verrechnung als Vorlegung zur Zahlung. Daß das Institut der Verrechnungsschecks nunmehr gesetzlich anerkannt wird, ist zu begrüßen. Desgleichen ist zu billigen, daß der Entwurf mehrere Ausfertigungen gestattet. Während bei Inlandschecks ein Bedürfnis nach Duplikaten nicht besteht, kommen solche im Verkehr mit dem Auslande, namentlich im überseeischen Verkehr häufig vor. Die Möglichkeit der Versendung der einzelnen Ausfertigungen mittels verschiedener Gelegenheiten bietet eine größere Sicherheit für das richtige Eintreffen am Bestimmungsort. Würden mehrfache Ausfertigungen und die Indossierbarkeit solcher nicht gestattet werden, so würden die von Deutschland auf überseeische Orte gezogenen Schecks den Schecks aus anderen Ländern, die mehrfache Ausfertigungen und ihre Indossierung zulassen, an Verkehrsfähigkeit und Sicherheit nachstehen. Ebenso wie beim Wechsel muß jede Ausfertigung im Texte selbst als erste, zweite, dritte usw. Ausfertigung (Prima-, Sekunda-, Tertia-Scheck) bezeichnet sein. Die Aufnahme in die Überschrift genügt nicht. Die Vorschriften entsprechen den Artikeln 66 und 67 der Wechselordnung. Weggelassen sind diejenigen Vorschriften der Wechselordnung, welche sich auf die Annahme des Wechsels beziehen.

Die Vorschriften sollen nicht für Inhaberschecks gelten. Nach dem § 9 verlieren, wenn eine Ausfertigung bezahlt ist, die übrigen ihre Kraft; eine Ausnahme tritt nur insofern ein, als aus den übrigen der Indossant, welcher mehrere Ausfertigungen an verschiedene Personen indossiert hat, und alle späteren Indossanten, deren Unterschriften sich auf den bei der Zahlung nicht zurückgegebenen Ausfertigungen befinden, auf Grund ihres Indossaments verpflichtet bleiben. Diese Bestimmungen können auf Inhaberschecks keine Anwendung finden. Wird ein Inhaberscheck in mehreren Ausfertigungen ausgestellt, und gelangen diese in verschiedene Hände, so muß, da aus den Urkunden nicht ersichtlich ist, welcher frühere Inhaber sie an verschiedene Personen weitergegeben hat, der Aussteller aus jeder Ausfertigung, wie aus einem selbständigen Scheck, verhaftet bleiben.

Somit haben die seit drei Jahrzehnten fortgesetzten Bemühungen in dem am 1. April 1908 in Kraft tretenden Scheckgesetz ihren Niederschlag gefunden. Die Bedenken, die der Popularisierung des Scheckverkehrs vom Standpunkt rechtlicher Sicherheit entgegengehalten worden sind, erscheinen nunmehr als beseitigt. Aber es wäre eine Selbsttäuschung, wenn man glauben wollte, daß der Erlaß eines Scheckgesetzes gleichbedeutend sei mit der Schaffung eines legitimen Scheckverkehrs. Hier muß man sich der goldenen Worte erinnern, die der leider so früh verstorbene Georg von Siemens in der Sitzung des Deutschen Handelstages vom 15. Dezember 1882 ausgesprochen hat:

„Es würde eine Verkennung der tatsächlichen Verhältnisse sein, wenn man glauben wollte, daß durch ein Gesetz auch nur die Grundlage für eine Entwickelung des Scheckverkehrs geschaffen werden könnte. Das Gesetz kann uns weder zuverlässige Bankiers, noch die Schulung eines spekulationslustigen Publikums zur Sparsamkeit, noch endlich alle die Einrichtungen geben, die zur Entwickelung des Scheckverkehrs unerläßlich sind, es kann uns kein die Verrechnung vermittelndes Ausgleichshaus schaffen. Alles dies muß der privaten Organisation, an deren Spitze sich die Reichsbank setzen sollte, überlassen bleiben.“

V. Literaturübersicht.

Erschöpfende Literaturangaben bis 1900 bei:

Cohn, Georg, im Handwörterbuch der Staatswissenschaften, Bd. 3 S. 38 ff.

Aus der großen Anzahl von Schriften und Aufsätzen heben wir hervor:

Älteste der Kaufmannschaft von Berlin, Scheckverkehr und Scheckgesetz. Gutachten zum vorläufigen Entwurf eines Scheckgesetzes, 1907.

Apt, Zum Entwurf eines Scheckgesetzes. Deutsche Wirtschaftszeitung 1907 Nr. 17.

Breit, Der Entwurf eines Scheckgesetzes in der dem Reichstage vorgelegten Fassung. Holdheims Monatsschrift, Jahrg. 1908.

—, Scheckvertrag, Guthaben, Schadensersatz in Holdheims Monatsschrift, 1907.

Buff, Gegenwärtiger Stand und Zukunft des Scheckverkehrs, 1907.

v. Canstein, Scheck, Wechsel und deren Deckung, Berlin 1890.

—, Der Scheck nach dem österreichischen Gesetz, Berlin 1906.

Cohn, Georg, Zur Geschichte des Schecks und zur Lehre des Schecks in der Zeitschrift für vergleichende Rechtswissenschaft, Bd. 1 S. 117 bis 160, 424 bis 489; Bd. 2 S. 131 ff.; Bd. 3 S. 69 ff.; Bd. 11 S. 365 ff.; Bd. 12 S. 96 ff.

Cohn, Georg, Anweisung und Scheck in Endemanns Handbuch des Handelsrechts, Bd. 3 S. 452 ff.
—, Der vorläufige Entwurf eines Scheckgesetzes. Zeitschrift für das gesamte Handelsrecht, begründet von L. Goldschmidt, Einundsechzigster Band (Dritte Folge, Zweiter Bd.), H. 1/2, S. 1 ff.
Eltzbacher, Reform des Scheckwesens. Deutsche Juristenzeitung vom 15. April 1907.
Fick, Die Frage der Scheckgesetzgebung auf dem europäischen Kontinent, Zürich 1897.
Hoppenstedt, Das Scheckgesetz und ein zweites Wort zum Scheckgesetz, 1892.
—, Der Scheckgesetzentwurf, Berlin 1908.
Kaufmann, Reichspostscheckverkehr. Deutsche Wirtschaftszeitung 1907.
Kirschberg, Der Postscheck, 1905.
Koch, Richard, Über den Giroverkehr und den Gebrauch von Schecks als Zahlungsmittel in Buschs Archiv für Handelsrecht, Bd. 37 S. 85 ff.
—, Über Bedürfnisse und Inhalt eines Scheckgesetzes für das Deutsche Reich, Berlin 1883.
—, Empfiehlt sich eine gesetzgeberische Regelung. Gutachten für den 17. Deutschen Juristentag, Verhandlung 1884 S. 1 ff.
—, Scheckgesetzentwurf. Deutsche Wirtschaftszeitung 1908 Nr. 4.
Kuhlenbeck, Der Scheck, Leipzig 1890.
Loeb, Scheckgesetzentwurf, 1907.

Obst, Theorie und Praxis des Scheckverkehrs, Berlin 1899.
—, Wechsel- und Scheckkunde, Leipzig 1906.
Richter, Max, Gegen ein Scheckgesetz. Deutsche Wirtschaftszeitung 1907.
Rießer, Zur Revision des Handelsgesetzbuches. Beilageheft zu Bd. 35 von Goldschmidts Zeitschrift für Handelsrecht.
—, Reform des Scheckwesens ohne Gesetz. Deutsche Juristenzeitung 1907 Nr. 11.
—, Zum vorläufigen Entwurf eines deutschen Scheckgesetzes. Bericht über die Scheckkonferenz, Heft Nr. 5 der Veröffentlichungen des mitteleuropäischen Wirtschaftsvereins.
—, Bemerkungen zum vorläufigen Entwurf eines Deutschen Scheckgesetzes, 1908.
Schär, Zertifizierter Scheck. Deutsche Wirtschaftszeitung 1908 Nr. 4.
Simonson, Über Giro- und Scheckverkehr in Deutschland im Jahrbuch für Gesetzgebung und Verwaltung, Neue Folge, Bd. 8 S. 35 ff.
—, Holdheims Wochenschrift, Bd. 1 S. 112 ff.
—, Letztes Wort zum Scheckgesetzentwurf. Deutsche Juristenzeitung 1907 Nr. 18.
Thorwart, Die Bedeutung des Scheckverkehrs, Frankfurt 1907.
—, Für ein Scheckgesetz. Deutsche Wirtschaftszeitung, 15. April 1907.
Wertvolles Material bietet die amtliche Begründung zum österr. Scheck-Gesetzentwurf.

Sparkassenwesen.

Heidemannn, Zur Entwickelung des deutschen Sparkassenwesens unter besond. Berücksichtigung der Postsparkassenfrage, Halle a. S. 1907.

Knebel-Döberitz, Das Sparkassenwesen in Preußen, Berlin 1907.

Ausländisches Recht.

Borchardt, Handelsgesetze des Erdballs, III. Aufl., herausgegeben von Kohler, Dove, Meyer, Trumpler.

E. R. Watson, The law relating to cheques, London 1902.

J. B. Byles, A treatise of the law of bills of exchange, promissory notes, banknotes, and checks, London 1874.

M. D. Chalmers, The bills of exchange act, London 1882.

L. Nouguier, Des Chèques. Commentaire théorique et pratique des lois de 1865 et 1874, Paris 1874.

O. Zoller, Der Check des Schweizerischen Obligationenrechts, Frauenfeld 1885.

Denill, A treatise on the Law of negotiable instruments, New York 1882.

E. Vidari, La cambiale, gli ordini in derrate e l'essegno bancario (Chèque) expositione sistematica dell nuovo diritto cambiano italiano, Milano 1885.

Story, Commentaries of the law of bills of exchange, foreign and inland, Boston 1860.

Scheckgesetz.

Vom 11. März 1908.

(RGBl. Nr. 12 S. 71.)

Wir Wilhelm, von Gottes Gnaden Deutscher Kaiser, König von Preußen ꝛc. verordnen im Namen des Reichs, nach erfolgter Zustimmung des Bundesrats und des Reichstags, was folgt:

§ 1. Der Scheck muß enthalten:

1. die in den Text aufzunehmende Bezeichnung als Scheck oder, wenn der Scheck in einer fremden Sprache ausgestellt ist, einen jener Bezeichnung entsprechenden Ausdruck in der fremden Sprache;
2. die an den Bezogenen gerichtete Anweisung des Ausstellers, aus seinem Guthaben eine bestimmte Geldsumme zu zahlen;
3. die Unterschrift des Ausstellers;
4. die Angabe des Ortes und des Tages der Ausstellung.

1. Das Gesetz nimmt davon Abstand, eine unzweideutige, das Wesen des Schecks vollinhaltlich wiedergebende Begriffsbestimmung zu geben. Es beschränkt sich nach dem Vorgange der Wechselordnung darauf, die Erfordernisse vorzuschreiben, welche notwendig sind, damit einer Urkunde die Eigenschaft als Scheck im Sinne des Gesetzes zukommt. Dies ist zu billigen, denn die Begriffsbestimmungen, welche in den ausländischen Gesetzgebungen[1]) über den Scheck gegeben werden, beweisen, daß die rechtlichen Anschauungen über Wesen und Inhalt des Schecks erheblich auseinandergehen, und deshalb haben auch das belgische, schweizerische, italienische, portugiesische, skandinavische, japanische und österreichische Gesetz, sowie der ungarische Entwurf davon Abstand genommen, eine Legal-Definition zu geben.

2. Zu Ziff. 1. Der Scheck soll die sog. Scheckklausel enthalten. Die Bezeichnung als Scheck soll in den Text der Urkunde aufgenommen werden; dadurch soll äußerlich zum Ausdruck gebracht werden, daß der deutsche Scheck — im Gegensatz zum englischen Recht, welches ihn für eine Art des Wechsels erklärt — sowohl nach seinen rechtlichen Merkmalen, wie nach seinem wirtschaftlichen Zweck vom Wechsel verschieden ist. Zugleich wird der Unterschied von der Anweisung zum Ausdruck gebracht.

Das Verlangen der Scheckklausel und ihrer Aufnahme in den Text entspricht der Wechselordnung (Art. 4 Nr. 1). Dem Willen des Ausstellers kann es entsprechen, einer

---

1) England sagt: Ein Scheck ist ein auf einen Bankier gezogener, auf Anfordern zahlbarer Wechsel.

Frankreich: Der Scheck ist eine geschriebene Urkunde, welche unter Form eines Zahlungsauftrages dem Aussteller dazu dient, zu seinem eigenen Vorteil oder zum Vorteil eines Dritten über ein beim Bezogenen bereitgestelltes Guthaben ganz oder teilweise zu verfügen.

Spanien: Das Zahlungsmandat, welches im Handel unter dem Namen Scheck bekannt ist, ist eine Urkunde, welche dem Aussteller gestattet, zu seinen Gunsten oder zu Gunsten eines Dritten ganz oder zum Teil die Geldsummen zurückzuziehen (zu erheben), welche er in Händen des Bezogenen disponibel (zu seiner Verfügung) hat.

Urkunde sonst gleichen Wortlauts durch Weglassung der Bezeichnung als Scheck die Wirksamkeit einer nach allgemeinem bürgerlichen Recht zu beurteilenden Anweisung beizulegen. Mit dem deutschen Recht übereinstimmend: Österreich, Schweiz, Japan, Skandinavien, Holland. Einen entgegengesetzten Standpunkt vertreten England, Frankreich, Belgien, Italien.

3. Zu Ziff. 2. Gefordert wird die Bezeichnung desjenigen, der den Scheck honorieren soll (Bezogener). Das Gesetz stimmt mit den weitaus meisten Gesetzgebungen überein, indem es die Aufforderung in die Form der Anweisung kleidet. Die Einkleidung der Zahlungsanweisung in die Quittungsform ist nicht als gleichbedeutender Ausdruck anzusehen. Nur das holländische Recht läßt Quittungsschecks zu. Über Quittungsschecks überhaupt Georg Cohn in Goldschmidts Zeitschrift, Bd. 61 S. 16. Es wird ferner verlangt, daß zur Zahlung einer bestimmten Geldsumme angewiesen werde. Effekten nnd Warenschecks fallen nicht hierunter. Das gleiche Erfordernis stellen England, Italien, Portugal, Rumänien, die Schweiz, Japan, Österreich auf. Endlich soll der Bezogene angewiesen werden, aus seinem Guthaben zu zahlen. Die in der Wissenschaft streitige (cf. Cohn a. a. O. S. 33) Frage, ob die sog. Guthabenklausel, die Bezugnahme auf ein Guthaben, unter die formellen und notwendigen Erfordernisse aufzunehmen sei, ist vom Gesetz im bejahenden Sinne entschieden worden. Es wird zur strengen Beobachtung des Grundsatzes, daß ungedeckte Schecks nicht ausgestellt werden dürfen, beitragen, wenn der Aussteller in der von ihm zu vollziehenden Urkunde die Zahlung ausdrücklich aus seinem Guthaben versprechen und sich deshalb gegenwärtig halten muß, daß er sich im Falle der Unrichtigkeit seiner Zusicherung steuerlichen Nachteilen, unter Umständen der Bestrafung wegen Betruges aussetzt. Begr. S. 16. Über den Begriff des Guthabens siehe Bemerk. zu § 3.

Dem Wesen des Schecks als einer auf Sicht zahlbaren Anweisung entspricht es, daß die Zahlungsaufforderung nicht von einer Gegenleistung des Zahlungsempfängers abhängig gemacht oder an Bedingungen geknüpft werden kann. Das Gesetz hat davon Abstand genommen, dies noch besonders zum Ausdruck zu bringen, wie dies in § 2 Nr. 5 des österreichischen Scheckgesetzes geschehen ist.

Zu Ziff. 3. Die Vorschrift, wonach der Scheck die Unterschrift des Ausstellers tragen muß, um als Scheck im Sinne des Gesetzes zu gelten, entspricht dem Art. 4 Nr. 5 der Wechselordnung. Zum Begriff der Unterschrift gehört nach den Anschauungen des Verkehrs, daß der Name des Ausstellers auf der Vorderseite am Ende der Urkunde steht (ROHG. 9, 422; 19, 89; 25, 238; RG. 12, 120 und 121), daß er nicht quer auf den Scheck gesetzt wird (ROHG. 9, 422) und nicht auf der Rückseite steht (ROHG. 19, 89).

Die Unterschrift muß handschriftlich erfolgen und kann nicht durch Druck oder Stempel ersetzt werden (ROHG. 14, 319). In großen Geschäftsbetrieben hat man sich bei Abgabe von Wechselunterschriften durch Vertreter von jeher daran gewöhnt, die Zeichnung in der Weise zu bewirken, daß man die Firma einfach unterstempelt und dann noch den Prokuristen oder sonstigen Vertreter unterschreiben läßt, oder daß man bei einer aus Sach- oder Personenbezeichnung zusammengesetzten Firma die Sachbezeichnung stempelt bezw. druckt und nur die Personenbezeichnung schreibt. ROHG. 14, 317; RG. 47, 165 billigen diese Übung des Verkehrs. Vgl. Staubs Kommentar zur Wechselordnung, bearbeitet von J. und M. Stranz, Art. 4 Anm. 28 ff.

Die Unterschrift kann durch einen Bevollmächtigten abgegeben werden. Nach § 126 BGB. wird das Erfordernis der schriftlichen Form dadurch erfüllt, daß der Aussteller die Urkunde eigenhändig durch

Namensunterschrift unterzeichnet. Daß eine Vertretung bei Erfüllung formaler Erklärungen zulässig ist, kann nach dem Bürgerl. Gesetzbuch nicht bezweifelt werden (§ 167 Abs. 2); alsdann ist der Vertreter derjenige, der die Urkunde ausstellt, er stellt sie für den Machtgeber aus. Der Vertreter kann nun sowohl seinen Namen darunter setzen oder den seines Machtgebers. Der Vertreter kann seinen eigenen Namen unterzeichnen und verpflichtet dadurch den Machtgeber, sofern aus der Urkunde ersichtlich ist, daß er für den Machtgeber auftritt (§ 164 BGB.), er kann aber auch den Namen des Machtgebers zeichnen, sofern sich die Vollmacht darauf erstreckt (letzteres jetzt entschieden durch das RG. Bd. 50 S. 51).

5. Zu Ziffer 4. Die Angabe des Ortes der Ausstellung ist ebenso wie die des Ausstellungstages für die Bestimmung der Vorlegungsfrist wesentlich. Sie entspricht den Vorschriften des Artikels 4 Nr. 6 der Wechselordnung und wird, abgesehen von England, von den meisten ausländischen Gesetzen verlangt. Schecks, welche kein Datum tragen, können keine Schecks im Sinne des Gesetzes sein, da bei ihnen jeder Anhaltspunkt für die Berechnung der Vorlegungsfrist fehlt.

Verschieden sind die Rechtsfolgen, welche die einzelnen Gesetze an den Mangel des Datums knüpfen. Während die Schweiz, Japan, Österreich und der ungarische Entwurf die Erfüllung auch dieses Erfordernisses zur Bedingung für die Entstehung einer scheckrechtlichen Verpflichtung machen, setzen Frankreich, Belgien und Italien für den Fall der Zuwiderhandlung Strafen fest. Schecks, welche vor dem auf ihnen angegebenen Ausstellungsdatum in den Verkehr gebracht werden, sogenannte vordatierte Schecks, genügen an sich den Vorschriften des Gesetzes und sind daher gültig. Wer gutgläubig den Scheck nach Eintritt des Ausstellungstages nimmt, kann nicht erkennen, ob er einen richtig datierten oder einen vordatierten Scheck erhalten hat Er geht aber seines Regreßrechtes verlustig, wenn ein solcher Scheck für ungültig erklärt wird. Das Gesetz knüpft an die unrichtige Datierung keine strafrechtlichen Folgen. Es entzieht solchen Schecks aber die Stempelfreiheit, indem es den Aussteller und jeden, der sonst an dem Umlaufe des Schecks im Inlande vor dem Ausstellungsdatum sich beteiligt hat, als Gesamtschuldner für die verfallene Abgabe haften läßt. Dies rechtfertigt sich dadurch, daß durch Vordatierung die für den Scheck vorgeschriebene kurze Vorlegungsfrist umgangen und eine den Absichten des Gesetzes widersprechende Verlängerung der Umlaufszeit ermöglicht wird, wodurch der Scheck zum Kreditpapier entartet und in das Gebiet des Wechsels, der stempelpflichtig ist, hinübergreift. Die Stempelpflicht stellt den Aussteller und diejenigen, an die der Scheck vor dem Ausstellungstage gelangt, vor die Notwendigkeit, entweder durch ordnungsmäßige Versteuerung sich zur Vordatierung zu bekennen oder sich der Stempelstrafe auszusetzen. Begr. S. 17. Frankreich, Belgien, Italien, Österreich und Ungarn ahnden die Vor- oder Nachdatierung mit der gleichen Buße wie die Unterlassung der Datierung. Das englisch-amerikanische Recht nimmt einen freieren Standpunkt ein, indem es falsch datierte Schecks weder für ungültig erklärt, noch ihre Aussteller mit Strafen bedroht.

6. Beim Fehlen eines der unter Ziffer 1 bis 4 vorgeschriebenen wesentlichen Merkmale liegt kein Scheck im Sinne des Gesetzes vor. Die Urkunde kann aber als Anweisung oder in anderer Hinsicht Rechtswirkungen äußern. Begr. S. 17.

§ 2. Als Bezogene sollen nur bezeichnet werden:

1. diejenigen Anstalten des öffentlichen Rechtes, diejenigen unter staatlicher Aufsicht stehenden Anstalten sowie diejenigen in das Genossenschaftsregister eingetragenen

Genossenschaften, welche sich nach den für ihren Geschäftsbetrieb maßgebenden Bestimmungen mit der Annahme von Geld und der Leistung von Zahlungen für fremde Rechnung befassen, ferner die unter amtlicher Aufsicht stehenden Sparkassen, wenn sie die nach Landesrecht für sie geltenden Aufsichtsbestimmungen erfüllen;

2. die in das Handelsregister eingetragenen Firmen, welche gewerbsmäßig Bankiergeschäfte betreiben.

1. Der § 2 statuiert das Prinzip der **Beschränkung der passiven Scheckfähigkeit** (Literaturnachweis bei Georg **Cohn**, a. a. O. S. 23/24). Die Frage, wer als **Bezogener** benannt werden könne, wird von den verschiedenen Rechten verschieden beantwortet. Drei Gruppen sind zu unterscheiden:

I. Die erste folgt der Auffassung des englischen Rechts, welches lediglich die Scheckziehung auf einen „banker" zuläßt, d. h. auf einen Bankier, der sich ausschließlich oder vorwiegend mit dem Depositengeschäft befaßt. Die gleiche Beschränkung — allerdings unter weiterer Auslegung des Bankierbegriffs — haben aufgenommen:

a) das österreichische Gesetz, welches im § 1 bestimmt: Scheckfähig Bezogene im Sinne dieses Gesetzes können sein:

die k. k. Postsparkasse, öffentliche Banken oder andere zur Übernahme von Geld für fremde Rechnung statutenmäßig berechtigte Anstalten;

alle anderen handelsgerichtlich registrierten Firmen, die gewerbsmäßig Bankiergeschäfte betreiben;

b) die Praxis der Vereinigten Staaten von Nordamerika; allerdings zeigt hier die Handelssitte das Bestreben, das materielle Erfordernis der Bankiereigenschaft zu einem bloßen Formerfordernis herabzudrücken; so genügt nach dem Civil-Code of New-York die bloße Bezeichnung des Bezogenen als Bankier, auch wenn er es tatsächlich nicht ist;
c) Holland (Art. 226), welches die passive Scheckfähigkeit den „Kassierern" zuspricht, d. h. Personen, die gewerbsmäßig die Aufbewahrung und Verwaltung von Geldern übernehmen;
d) der ungarische Entwurf (§ 1 Ziff. 2), nach dem als Adressat nur eine solche Firma bezeichnet werden kann, die nach Inhalt des Firmenregisters sich mit Bankgeschäften befaßt.

II. Die zweite Gruppe vertritt im Gegensatz zur ersten den Standpunkt völliger Scheckfreiheit. Auf jedermann können Schecks gezogen werden in folgenden Ländern:
1. Frankreich (Scheckgesetz von 1865 Art. 1 und 2, Novelle von 1874 Art. 5);
2. Belgien (Art. 1, 2, 4 Abs. 3);
3. die Schweiz (Art. 830 Nr. 5);
4. Spanien (Art. 534);
5. Rumänien (Art. 364);
6. die skandinavischen Staaten;
7. Japan (Art. 530) unter 3.

III. Eine vermittelnde Stellung nehmen Italien (Art. 339) und Portugal (Art. 341) ein, indem sie neben Kreditinstituten bezw. Banken auch Kaufleute als Bezogene gelten lassen.

2. Der Entwurf von 1892 ging nach dem Vorbilde des französischen Rechts und anderer ausländischer Rechte von dem Grundsatze der allgemeinen passiven Scheckfreiheit aus. Mit Recht hat jedoch das Gesetz sich für die Beschränkung der passiven Scheckfähigkeit entschieden. Denn nur dann kann der Scheckverkehr im großen Stile gelderſparend wirken, wenn es gelingt, ihn

auf bestimmte Kreise zu konzentrieren, die ihrerseits wieder durch das System der Abrechnung das Ziel der Geldersparung in immer größerem Umfange erfüllen.

Die Beschränkung der Scheckfreiheit steht endlich im Einklange mit § 24 Abs. 2 Nr. 1 des Wechselstempelsteuergesetzes, indem dort nur diejenigen Schecks von der Stempelabgabe befreit sind, welche auf das Guthaben des Ausstellers bei dem seine Zahlungen besorgenden Bankhaus oder Geldinstitut lauten.

3. Unter die Anstalten, welche schon gemäß der Nr. 1 unabhängig von den Erfordernissen der Nr. 2 als Bezogene benannt werden können, fallen u. a.: die Reichsbank, die Preußische Seehandlung, die Königl. bayerische Bank, die Preußische Zentral-Genossenschaftskasse, die Preußische Rentenversicherungsanstalt, die von engeren oder weiteren Kommunalverbänden eingerichteten Geld- und Kreditinstitute, sonstige öffentliche Bankanstalten, landschaftliche, ritterschaftliche und andere Darlehnskassen, private Spar- und Leihbanken, welche der staatlichen Aufsicht unterliegen, die Veranstaltungen der Postverwaltungen des Reichs sowie der Königreiche Bayern und Württemberg. Begr. S. 18.

4. Voraussetzung für die Zuerkennung der passiven Scheckfähigkeit für die Geld- und Kreditinstitute ist ebenso wie für Genossenschaften, daß sie sich nach den für ihren Geschäftsbetrieb maßgebenden Bestimmungen mit der Annahme von Geld und der Leistung von Zahlungen für fremde Rechnung befassen. Anstalten, bei denen diese Voraussetzung nicht zutrifft, kommt die passive Scheckfähigkeit ebensowenig zu wie Genossenschaften, die nicht in das Genossenschaftsregister eingetragen sind. Durch die Fassung „nach den für ihren Geschäftsverkehr maßgebenden Bestimmungen“ soll zum Ausdrucke gebracht werden, daß nicht nur diejenigen Anstalten und Genossenschaften passiv scheckfähig sein sollen, in deren Statuten und Satzungen ausdrücklich bestimmt ist, daß sie sich mit der Annahme von Geld und mit der

Leistung von Zahlungen für fremde Rechnung befassen, auch ist nicht erforderlich, daß sich die Genossenschaften ausdrücklich als „Kreditgenossenschaft“, „Darlehnskasse“ oder „Vorschußverein“ und dergleichen bezeichnen; es genügt, daß die in Rede stehenden Anstalten und Genossenschaften nach den für ihren Geschäftsbetrieb maßgebenden Bestimmungen sich überhaupt mit der Annahme von Geld und der Leistung von Zahlungen für fremde Rechnung befassen dürfen und befassen. Hiernach bedürfen Kreditanstalten, welche von der passiven Scheckfähigkeit Gebrauch machen wollen, nicht immer erst der stets mit Umständlichkeiten verknüpften Änderung ihrer Statuten oder Satzungen. Inwieweit die Anstalten des öffentlichen Rechtes und die unter staatlicher Aufsicht stehenden Anstalten von der ihnen durch das Gesetz vorbehaltenen Fähigkeit, als Bezogene benannt zu werden, Gebrauch zu machen in der Lage sind, richtet sich nach den jeweiligen für sie maßgebenden landesrechtlichen Bestimmungen. Begr. S. 19. In der II. Lesung ist der Zusatz hinsichtlich der Sparkassen beschlossen worden, um alle Bedenken zu beseitigen. Für Preußen vgl. Knebel-Döberitz, Sparkassenwesen in Preußen, Berlin 1907.

5. Unter die Nr. 2 des § 2 fallen auch solche in das Handelsregister eingetragenen Firmen, deren Geschäftsbetrieb sich nicht auf Bankiergeschäfte beschränkt, sondern auch andere Geschäfte umfaßt. Eine Beschränkung der Vorschrift der Nr. 2 auf solche Firmen, deren Hauptgewerbe das Bankiergeschäft ist, würde sich in der Praxis kaum durchführen lassen. Begr. S. 19; cf. dazu Rießer, Bemerkungen S. 31.

6. § 2 beschränkt sich darauf, den Kreis derjenigen inländischen Personen zu umschreiben, die nach Lage der Verhältnisse für die passive Scheckfähigkeit in Betracht kommen. Schecks, die im Auslande zahlbar gestellt werden, dürfen auch auf solche Personen gezogen werden, auf welche nach dem ausländischen Rechte Schecks gezogen werden dürfen (§ 25).

7. Die Worte „sollen nur" bringen zum Ausdruck, daß die Vorschrift eine instruktionelle ist, so daß die Rechtsgültigkeit des Schecks und der auf den Scheck gesetzten Erklärungen durch die mangelnde passive Scheckfähigkeit nicht beeinträchtigt wird, daß vielmehr dieser Mangel nur stempelrechtliche Folgen nach sich zieht. So Rießer, Bemerkungen S. 62.

§ 3. Als Guthaben ist der Geldbetrag anzusehen, bis zu welchem der Bezogene nach dem zwischen ihm und dem Aussteller bestehenden Rechtsverhältnisse Schecks einzulösen verpflichtet ist.

1. Der Begriff des Guthabens wird dahin klargestellt, daß es nicht notwendig ist, daß ein bestimmter Betrag von dem Aussteller bei dem Bezogenen niedergelegt worden ist. Das Guthaben bei letzterem kann ebensowohl durch Einzahlungen Dritter, durch diskontierte Wechsel, Lombardierung von Wertpapieren usw. entstanden sein. Auch ein Darlehn des Bezogenen an den Aussteller, dessen Betrag mittels Schecks ratenweise abgehoben wird, die Gewährung eines ungedeckten Kredits oder die Akkreditierung des Ausstellers beim Bezogenen durch einen Dritten kann zu Grunde liegen (Begr. S. 19). Für die Sicherheit des Scheckverkehrs kommt es allein darauf an, daß der Bezogene nach dem Inhalt des zwischen ihm und dem Aussteller bestehenden Rechtsverhältnisses dem Aussteller gegenüber den Scheck einzulösen verpflichtet ist. Damit wird die Notwendigkeit des sog. Scheckvertrages anerkannt, cf. über denselben Georg Cohn, Goldschmidts Zeitschrift Bd. 61 S. 31.

2. Wann die Deckung vorhanden sein muß, ist in den ausländischen Kodifikationen nicht einheitlich geregelt;

während das französische und belgische Recht den Zeitpunkt der Ausstellung bezw. Begebung als entscheidend ansehen, stellt sich das österreichische Gesetz auf einen freieren Standpunkt, indem es die Existenz eines für die Scheckeinlösung verwendbaren Guthabens zur Zeit der Präsentation verlangt. Auf diesen freieren Standpunkt stellt sich auch dieses Gesetz. Wesentliches Erfordernis für die Gültigkeit des Schecks ist die Bezugnahme auf das Guthaben im Text der Urkunde, nicht das Vorhandensein des Guthabens selbst. Da das Vorhandensein des Guthabens aus der Urkunde nicht ersichtlich ist, so kann ihm für die Gültigkeit der Urkunde kein Einfluß eingeräumt werden. Begr. S. 20. Das Gesetz nimmt davon Abstand, an die Ausstellung ungedeckter Schecks, oder an Handlungen, durch welche einem Scheck nach seiner Ausstellung die Deckung entzogen wird, strafrechtliche oder zivilrechtliche Folgen zu knüpfen. In Bezug auf das Strafrecht werden die Vorschriften über den Betrug für ausreichend erachtet. In Bezug auf den zivilrechtlichen Regreßanspruch stellt sich der Gesetzgeber auf den Standpunkt, daß in der Regel der Regreßanspruch, der auf den Betrag der Schecksumme nebst 6 % Zinsen, auf die durch den Rücklauf des Schecks entstandenen Kosten und auf 1/3 % Provision geht, vorerst genügen, um den Inhaber schadlos zu halten. Was aber die Fälle betrifft, in denen durch die Nichteinlösung des Schecks ausnahmsweise ein größerer Schaden entstanden ist, so kommt in Betracht, daß dem ersten Schecknehmer gegenüber der Aussteller in der Regel schon aus dem Begebungsvertrage für das Vorhandensein eines unzureichenden Guthabens im vollen Umfange verantwortlich ist; andererseits sind auch die späteren Inhaber durch die allgemeinen Grundsätze des Bürgerlichen Gesetzbuchs über unerlaubte Handlungen genügend geschützt (§ 823 Abs. 2, § 826 BGB. in Verbindung mit § 263 des Strafgesetzbuches). Begr. S. 20.

§ 4. Als Zahlungsempfänger kann entweder eine bestimmte Person oder Firma oder der Inhaber des Schecks angegeben werden. Der Aussteller kann sich selbst als Zahlungsempfänger bezeichnen.

Sind dem Namen oder der Firma des Zahlungsempfängers die Worte „oder Überbringer" oder ein gleichbedeutender Zusatz beigefügt oder enthält der Scheck keine Angabe darüber, an wen zu zahlen ist, so gilt er als auf den Inhaber gestellt.

1. Mit Recht nimmt das Gesetz davon Abstand, die Bezeichnung des Zahlungsempfängers zu den wesentlichen Erfordernissen der Scheckausstellung zu zählen, wie dies der Entwurf von 1892 getan hatte. Die Erwägung, welche für den Art. 4 Nr. 3 der Wechselordnung maßgebend war, trifft für den Scheck nicht zu, da dieser auch Inhaberpapier sein kann. Art. 832 Abs. 2 des schweizerischen Gesetzes schreibt vor, daß, wenn niemand genannt ist, an den bezahlt werden soll, die Ausstellung auf den Inhaber angenommen wird. Dieser Auffassung hat sich das Gesetz angeschlossen, so daß Schecks, die keinen Zahlungsempfänger tragen, als Inhaberschecks angesehen werden. Im einzelnen sieht das Gesetz folgende Arten von Schecks vor:

1. Rektascheck,
2. Ordrescheck,
3. Inhaberscheck:
   a) mit der reinen Inhaberklausel,

b) mit der alternativen Inhaberklausel (an X oder Überbringer bezw. an X oder Inhaber),

c) ohne Bezeichnung des Zahlungsempfängers.

Rektaschecks sind in Deutschland wenig im Gebrauche. Für die Ausstellung eines Ordreschecks genügt es, daß der Scheck eine bestimmte Person oder Firma als Zahlungsempfänger bezeichnet, da ein solcher Scheck nach § 8 stets durch Indossament übertragbar sein soll, wenn die Übertragung nicht ausdrücklich untersagt ist.

Der Inhaberscheck findet sich in allen ausländischen Scheckgesetzen. Der alternative Inhaberscheck auf Namen und auf Überbringer ist aus England übernommen und im Verkehr der Reichsbank und der Abrechnungshäuser vorzugsweise üblich geworden.

2. Die Vorschrift des Entwurfs: „Sind dem Namen oder Firma des Zahlungsempfängers die Worte „oder Überbringer" oder ein gleichbedeutender Zusatz beigefügt, so gilt der Scheck als auf den Inhaber gestellt" soll zweifelsfrei zum Ausdruck bringen, daß ein wirkliches Inhaberpapier vorliegt und daß es sich nicht bloß um eine Legitimationserleichterung handelt.

3. Die Vorschrift, daß der Aussteller sich selbst als Zahlungsempfänger bezeichnen kann — Schecks an eigene Ordre — verschafft ihm die Möglichkeit, über sein Guthaben zu seinen Gunsten mittels Scheck zu verfügen. Dagegen liegt zur Zulassung trassierter eigener Schecks ein Bedürfnis nicht vor. Begr. S. 21.

§ 5. Der bei dem Namen oder der Firma des Bezogenen angegebene Ort gilt als Zahlungsort. Die Angabe eines anderen Zahlungsorts gilt als nicht geschrieben. Ist bei dem Namen oder der Firma des Bezogenen ein Ort nicht angegeben, so gilt der Ausstellungsort als Zahlungsort.

1. Entsprechend dem schweizerischen Recht wird bestimmt, daß der bei dem Namen oder der Firma des Bezogenen angegebene Ort als Zahlungsort gilt. Ist ein solcher Ort nicht angegeben, so gilt im Gegensatz zum schweizerischen oder japanischen Recht der Ausstellungsort als Zahlungsort.

2. Der Entwurf von 1892 statuierte die Ungültigkeit domizilierter Schecks, d. h. solcher, die einen anderen Zahlungsort als den bei dem Namen oder der Firma des Bezogenen angegebenen enthalten, indem darauf hingewiesen wurde, daß es der Natur des Scheckverkehrs widersprechen würde, wenn der Bezogene an einem Orte zahlen soll, wo er keine Kasse hält noch eine geschäftliche Niederlassung hat. Mit Recht hat das Gesetz diese Erwägung nicht für ausreichend erachtet, den domizilierten Scheck für nichtig zu erklären, vielmehr hat der Entwurf lediglich bestimmt, daß die Angabe eines anderen Zahlungsorts als nicht geschrieben gilt, so daß dem Inhaber der Regreß verbleibt. So Älteste der Kaufmannschaft zu Berlin S. 12 und Georg Cohn a. a. O., S. 38.

§ 6. Ist die zu zahlende Geldsumme in Buchstaben und in Ziffern ausgedrückt, so gilt bei Abweichungen die in Buchstaben ausgedrückte Summe. Ist die Summe mehrmals mit Buchstaben oder mehrmals mit Ziffern geschrieben, so gilt bei Abweichungen die geringere Summe.

Die Auslegungsregel stimmt mit der im Art. 5 der Wechselordnung für den gleichen Fall getroffenen sowie mit der österreichischen Bestimmung überein. Begr. S. 22.

§ 7. Der Scheck ist bei Sicht zahlbar. Die Angabe einer anderen Zahlungszeit macht den Scheck nichtig.

1. Die Zahlbarkeit bei Sicht ist ein unbedingtes Erfordernis, wenn der Scheck nicht seinem wirtschaftlichen Zweck, als Zahlungsmittel zu dienen, entfremdet und zu einem dem Wechsel ähnlichen Kreditpapier gemacht werden soll. Die Zahlbarkeit bei Sicht fordern ferner England, Frankreich, Belgien, Schweiz, Skandinavien, Japan, Österreich-Ungarn. Einen abweichenden Standpunkt nehmen Italien, Portugal, Rumänien ein, indem sie auch kurz befristete Sichtschecks zulassen.

2. Die Sichtklausel ist kein notwendiges Formalerfordernis des Schecks, da bei fehlender Angabe über die Zahlungszeit bei Sicht gezahlt werden muß. Verschieden dagegen sind die Rechtswirkungen, die von den einzelnen Gesetzgebungen dem Scheck beigelegt werden, wenn er an Stelle der Sichtklausel andere Angaben über die Zahlungszeit enthält. Während England, Frankreich und Belgien den Scheck in diesem Falle für ungültig erklären, schreiben das schweizerische und österreichische Recht vor, daß der Scheck auch dann auf Sicht zahlbar sei, wenn er eine andere Bestimmung über die Verfallzeit enthalte. Das Gesetz stellt sich auf den Standpunkt, daß die Angabe einer anderen Zahlungszeit den Scheck als solchen nichtig macht. Der Aussteller, der den Nehmer ausdrücklich erst in Zukunft befriedigen will, dürfe nicht so behandelt werden, als hätte er eine sofort fällige Zahlungsanweisung erteilt. Begr. S. 23.

§ 8. Der auf einen bestimmten Zahlungsempfänger gestellte Scheck kann durch Indossament übertragen werden, wenn nicht der Aussteller die Übertragung durch die Worte „nicht an Order“ oder durch einen gleichbedeutenden Zusatz untersagt hat.

In betreff der Form des Indossaments, in betreff der Legitimation des Besitzers eines indossierten Schecks und der Prüfung der Legitimation sowie in betreff der Verpflichtung des Besitzers zur Herausgabe finden die Vorschriften der Artikel 11 bis 13, 36, 74 der Wechselordnung entsprechende Anwendung. Ein auf eine Abschrift des Schecks gesetztes Indossament ist jedoch unwirksam. Das Gleiche gilt von einem Indossamente des Bezogenen. Ein Indossament an den Bezogenen gilt als Quittung.

1. Der durch Indossament übertragbare Orderscheck ist in sämtlichen Staaten eingeführt. Verschieden dagegen wird die Frage beantwortet, ob der Scheck der Orderklausel bedarf, um indossierbar zu sein, oder ob er grundsätzlich indossierbar ist, so daß es einer besonderen Klausel bedürfte, um die Indossabilität auszuschließen. Nach französischem, belgischem und österreichischem Recht und dem ungarischen Entwurf kann ein Scheck, der nicht ausdrücklich die Orderklausel enthält, nicht giriert werden. Die Schweiz, Italien und Japan dagegen lassen die Indossierung eines auf eine bestimmte Person lautenden Schecks zu, sofern dieselbe nicht durch ausdrücklichen Vermerk untersagt ist. Das Gesetz hat sich in § 8 auf den letzteren Standpunkt gestellt. So auch

Älteste der Kaufmannschaft von Berlin, S. 15. Wird trotz des Ausschlußvermerks indossiert, so hat ein solches Indossament keine scheckrechtliche Wirkung. Die Ausschließung kann auf der Urkunde selbst durch die Worte „nicht an Ordre" oder einen gleichbedeutenden Zusatz geschehen und zwar nur auf Schecks, die auf einen bestimmten Zahlungsempfänger lauten. Für Inhaberschecks kann ihrem Wesen entsprechend die Übertragbarkeit nicht ausgeschlossen werden. Dadurch, daß ein oder mehrere Zwischenmänner ihre Unterschrift auf die Rückseite eines Inhaberschecks setzen, wird zwar nach § 15 Abs. 2 eine Haftung für die Einlösung des Schecks in demselben Umfange wie beim Indossament des Orderschecks begründet, die Eigenschaft des Inhaberschecks als eines auch weiterhin durch bloße Aushändigung übertragbaren und an jeden Inhaber zahlbaren Papiers wird aber dadurch nicht berührt. Begr. S. 23.

2. In betreff der Legitimation des Besitzers eines indossierten Schecks und der Prüfung der Legitimation sowie in betreff der Verpflichtung des Besitzers zur Herausgabe finden die Vorschriften der Artikel 11—13, 36, 74 der Wechselordnung mit der Maßgabe entsprechende Anwendung, daß ein auf eine Abschrift des Schecks gesetztes Indossament unwirksam ist. Zur Ausstellung von Kopieen, auf welche Originalindossamente gesetzt werden könnten, liegt beim Scheck kein Bedürfnis vor. Es ist daher gerechtfertigt, die Vorschrift des Art. 11 der Wechselordnung insoweit auszuschließen und Indossamenten, die auf eine Abschrift des Schecks gesetzt sind, die scheckrechtliche Wirksamkeit zu versagen. (Begr. S. 23.) Die angezogenen Artikel der Wechselordnung sind die folgenden:

Art. 11 Wechselordnung:

„Das Indossament muß auf den Wechsel, eine Kopie desselben oder ein mit dem Wechsel oder der Kopie verbundenes Blatt (Alonge) geschrieben werden."

Sinnentsprechend angewendet muß das Indossament auf den Scheck selbst gesetzt werden, dagegen nicht auf eine Abschrift desselben. Das Indossament ist entweder ein Voll- oder Blanko-Indossament. Außer der Form ist zur wirksamen Übertragung des Schecks noch ein Begebungsakt erforderlich, d. h. ein Vertrag, inhalts dessen der Scheck mittels des Indossaments übertragen werden soll. Die Wirkung des Indossaments ist die Übertragung des Schecks.

Art. 12 Wechselordnung:

„Ein Indossament ist gültig, wenn der Indossant auch nur seinen Namen oder seine Firma auf die Rückseite des Wechsels oder der Kopie, oder auf die Alonge schreibt (Blanko-Indossament)."

Art. 13 Wechselordnung:

„Jeder Inhaber eines Wechsels ist befugt, die auf demselben befindlichen Blanko-Indossamente auszufüllen; er kann den Wechsel aber auch ohne diese Ausfüllung weiter indossieren."

Die Rechtswirkung des Indossaments ist die, daß der Scheck auf den Indossatar übertragen wird, es gehen also alle Rechte aus dem Scheck auf den Indossatar über. Der Indossatar erwirbt die Ansprüche aus dem Scheck so wie sie aus der Urkunde hervorgehen, nicht mit den Einwendungen, die gegen den Indossanten bestehen. Der Indossatar kann den Scheck weiter indossieren, entweder durch Voll- oder Blanko-Indossament. Er darf dem Indossament nicht rechtsverändernde Zusätze zum Nachteil des Giranten hinzufügen, z. B. ohne Kosten (ROHG. 17, 267) oder die Festsetzung einer längeren als der gesetzlichen Präsentationsfrist, wohl aber, weil zum Vorteil des Giranten gereichend, die Prokuraklausel, den Ausschluß der Haftung, die Rektaklausel (Staubs Kommentar zur Wechselordnung, bearbeitet von J. und M. Stranz zu Art. 13).

Art. 36 Wechselordnung:

„Der Inhaber eines indossierten Wechsels wird durch eine zusammenhängende, bis auf ihn hinuntergehende Reihe von Indossamenten als Eigentümer des Wechsels legitimiert. Das erste Indossament muß demnach mit dem Namen des Remittenten, jedes folgende Indossament mit dem Namen desjenigen unterzeichnet sein, welchen das unmittelbar vorhergehende Indossament als Indossatar benennt. Wenn auf ein Blanko-Indossament ein weiteres Indossament folgt, so wird angenommen, daß der Aussteller des letzteren den Wechsel durch das Blanko-Indossament erworben hat. Ausgestrichene Indossamente werden bei Prüfung der Legitimation als nicht geschrieben angesehen. Die Echtheit der Indossamente zu prüfen, ist der Zahlende nicht verpflichtet."

Dieser Artikel beschäftigt sich mit der Prüfung der Legitimation. Der Scheckschuldner — im folgenden soll der Bezogene bei dem Ausdruck „Scheckschuldner" mitbegriffen sein — hat eine Pflicht zur Legitimationsprüfung. Zahlt er, ohne seine Pflicht zur Legitimationsprüfung erfüllt zu haben, so wird er von seiner Verbindlichkeit nicht befreit. Seine Pflicht zur Legitimationsprüfung erstreckt sich auf folgende Punkte: Er hat einmal die formale Legitimation des Scheckinhabers zu prüfen. Die Indossamente müssen nicht nur formgerecht sein, sondern sie müssen auch eine zusammenhängende Reihe bilden. Eine zusammenhängende Reihe ist dann vorhanden, wenn der Scheckinhaber den Scheck als Regreßverpflichteter eingelöst hat, oder wenn alle nicht durchstrichenen Indossamente ausgestellt sind von Personen, die zur Indossierung legitimiert erscheinen, sei es dadurch, daß sie die Rechtsstellung des Remittenten haben oder daß sie den Scheck durch Voll- oder Blanko-Indossamente erworben haben. (Vgl. Staubs Kommentar zur Wechselordnung, bearbeitet von J. und M. Stranz, Art. 36 Anm. 5.)

Der Scheckschuldner muß ferner die Identität des Scheckinhabers mit der Person, auf welche die formale Legitimation lautet, prüfen; nicht zu prüfen braucht der Scheckinhaber die Echtheit der Indossamente. Er kann auf Grund eines äußerlich gültigen Indossaments zahlen und sich durch solche Zahlung befreien (ROHG. 2, 281; 10, 405); ebensowenig braucht der Scheckschuldner die materielle Legitimation des Scheckinhabers zu prüfen, d. h. die Frage, ob dem Indossamente Begebungsakte zugrunde liegen und ob diese gültig sind, z. B. ob die Person, die das Indossament für eine Aktiengesellschaft getätigt hat, wirklich ihr Vorstand ist (ROHG. 10, 405; 16, 362). Er kann sich also mit dem Vorhandensein äußerlich gültiger Indossamente begnügen, er kann beim Vorhandensein solcher zahlen und befreit sich durch diese Zahlung. Voraussetzung ist allerdings, daß er bona fide ist; zahlt er mala fide an den materiell Unberechtigten, so wird er nicht befreit. (RG. 53, 207.) Vgl. Staubs Kommentar zur Wechselordnung, bearbeitet von J. und M. Stranz, Anm. 19 zu Art. 36.

Verschieden von der Pflicht der Legitimationsprüfung ist sein Prüfungsrecht. Das Prüfungsrecht erstreckt sich, was die Legitimation betrifft, auf alle Erfordernisse einer rechtsgültigen Übertragung. Das Nähere bei Staub, Kommentar zur Wechselordnung, bearbeitet von J. und M. Stranz, Anm. 20ff. zu Art. 36. Die formale Legitimation ist auch entscheidend für die Berechtigung zur Protesterhebung mangels Zahlung (RG. 50, 26). Der Protest mangels Zahlung ist nur gültig, wenn er erhoben ist auf Antrag dessen, der durch eine zusammenhängende Reihe formell gültiger Indossamente legitimiert erscheint, die Zahlung zu fordern. Der im Auftrage eines Unlegitimierten erhobene Protest ist ungültig und nicht geeignet, den Regreßanspruch gegen die Regreßverpflichteten zu stützen (ROHG. 1, 248; 18, 274; RG. 1, 33; 27, 34; 32, 78).

Art. 74 der Wechselordnung.

„Der nach den Bestimmungen des Art. 36 legitimierte Besitzer eines Wechsels kann nur dann zur Herausgabe desselben angehalten werden, wenn er den Wechsel in bösem Glauben erworben hat oder ihm bei der Erwerbung des Wechsels eine grobe Fahrlässigkeit zur Last fällt."

Dieser Artikel regelt den Schutz des rechtmäßig legitimierten Scheckerwerbers. Die Voraussetzung des Schutzes ist das Vorhandensein der wechselrechtlichen Legitimation nach Art. 36 WO. und guter Glaube. Guter Glaube ist dann vorhanden, wenn dem Erwerber weder dolus, noch grobe Fahrlässigkeit zur Last fällt. Die Gutgläubigkeit muß zurzeit des Erwerbes vorhanden sein, eine spätere Bösgläubigkeit schadet nicht.

Der Schutz des Art. 74 reicht weiter als der auf den §§ 932 bis 936 BGB. und § 366 HGB. beruhende Schutz des gutgläubigen Erwerbers. Nach den §§ 932 bis 936 BGB. wird der gutgläubige Erwerb nur dann geschützt, wenn der gute Glaube darin besteht, daß der Erwerber den Veräußerer für den Eigentümer gehalten hat. Der § 366 HGB. erweitert diesen Schutz insofern, als er beim Erwerbe von einem Kaufmann im Betriebe seines Handelsgewerbes den gutgläubigen Erwerber auch dann schützt, wenn der gute Glaube darin besteht, daß der Erwerber den Veräußerer zwar nicht für den Eigentümer, aber für veräußerungsbefugt gehalten hat. Nach Art. 74 heilt der gute Glaube alle Mängel des materiellen Erwerbsvertrages (RG. 55, 49 ff.). Vgl. Staubs Kommentare zur Wechselordnung, bearbeitet von J. und M. Stranz, Anm. 3 zu § 74; Bernstein S. 280. Anderer Ansicht Düringer-Hachenburg Bd. 2 S. 455. Bösgläubig ist, wer die Geschäftsunfähigkeit des Veräußerers kennt oder wer weiß, oder ohne grobe Fahrlässigkeit wissen muß, daß der Veräußerer weder Eigentum am Wechsel besaß, noch über den

Wechsel zu verfügen berechtigt, oder daß er dazu nicht fähig war (RG. 53, 207; 57, 391). Im übrigen siehe Staubs Kommentare zur Wechselordnung, bearbeitet von J. und M. Stranz.

3. Ein Indossament an den Bezogenen gilt als Quittung. Diese Bestimmung entspricht dem österreichischen Recht und wird Begr. S. 23 wie folgt begründet: Hat der Bezogene ein ausreichendes Guthaben des Ausstellers in Händen, so liegt kein Grund vor, den Scheck nicht einzulösen. Ein Indossament entbehrt hier jeden wirtschaftlichen Zweckes. Steht dem Bezogenen aber kein ausreichendes Guthaben des Ausstellers zur Verfügung, so liegt eine Verdunkelung des Sachverhalts vor, wenn er, statt die Einlösung zu verweigern, den Scheck durch Indossament auf sich übertragen läßt und der Zahlung der Schecksumme formell die Bedeutung der Valutazahlung für das indossierte Papier beilegt. Der Inhaber des Schecks, der von dem Bezogenen die Zahlung der Schecksumme begehrt, ist in Wahrheit Präsentant. Indossiert er den Scheck, so wird er zu einem ihn weiterbegebenden Indossaten. Die Frage der Einlösung oder Nichteinlösung des Schecks bleibt dabei einstweilen unentschieden. Geht nachträglich von dem Aussteller Deckung ein, so wird der Bezogene den Scheck als eingelöst behandeln. Bleibt die Deckung aus, so hat er, nachdem er die Einlösung des Schecks sich selbst gegenüber verweigert hat, als letzter Indossatar den scheckmäßigen Regreß gegen den Aussteller und die sonstigen Vormänner. Die Zulassung dieses Verfahrens würde also lediglich dazu dienen, den Bezogenen die Zahlung der Schecksumme auf nicht rechtzeitig gedeckte Schecks ohne Risiko zu ermöglichen und würde so der Ausstellung ungedeckter Schecks Vorschub leisten. Anstatt auf Deckung zu halten, würde der Bezogene sein Hauptaugenmerk auf gute Vormänner richten; aus einem Zahlungsmittel würde der Scheck ein Kreditpapier. Andererseits empfiehlt es sich nicht, das Indossament an den Be-

zogenen schlechthin für ungültig zu erklären. Es ist in Handelskreisen durchaus gebräuchlich, sich bei der Versendung von Orderschecks zur Einlösung des Indossaments zu bedienen. Der Bezogene erhält durch das Indossament den Nachweis der Einlösung gegenüber dem Aussteller, den ihm sonst die Quittung verschaffen muß. Dieser Handelssitte wird ausreichend Rechnung getragen, wenn der Entwurf entsprechend dem § 6 Abs. 4 des österreichischen Gesetzes ein Indossament an den Bezogenen als Quittung gelten läßt.

4. Ein Indossament des Bezogenen ist unwirksam; dasselbe könnte bei einem Inhaberscheck auch ohne vorangegangenes Indossament an ihn oder bei Schecks mit einem Blanko-Indossament vorkommen und würde eine abstrakte Schuldverpflichtung gegenüber jedem späteren Inhaber ohne Rücksicht auf das Vorhandensein eines Guthabens begründen, also dieselbe Bedeutung haben, wie ein Annahmevermerk. Es ist daher ebenso wie letzterer unwirksam. Begr. S. 24, cf. dazu Brunner in der Deutschen Juristenzeitung vom 1. Februar 1908.

§ 9. Schecks, die auf einen bestimmten Zahlungsempfänger gestellt und im Auslande zahlbar sind, können in mehreren Ausfertigungen ausgestellt werden. Jede Ausfertigung muß im Texte mit der Bezeichnung „Erste, zweite, dritte usw. Ausfertigung“ oder mit einer gleichbedeutenden Bezeichnung versehen werden; ist dies nicht geschehen, so gilt jede Ausfertigung als ein für sich bestehender Scheck.

Ist von mehreren Ausfertigungen eine bezahlt, so verlieren dadurch die anderen ihre Kraft. Jedoch bleiben aus den übrigen Ausfertigungen der Indossant, welcher mehrere Ausfertigungen an verschiedene Personen indossiert hat, und alle späteren Indossanten, deren Unterschriften sich auf den bei der Zahlung nicht zurückgegebenen Ausfertigungen befinden, auf Grund ihres Indossaments verpflichtet.

1. Während bei Inlandschecks ein Bedürfnis nach Duplikaten nicht besteht, kommen solche im Verkehr mit dem Auslande, namentlich im überseeischen Verkehr häufig vor, in gleicher Weise wie für den Wechsel. Im Verkehr mit bestimmten Ländern bietet die Möglichkeit der Versendung der einzelnen Ausfertigungen mittels verschiedener Transportmittel eine größere Sicherheit für das richtige Eintreffen am Bestimmungsorte und wird dadurch die Gefahr des Verlustes verringert. Ebenso wie beim Wechsel muß jede Ausfertigung im Texte selbst als erste, zweite, dritte rc. Ausfertigung (Prima-, Sekunda-, Tertiascheck) bezeichnet sein. Die Aufnahme in die Überschrift genügt nicht; vgl. Art. 66 und 67 der Wechselordnung.

2. Nach dem § 9 verlieren, wenn eine Ausfertigung bezahlt ist, die übrigen ihre Kraft; eine Ausnahme tritt nur insofern ein, als aus den übrigen der Indossant, welcher mehrere Ausfertigungen an verschiedene Personen indossiert hat, und alle späteren Indossanten, deren Unterschriften sich auf den bei der Zahlung nicht zurückgegebenen Ausfertigungen befinden, auf Grund ihres Indossaments verpflichtet bleiben. Diese Bestimmungen können auf Inhaberschecks keine Anwendung finden. Wird ein Inhaberscheck in mehreren Ausfertigungen ausgestellt und gelangen diese in verschiedene Hände, so muß, da aus

den Urkunden nicht ersichtlich ist, welcher frühere Inhaber sie an verschiedene Personen weitergegeben hat, der Aussteller aus jeder Ausfertigung, wie aus einem selbständigen Scheck, verhaftet bleiben. Begr. S. 25.

§ 10. Der Scheck kann nicht angenommen werden. Ein auf den Scheck gesetzter Annahmevermerk gilt als nicht geschrieben.

1. Der § 784 BGB. läßt die Annahme bei Anweisungen ausdrücklich mit der Wirkung zu, daß bei Annahme der Angewiesene dem Anweisungsempfänger gegenüber zur Leistung verpflichtet wird. Das Gesetz verbietet beim Scheck das Akzept. Es steht auf dem Standpunkt, daß ein Akzept, wodurch der Bezogene zu einem selbständigen Schuldner wird, während er nach dem Charakter des Schecks lediglich Zahlungsorgan sein soll, mit der Natur des Schecks nicht verträglich sei. Dadurch, daß bis zur Vorlage des Schecks unbestimmt bleibt, ob er eingelöst wird oder nicht, werde erreicht, daß der Scheck seinem Endziele, der Einlösungsstelle, so rasch als möglich zutreibe und es werde vermieden, daß er unnötig lange gleich dem Papiergelde herumwandere. Der Standpunkt des Gesetzes entspricht der im deutschen Scheckverkehr schon tatsächlich herrschenden Auffassung, welche unter anderem darin zum Ausdrucke gekommen ist, daß die mit der Reichsbank zu Abrechnungsstellen vereinigten Bankhäuser und Scheckinstitute das Akzept des Schecks für ihren Verkehr ausgeschlossen haben (Nr. 5 der Berliner Vereinbarung vom 14. Febr. 1885). Begr. S. 25, Übereinstimmend Schweiz, Italien, Skandinavien, Österreich, Japan. Akzept ist zulässig in Frankreich, Belgien, Holland, England und Amerika. Gegen die Zulässigkeit Koch, Klein, Rießer, Hammerschlag, für die Zulassung Canstein, Fick, Buff, Georg Cohn a. a. O. S. 51.

2. Die Bestimmung, daß ein auf den Scheck gesetzter Annahmevermerk als nicht geschrieben gilt, bringt zum Ausdrucke, daß einem solchen Vermerke nicht bloß die scheckrechtliche, sondern überhaupt jede rechtliche Wirksamkeit entzogen ist.

3. In England und in Amerika hat der Verkehr ein akzeptähnliches Gebilde geschaffen, das „Marking“ bezw. das „Certifying“.

Die am Londoner Clearing-House beteiligten Bankiers pflegen auf sie gezogene Schecks, die für die Abrechnung zu spät eingeliefert sind, aber für die Abrechnung des nächsten Tages als geeignet anerkannt werden, mit ihren Anfangsbuchstaben zu zeichnen. Hierdurch wird zwar nach der Auffassung des neueren englischen Rechtes nicht die Wirkung des Akzeptes erzielt, wohl aber dem Papier der Vorteil der Priorität im Clearing des folgenden Tages verschafft.

Außerordentliche Verbreitung hat in den Vereinigten Staaten das „Certifying“ gefunden. Es besteht darin, daß ein Beamter der bezogenen Bank auf Wunsch des Inhabers oder Ausstellers das Wort „good“ quer über die Vorderseite des Schecks schreibt, eventuell unter Beifügung von Namen und Zahlungstag. Das Certifying auf Antrag des Inhabers macht die Bank zum alleinigen Schuldner desselben; Indossanten und Aussteller werden frei. Dagegen hat das Certifying auf Antrag des Ausstellers nur zur Folge, daß die Bank wie aus einem Akzept neben Aussteller und Indossanten haftet. Begr. 26; cf. über zertifizierte Schecks Fick a. a. O. S. 339 f., Georg Cohn a. a. O. S. 53 ff., Schär in der deutschen Wirtschaftszeitung vom 15. Febr. 1908, Buff im Bankarchiv vom 1. Oktober 1907.

§ 11. Der im Inland ausgestellte und zahlbare Scheck ist binnen zehn Tagen nach der

Ausstellung dem Bezogenen am Zahlungsorte zur Zahlung vorzulegen.

Für Schecks, die im Ausland ausgestellt, im Inlande zahlbar sind, bestimmt der Bundesrat die Vorlegungsfrist. Das Gleiche gilt für Schecks, die im Inland ausgestellt, im Auslande zahlbar sind, sofern das ausländische Recht keine Vorschrift über die Zeit der Vorlegung enthält.

Fällt der letzte Tag der Frist auf einen Sonntag oder einen am Zahlungsorte staatlich anerkannten allgemeinen Feiertag, so tritt an die Stelle des Sonntags oder des Feiertags der nächstfolgende Werktag.

1. Sämtliche Kodifikationen des Schecks zeigen das Bestreben, daß die Präsentation beim Bezogenen erfolgen muß. Da der Scheck einerseits auf baldige Befriedigung drängt, erscheint eine möglichst kurz bemessene Vorlegungsfrist angezeigt; da er aber andererseits zur Aufgabe hat, Bargeld zu sparen, was nur durch die Befriedigung möglichst vieler Zahlungen ohne Anwendung von Bargeld erzielt wird, so darf die Vorlegungsfrist nicht allzu kurz sein. Diesen Tendenzen trägt das Gesetz dadurch Rechnung, daß es eine *zehntägige* Präsentationsfrist für die im Inlande zahlbaren Schecks konstituiert.

2. Was die *Dauer der Frist* anlangt, so ist dieselbe in der ausländischen Gesetzgebung, je nachdem es sich um Platz- oder Distanzschecks handelt, festgesetzt für:

Belgien (Art. 4)	auf 3	bezw.	6	Tage,
die nordischen Staaten	„ 3	„	10	„
Frankreich (Art. 5)	„ 5	„	8	„
die Schweiz (Art. 834 Abs. 2)	„ 5	„	8	„
Österreich (§ 9)	„ 5	„	8	„
Spanien (Art. 357, 358)	„ 5	„	12	„
Italien (Art. 342)	„ 8	„	14	„
Portugal (Art. 341 § 3)	„ 8	„	15	„

Der deutsche Entwurf von 1892 statuierte einheitlich eine fünftägige Frist. Die vom Gesetz gegebene Frist von 10 Tagen dürfte den Interessen am besten entsprechen.

3. Ein Unterschied zwischen Platz- und Distanzschecks wird nicht gemacht, vielmehr wird für alle Schecks im Inlandsverkehr eine einheitliche Präsentationsfrist festgesetzt. Es kommt häufig vor und ist eine völlig einwandfreie Form des Scheckverkehrs, daß auch Platzschecks zu Zahlungen an anderen Orten verwendet werden.

4. Auch für die Vorlegung von Schecks, die im Auslande ausgestellt und im Inlande zahlbar sind, empfiehlt sich eine von vornherein festbegrenzte Frist. Da es aber schwierig ist, eine für alle Verhältnisse zureichende Frist richtig festzusetzen, ist bestimmt, um den verschiedenartigen Bedürfnissen gerecht zu werden, daß die Festsetzung der Vorlegungsfristen für im Ausland ausgestellte, im Inlande zahlbare Schecks dem Bundesrat überlassen wird. Für die im Inland ausgestellten, im Auslande zahlbaren Schecks muß in erster Linie die durch das ausländische Recht vorgeschriebene Vorlegungsfrist maßgebend bleiben. Nur soweit das ausländische Recht Vorschriften über eine Vorlegungsfrist überhaupt nicht kennt, soll auch hier der Bundesrat die Vorlegungsfrist bestimmen.

5. Die Vorschrift des Abs. 3 über die Einrechnung der Sonn- und Feiertage entspricht dem § 193 BGB. Hiernach bleibt ein zu Beginn oder innerhalb der

Frist liegender Sonn- oder Feiertag auf die Berechnung ohne Einfluß.

§ 12. Die Einlieferung eines Schecks in eine Abrechnungsstelle, bei welcher der Bezogene vertreten ist, gilt als Vorlegung zur Zahlung am Zahlungsorte, sofern die Einlieferung den für den Geschäftsverkehr der Abrechnungsstelle maßgebenden Bestimmungen entspricht.

Der Bundesrat bestimmt, welche Stellen als Abrechnungsstellen im Sinne dieses Gesetzes zu gelten haben.

1. In Übereinstimmung mit dem österreichischen Gesetz gilt die Einlieferung des Schecks in eine Abrechnungsstelle am Zahlungsort als Präsentation zur Zahlung. Das Zahlungssystem des Scheck- und Giroverkehrs gipfelt in den Abrechnungsstellen. Es kommt erst zur vollen Geltung, wenn die überwiegende Zahl derjenigen Schecks, welche nicht bei dem Bezogenen selbst durch einfache Gutschrift oder Zahlung zur Einlösung kommen, in den Abrechnungsstellen zur Ausgleichung gelangen. Bei der Kürze der Vorlegungsfrist ist es aber zur Vermeidung der Präjudizierung unumgänglich notwendig, der häufig erst am letzten Tage der Frist zu ermöglichenden Einlieferung in die Abrechnungsstelle die Wirkung der Vorlegung zur Zahlung am Zahlungsorte beizulegen. Unter den Mitgliedern der Abrechnungsstellen ist diese Bestimmung bereits im Wege der Vereinbarung getroffen (Nr. 4 der Berl. Vereinbarung vom 14. Febr. 1883). Diese gesetzliche Feststellung war erforderlich, um auch gegenüber den nicht

im Abrechnungsverkehr stehenden Ausstellern und Indossanten Geltung zu haben.

2. Voraussetzung für die Rechtswirksamkeit der Einlieferung ist, daß der Bezogene bei der Abrechnungsstelle vertreten ist. Die Einlieferung muß ordnungsmäßig erfolgen, d. h. den für den Geschäftsverkehr der Stelle maßgebenden Bestimmungen entsprechen, es muß sich insbesondere auch um einen Scheck handeln, der an einem Orte zahlbar ist, für den die Abrechnungsstelle nach den für sie geltenden Bestimmungen zuständig ist.

§ 13. Der Bezogene, der den Scheckbetrag bezahlt, kann die Aushändigung des quittierten Schecks verlangen.

Der Ablauf der Vorlegungsfrist ist auf das Recht des Bezogenen zur Zahlung ohne Einfluß.

Ein Widerruf des Schecks ist erst nach dem Ablaufe der Vorlegungsfrist wirksam.

1. Abs. 1 entspricht dem § 364 HGB. Im Belieben des Gläubigers liegt es, ob er Teilzahlung annehmen will. Den Scheckinhaber zur Annahme von Teilzahlungen zu verpflichten, wie dies für den Wechselinhaber nach Artikel 38 der Wechselordnung vorgeschrieben ist, liegt kein Anlaß vor. Die Verpflichtung des Wechselinhabers zur Annahme von Teilleistungen ist mit der Natur des Schecks, der auf rasche und volle Befriedigung abzielt und bis zu seinem vollen Betrage durch ein Guthaben gedeckt sein soll, nicht vereinbar. Begr. S. 28.

2. Auch nach Ablauf der Vorlegungsfrist bleibt der Bezogene zur Einlösung des Schecks berechtigt; dies entspricht der Absicht des Ausstellers, der den Scheck-

nehmer aus dem beim Bezogenen vorhandenen Guthaben befriedigt wissen will.

3. Nach § 790 BGB. kann der Anweisende die Anweisung dem Angewiesenen gegenüber widerrufen, solange nicht der Angewiesene sie dem Anweisungsempfänger gegenüber angenommen hat. Dies gilt selbst dann, wenn der Anweisende durch den Widerruf einer von ihm gegenüber dem Anweisungsempfänger zu erfüllenden Verpflichtung zuwider handelt. Da beim Scheck eine Annahme nicht üblich ist, so sind Schecks an sich jederzeit widerruflich. Das Gesetz erklärt aber den Widerruf eines Schecks erst nach Ablauf der Vorlegungsfrist für wirksam. Der Widerruf kann während der Vorlegungsfrist zwar erklärt werden, seine Wirksamkeit beginnt indessen erst, wenn der Scheck innerhalb der Frist vorgelegt worden ist.

England, die Schweiz und Skandinavien lassen jederzeit den Widerruf zu, Frankreich, Belgien und Italien schließen den Widerruf überhaupt aus. Mit dem Gesetz übereinstimmend Österreich.

4. Das Gesetz enthält keine Bestimmung, inwieweit der Tod, der Eintritt der Geschäftsunfähigkeit eines der Beteiligten auf die Einlösung eines Schecks von Einfluß sind. Maßgebend ist allein § 791 BGB., welcher bestimmt, daß die Anweisung nicht durch den Tod oder den Eintritt der Geschäftsunfähigkeit einer der Beteiligten erlöscht.

5. Ebensowenig enthält das Gesetz eine Bestimmung über den Eintritt des Konkurses eines der Beteiligten. Es greifen die Grundsätze der Konkursordnung Platz. Das Gesetz hat im Interesse der sonstigen Konkursgläubiger im Falle des Konkurses des Scheckausstellers ein besonderes Aus- oder Absonderungsrecht des Scheckinhabers in Bezug auf das zur Konkursmasse abzuführende Guthaben des Ausstellers nicht anerkannt. Der Bezogene darf, sobald er von der Eröffnung des Konkurses über das

Vermögen des Ausstellers Kenntnis erhalten hat, den Scheck nicht mehr einlösen, wenn er sich nicht nochmaliger Inanspruchnahme aussetzen will. Hat dagegen der Bezogene einen Scheck, den der Gemeinschuldner vor der Eröffnung des Konkurses ausgestellt hatte, nach der Konkurseröffnung ohne Kenntnis von derselben eingelöst, so wird er dadurch von seiner Verbindlichkeit auf Rückgabe der Deckung in Gemäßheit des § 8 der Konkursordnung befreit; denn eine auf Anweisung des Gemeinschuldners, also mit seiner Einwilligung an den Scheckinhaber erfolgte Leistung steht im Sinne des bezeichneten § 8 der Leistung an den Gemeinschuldner gleich. (Begr. S. 29).

Auf dem gleichen Standpunkt stehen England, Österreich, die Schweiz; auf einem anderen Standpunkt Frankreich und Belgien, da nach dem Rechtssystem dieser Länder die Begebung des Schecks als vollständige Abtretung des Anspruchs auf den betreffenden Teil des Guthabens gilt.

§ 14. Der Aussteller sowie jeder Inhaber eines Schecks kann durch den quer über die Vorderseite gesetzten Vermerk: „Nur zur Verrechnung" verbieten, daß der Scheck bar bezahlt werde. Der Bezogene darf in diesem Falle den Scheck nur durch Verrechnung einlösen. Die Verrechnung gilt als Zahlung im Sinne dieses Gesetzes.

Das Verbot kann nicht zurückgenommen werden. Die Übertretung des Verbots macht den Bezogenen für den dadurch entstehenden Schaden verantwortlich.

1. Der im Reichsbank- und Abrechnungsverkehr eingebürgerte **Verrechnungsscheck** hat sich deshalb eingeführt, weil durch ihn die Gefahr, daß der Scheck von einem Unbefugten eingezogen wird, erheblich verringert wird. Die Verrechnungsschecks unterscheiden sich von den ähnlichen Zwecken dienenden, in England üblichen crossed cheques dadurch wesentlich, daß letztere bar ausgezahlt werden können, und nur den Kreis der zum Zahlungsempfange Berechtigten, den dortigen Verhältnissen entsprechend, auf bankers im allgemeinen (crossed generally) oder einen bestimmten banker (crossed specially) beschränken. Die Verrechnung gilt als Zahlungsleistung und demzufolge die Vorlegung zur Verrechnung als Vorlegung zur Zahlung. Der Bezogene haftet für den Schaden, falls er der Aufforderung des Ausstellers oder Inhabers nicht nachkommt. Begr. S. 30.

2. Der Verrechnungsscheck schließt begrifflich die Barzahlung aus; es darf daher der Bezogene dem Inhaber auch dann keine Zahlung leisten, sofern sich am Adreßorte keine Abrechnungsstelle befindet oder sofern der Inhaber eines Verrechnungsschecks kein Konto beim Bezogenen besitzt (Georg Cohn a. a. O. S. 73).

3. Der Zulassung des speziellen crossing stehen gesetzliche Bedenken nicht entgegen. Außer England haben auch Skandinavien, Spanien und Argentinien den crossed cheque gesetzlich geregelt. Von den Entwürfen hat der Mannheimer vom Jahre 1879 und der Brüsseler Weltwechselrechtsentwurf vom Jahre 1888 Bestimmungen darüber aufgenommen. Auch in Frankreich ist am 29. Dezember 1906 von Ratier ein Gesetzentwurf über den chèque barré im Senat eingebracht worden. Georg Cohn empfiehlt unter Zugrundelegung des Brüsseler Weltwechselrechtsentwurfs folgende Sätze:

I. Sind über die Vorderseite des Schecks zwei parallele Querlinien gezogen, so ist er nur an eine Bank oder einen Bankier zahlbar.

II. Ist zwischen beide Querlinien die Firma einer Bank oder eines Bankiers geschrieben, so ist er nur an diese Firma zahlbar.

III. Der Bezogene, der auf einen durchquerten Scheck eine diesen Vorschriften zuwiderlaufende Zahlung leistet, ist für den daraus entstandenen Schaden verantwortlich.

Diesen drei Sätzen wären vielleicht noch folgende zwei Bestimmungen beizufügen, die sich an den Mannheimer Entwurf Va und 5 resp. an sect. 77 (4) und 81 der Bills of Exchange Act anschließen.

IV. Befindet sich zwischen den beiden parallelen Querlinien der Zusatz „außer Verkehr" oder ein gleichlautender Ausdruck, so hat der Empfänger eines solchen Schecks nur die Rechte dessen, von dem er den Scheck empfangen hat.

V. Jeder Scheck kann vom Aussteller, Remittenten, Indossanten oder Inhaber allgemein oder speziell durchquert auch von jedem derselben mit dem Zusatz „außer Verkehr" versehen werden.

4. Die Frage, ob der Bezogene statt der Barzahlung kompensieren dürfe, ist nicht ausdrücklich geregelt. Für den Verrechnungsscheck ergibt sich das Kompensationsrecht aus dem Begriff; für die sonstigen Schecks aber ist es wie für den Wechsel — außer im Prozesse — nur mit Einwilligung des Präsentanten zulässig (Georg Cohn a. a. O. S. 76).

§ 15. Der Aussteller und die Indossanten haften dem Inhaber für die Einlösung des Schecks.

Auch bei dem auf den Inhaber gestellten Scheck haftet jeder, der seinen Namen oder seine Firma auf die Rückseite des Schecks geschrieben hat, dem Inhaber für die Einlösung. Auf den Bezogenen findet diese Vorschrift keine Anwendung.

Hat ein Indossant dem Indossamente die Bemerkung „ohne Gewährleistung" oder einen gleichbedeutenden Vorbehalt hinzugefügt, so ist er von der Verbindlichkeit aus seinem Indossamente befreit.

1. Die Einführung der Regreßhaftung von Aussteller und Indossanten erfüllt eine stets aufgestellte Forderung des Handelsstandes. Durch diese Regelung setzt sich das Gesetz in Einklang mit den ausländischen Gesetzgebungen, die sämtlich den Regreß aus der Urkunde eingeführt haben. Der Gläubiger erhält neben seiner ursprünglichen Forderung gegen seinen unmittelbaren Vormann zur wahlweisen Geltendmachung noch einen zweiten Anspruch gegen Aussteller und Indossanten, der sich nur auf die Tatsache der Scheckausstellung bezw. Indossierung gründet.

2. Daß beim Inhaberscheck derjenige, welcher seine Unterschrift auf die Rückseite des Schecks setzt, für die Einlösung gleich einem Indossanten haftet, entspricht einem praktischen Bedürfnisse des Scheckverkehrs und der schon jetzt herausgebildeten Rechtsauffassung.

3. Von der Haftung kann sich der Indossant dadurch befreien, daß er seinem Indossament die Bemerkung „ohne Gewährleistung" oder einen gleichbedeutenden Vorbehalt hinzufügt. Dies entspricht auch der im Handelsverkehr zugelassenen Möglichkeit.

4. Abgelehnt ist die Haftung des Bezogenen gegenüber dem Scheckinhaber.

Der deutsche Entwurf von 1892 hatte im § 10 dem Scheckinhaber ein unmittelbares, allerdings beschränktes Klagerecht gegen den Bezogenen auf Zahlung aus dem vorhandenen Guthaben ausdrücklich zuerkannt. Der Bezogene sollte dem Inhaber insoweit haften, als er zur Zeit der Vorlegung des Schecks dem Aussteller gegenüber zur Einlösung verpflichtet war. Ebenso der vorläufige Entwurf in § 11. Übereinstimmend Frankreich, Belgien, Italien, Rumänien, Portugal, Holland, Schottland. Dagegen ist das Klagerecht dem Inhaber in Österreich, Skandinavien, Kanada, Argentinien, der Regel nach auch in England versagt. Auch in dem größten Teil der Vereinigten Staaten ist die Klage neuerdings abgelehnt worden. Für das Klagerecht Koch, Kohler, Hoppenstedt und v. Canstein (Georg Cohn a. a. O. S. 78 ff.). Dagegen Apt, Deutsche Wirtschaftszeitung 1907 S. 790, Buff, Hammerschlag, Deutsche Juristenzeitung Bd. 10 S. 676; Thorwart, Rießer, Bankarchiv Bd. 6 S. 270.

Die Begründung S. 14 faßt die gegen das direkte Klagerecht sprechenden Gründe treffend dahin zusammen:

Der Anspruch des Scheckinhabers gründet sich auf das dem Scheckinhaber völlig unbekannte, unter Umständen erst durch langwierige Prozesse zu erkundende Rechtsverhältnis zwischen dem Aussteller und dem Bezogenen. Während für den Scheckverkehr gerade einfachste und durchaus klare Rechtsgrundsätze geschaffen werden sollten, wird der Scheckinhaber mit seinem unmittelbaren Anspruch gegen den Bezogenen auf einen Weg gewiesen, der zu vielfachen Streitigkeiten führt und daher geeignet ist, einerseits dem Bezogenen die Neigung zur Einräumung von Scheckkonten an weitere Kreise abzuschwächen, andererseits bei dem großen Publikum den Scheck in Mißkredit zu bringen. Die Haftung gegenüber jedem Inhaber setzt den Bezogenen der Gefahr aus, Prozesse gegen ihm völlig unbekannte und geschäftsfremde Dritte führen zu müssen. In der Praxis ist es insbesondere bei starkem Scheckverkehr für den Bezogenen unmöglich, die Verantwortung dafür zu übernehmen, daß nicht vor der Feststellung über das Vorhandensein der Deckung für einen mit der Post eingegangenen sogenannten Korrespondenzscheck ein zweiter aus demselben Guthaben zu befriedigender Scheck an der Tageskasse vorgelegt und trotz seiner späteren Einlieferung früher eingelöst wird. In dieser Unsicherheit liegt wiederum die Quelle vielfacher Streitigkeiten. Die Sicherheit, die man durch Gewährung des Klagerechts zu erreichen denkt, ist eine trügerische schon aus dem Grunde, weil der Inhaber für die Verfolgung seines Rechtes lediglich von der Unterstützung des Ausstellers und von dessen gutem Willen abhängig ist. Dem Scheckinhaber stehen in dem Sprungregresse gegen den Aussteller und die sonstigen Vormänner, den er im Wechselprozeßverfahren durchführen kann (§ 28 Abs. 2) viel wirksamere und rascher zum Ziele führende Rechtsmittel zur Verfügung als ihm durch das Klagerecht gegen den Bezogenen jemals gewährt werden können. Dazu kommt, daß der Bezogene schon im Interesse seines geschäftlichen Ansehens darauf halten muß, rechtzeitig vorgelegte Schecks auch einzulösen. Der zahlungsfähige Bezogene hat daher keinen Anlaß, die Einlösung eines Schecks abzulehnen, solange und soweit er durch den mit dem Aussteller abgeschlossenen Scheckvertrage zur Einlösung verpflichtet ist. Gegen einen zahlungsunfähigen Bezogenen oder, wenn der Bezogene auf Grund des Scheckvertrags zur Einlösung nicht verpflichtet ist, schützt das Klagerecht den Scheckinhaber nicht. So trägt das Klagerecht zur Förderung des Scheckverkehrs nicht bei, wohl aber ist zu befürchten, daß es ihn diskrediert. Gerade im Interesse der Einführung des Schecks in die breiten Schichten unserer, an den Scheckverkehr bisher ohnehin nicht gewöhnten Bevölkerung liegt es, nur solche Vorschriften gutzuheißen, von denen eine Förderung des Verkehrs zu erwarten ist. Die Vertreter unserer Banken haben sich deshalb mit Entschiedenheit gegen das selbständige Klagerecht des Scheckinhabers ausgesprochen. Für die Beurteilung der Verpflichtung des Bezogenen gegenüber dem Aussteller zur Einlösung eines Schecks bleibt der zwischen ihm und dem Aussteller bestehende „Scheckvertrag“ maßgebend. Sein Inhalt und die aus ihm folgenden Rechte und Pflichten regeln sich nach den allgemeinen Grundsätzen des Bürgerlichen Rechtes.

§ 16. Zur Ausübung des Regreßrechts muß nachgewiesen werden, daß der Scheck rechtzeitig zur Zahlung vorgelegt und nicht eingelöst oder daß die Vorlegung vergeblich versucht worden ist. Der Nachweis kann nur geführt werden:

1. durch eine auf den Scheck gesetzte, von dem Bezogenen unterschriebene und den Tag der Vorlegung enthaltende Erklärung;
2. durch eine Bescheinigung der Abrechnungsstelle, daß der Scheck vor dem Ablaufe der Vorlegungsfrist eingeliefert und nicht eingelöst worden ist;
3. durch einen Protest.

Auf die Vorlegung des Schecks und den Protest finden die Vorschriften der Artikel 87, 88, 90, 91 der Wechselordnung entsprechend Anwendung.

Enthält der Scheck die Aufforderung keinen

Protest zu erheben, so finden die Vorschriften des Artikel 42 der Wechselordnung entsprechende Anwendung.

Zu Abs. 1.

1. Voraussetzung für die Ausübung der Regreßansprüche aus dem Papier ist der Nachweis der rechtzeitigen Vorlegung zur Zahlung und der Nichteinlösung des Schecks oder der Nachweis, daß die Vorlegung vergeblich versucht worden ist. Der Nachweis kann nur geführt werden durch die im § 16 Ziff. 1, 2 und 3 vorgeschriebenen Möglichkeiten. Beim Wechsel ist nach dem Zahlungstage noch eine besondere Frist von zwei Werktagen für die Vorlegung und Protestierung gewährt (Art. 41 WO.). Die Aufnahme einer ähnlichen Vorschrift für den Scheckverkehr ist abgelehnt, da sie lediglich einer Verlängerung der Lauffrist gleichkommen würde.

Die hier vorgesehenen Möglichkeiten der Nachweisführung sind ausschließliche und aufgenommen in den nordischen Staaten, Japan und Österreich-Ungarn, während Frankreich, Belgien und Italien einen förmlichen Protest verlangen.

Zu Abs. 2.

2. a) Vorlegung und Protest. Jeder Protest muß gemäß Art. 87 WO. durch einen Notar oder einen Gerichtsbeamten aufgenommen werden. Der Zuziehung von Zeugen oder eines Protokollführers bedarf es nicht.

Der Protest muß entweder durch einen Notar oder einen Gerichtsbeamten aufgenommen werden. Die Gesetze dürfen weder höhere noch geringere Erfordernisse aufstellen. Die Richter sind überall zur Aufnahme des Protestes berufen; darüber, welche Gerichtsbeamten außerdem berufen sind, herrscht im Deutschen Reiche keine Übereinstimmung. Als Gerichtsbeamte außer den Richtern sind zur Aufnahme von Protesten berufen: die Gerichtsschreiber bei den Amtsgerichten und die Gerichtsvollzieher in Preußen, Hessen, Oldenburg, Braunschweig, Sachsen-Meiningen, Sachsen-Coburg-Gotha, Anhalt, Schwarzburg-Sondershausen, Waldeck, Reuß j. L.; die Gerichtsschreiber allein in Württemberg (unter Umständen), in Reuß ä. L. (unter Umständen), Schaumburg-Lippe, Lippe-Detmold; die Gerichtsvollzieher allein im Großherzogtum Sachsen, in Schwarzburg-Rudolstadt, Lübeck, Bremen, Hamburg, Elsaß-Lothringen; weder die Gerichtsschreiber noch Gerichtsvollzieher (also von richterlichen Beamten nur die Richter) im Königreich Sachsen, den beiden Mecklenburg und in Baden.

Die zur Protestaufnahme berufenen Personen sind nur innerhalb ihrer örtlichen Zuständigkeit berufen. Ob Übertretung der örtlichen Kompetenz Nichtigkeit des Aktes zur Folge hat, richtet sich nach den Landesgesetzen.

b) Die Tätigkeit der Protestbeamten besteht zunächst in der Prüfung der Legitimation des Antragstellers, sodann in der Protesthandlung, die darin besteht, daß er sich in das Geschäftslokal bezw. die Wohnung des Protestaten begibt und nach seiner Anwesenheit fragt. Trifft er ihn an, so präsentiert er ihm den Scheck, verlangt Zahlung und nimmt seine Erklärung entgegen; trifft er den Protestaten nicht an, so ist dies urkundlich festzustellen. Über den Verlauf der Protesthandlung nimmt der Protestbeamte eine Urkunde auf. In Preußen (Art. 55 des preuß. FGG.) ist vorgeschrieben, daß die Beurkundung in Form eines Protokolls erfolgen soll, und daß es dem Beamten überlassen ist, inwieweit das Protokoll den Beteiligten behufs Genehmigung vorzulegen oder von ihnen zu unterschreiben ist. In der Praxis findet weder Unterschrift noch Vorlesung statt. Der Protestbeamte ist zur Vorlegung des Schecks und zur Entgegennahme der Antwort beauftragt; die Zahlungsversprechungen, die ihm gegenüber abgegeben werden, haben daher keine rechtsverbindliche Kraft (RG. 24, 82 ff.).

c) Die Protestbeamten haften für Versehen in der Weise, in welcher nach dem Zivilrechte Beamte oder Beauftragte haften, aber nur gegenüber dem Antragsteller, nicht gegenüber jedem Scheckberechtigten. Der Protestbeamte haftet nach dem BGB. primär für jedes Versehen und jeden Schaden bei Entgegennahme und bei Ausführung des Auftrages (§§ 675, 252, 276 BGB.; RG. 16, 397 ff.). Sieht man Richter und Gerichtsschreiber nicht als Beauftragte an, so regelt sich ihre Haftung nach § 839 BGB., wonach ihre Haftung bei Fahrlässigkeit nur eine subsidiäre ist.

Art. 88 WO.

Der Protest muß enthalten:

1. eine wörtliche Abschrift des Wechsels oder der Kopie und aller darauf befindlichen Indossamente und Bemerkungen;
2. den Namen oder die Firma der Personen, für welche und gegen welche der Protest erhoben wird;
3. das an die Person, gegen welche protestiert wird, gestellte Begehren, ihre Antwort oder die Bemerkung, daß sie keine gegeben habe oder nicht anzutreffen gewesen sei;
4. die Angabe des Ortes, sowie des Kalendertages, Monats und Jahres, an welchem die Aufforderung (Nr. 3) geschehen, oder ohne Erfolg versucht worden ist;
5. im Falle einer Ehrenannahme oder einer Ehrenzahlung die Erwähnung, von wem, für wen und wie sie angeboten und geleistet wird;
6. die Unterschrift des Notars oder des Gerichtsbeamten, welcher den Protest aufgenommen hat, mit Beifügung des Amtssiegels.

Art. 89 WO.

Muß eine wechselrechtliche Leistung von mehreren Personen verlangt werden, so ist über die mehrfache Aufforderung nur eine Protesturkunde erforderlich.

Art. 90 WO.

Die Notare und Gerichtsbeamten sind schuldig, die von ihnen aufgenommenen Proteste nach deren ganzen Inhalte Tag für Tag und nach Ordnung des Datums in ein besonderes Register einzutragen, das von Blatt zu Blatt mit fortlaufenden Zahlen versehen ist.

Art. 91 WO.

Die Präsentation zur Annahme oder Zahlung, die Protesterhebung, die Abforderung eines Wechselduplikats, sowie alle sonstigen, bei einer bestimmten Person vorzunehmenden Akte müssen in deren Geschäftslokal, und in Ermangelung eines solchen in deren Wohnung vorgenommen werden. An einem anderen Orte, z. B. an der Börse, kann dies nur mit beiderseitigem Einverständnisse geschehen. Daß das Geschäftslokal oder die Wohnung nicht zu ermitteln sei, ist erst dann als festgestellt anzunehmen, wenn auch eine dieserhalb bei der Polizeibehörde des Orts geschehene Nachfrage des Notars oder des Gerichtsbeamten fruchtlos geblieben ist, welches im Proteste bemerkt werden muß.

Art. 88 enthält die Protesterfordernisse. Außer den hier angegebenen Erfordernissen ist nach Art. 41 die zu beurkundende Präsentation des Wechsels notwendig.

Trotz des Wortes „muß" wird von der Praxis angenommen, daß die Erfordernisse nicht in dem Grade obligatorisch sind, daß das Fehlen oder die Mangelhaftigkeit des einen oder des anderen Erfordernisses stets und absolut Nichtigkeit zur Folge habe. Es ist vielmehr in jedem einzelnen Falle zu prüfen, ob ein vorliegender Mangel so erheblich ist, daß er dem Zwecke und dem Wesen des Protestes Eintrag tut (ROHG. 1, 43; 18, 209).

Zu den Erfordernissen des Protestes gehören:

Eine wörtliche Abschrift des Schecks oder der Kopie oder der darauf befindlichen Indossamente und Bemerkungen. Die Praxis hat dies dahin aufgefaßt, daß die Abschrift nicht gerade buchstabengetreu, sondern nur so genau sein muß, wie ihr Zweck es erfordert, d. h. so genau, daß die Identität nicht zweifelhaft wird; sie braucht auch nicht genauer zu sein, als dies im Einzelfalle möglich ist. Wird aber trotz der Abweichuug die Identität nicht zweifelhaft, so ist die Ungenauigkeit unschädlich (ROHG. 14, 39; 18, 209).

Über die Auffassung der Rechtsprechung über erhebliche und unerhebliche Mängel cf. Staub-Stranz, Anm. 6 ff., Bernstein § 2.

Der Protest muß ferner den Namen oder die Firma der Person enthalten, für welche oder gegen welche Protest erhoben wird. Die Bezeichnung muß so genau sein, daß kein Zweifel über die Identität obwaltet.

Uber weitere Erfordernisse und die Pflichten des Protestbeamten vgl. Staub-Stranz, Anm. 23 ff.

Art. 89 WO. lautet:

„Muß eine wechselrechtliche Leistung von mehreren Personen verlangt werden, so ist über die mehrfache Aufforderung nur eine Protesturkunde erforderlich."

Art. 90 WO.:

„Die Notare und Gerichtsbeamten sind schuldig, die von ihnen aufgenommenen Proteste nach deren ganzen Inhalte Tag für Tag und nach Ordnung des Datums in ein besonderes Register einzutragen, das von Blatt zu Blatt mit fortlaufenden Zahlen versehen ist."

1. Für Preußen ist durch Art. 62 FGG. vom 21. Sept. 1899 bestimmt:

„Wechselproteste werden den Auftraggebern in Urschrift ausgehändigt. Die beglaubigten Abschriften der Wechselproteste für das Protestregister sind stempelfrei."

Der Justizminister hat in der Allg. Verf. vom 21. Dezember 1899 (JMBl. 1899 S. 834) bestimmt, das Protestregister als ein Buch aus dauerhaftem Papier in festem Einband herzustellen und von Seite zu Seite mit fortlaufenden Zahlen zu versehen. Die Zahl der Seiten hat das Amtsgericht, in dessen Bezirk der Notar seinen Amtssitz hat, zu bezeugen. Nach der Verfügung des Justizministers vom 30. März 1900 kann das Register in beliebig viel Bänden gleichzeitig geführt werden, wenn die Seitenzahlen einander ergänzen, da sich die erste Verfügung bei beschäftigten Notaren als unpraktisch erwiesen hat.

In Bezug auf die Proteste der Gerichtsschreiber siehe § 45 der Geschäftsordnung für die Gerichtsschreiber der Amtsgerichte vom 26. November 1899 (JMBl. 1900 S. 426), in Bezug auf die Gerichtsvollzieher siehe die §§ 94—96 der Geschäftsordnung für diese vom 1. Dez. 1899 (JMBl. 1900 S. 681 ff.); vgl. Stranz, Anm. 4. Über den Protestentwurf siehe Anm. 2 zu § 30.

3. Beim Verlust des Protestes gibt es kein Aufgebotsverfahren zur Wiederherstellung der Urkunde. Wo indes die Originalproteste in einem Protestregister vereinigt werden, kann jederzeit eine neue Ausfertigung der Protesturkunde hergestellt werden. Diese Möglichkeit ist für Preußen ausgeschlossen, da nur die beglaubigten Abschriften in das Register kommen. Hiernach brauchen in Preußen bei Verlust des Originalprotestes weder die Aussteller noch die Indossanten den Wechsel zu zahlen (Stranz, Anm. 5).

Über den neuen Protestgesetzentwurf siehe § 30.

In erster Linie hat die Präsentation gemäß Art. 91 in dem Geschäftslokal des Protestaten zu erfolgen. Die Vorlegung im Geschäftslokale selbst in Abwesenheit des Präsentaten genügt; es braucht nicht noch die Wohnung aufgesucht werden, auch nicht vom Protestbeamten (ROHG. 11, 393).

Wenn der Scheck ein Geschäftslokal nicht bezeichnet und auch sonst dem Protestbeamten nicht bekannt ist, so kommt es darauf an, ob der Protestat zu den Personen gehört, die regelmäßig sich eines Geschäftslokals bedienen. Ergibt sich dies aus dem Wechsel, so muß der Protestbeamte das Geschäftslokal des Protestaten auf der Polizeibehörde zu ermitteln suchen; ergibt es sich aus dem Wechsel nicht, so braucht er diese Nachfrage nicht zu halten (ROHG. 25, 30; RG. 2, 159). Im übrigen vgl. Staub-Stranz, Anm. 5—12 ff.

In zweiter Linie hat die Präsentation in der Wohnung des Protestaten zu erfolgen, nämlich in Ermangelung eines Geschäftslokals. Wenn die Wohnung des Protestaten nicht bekannt ist, sei es, daß der Wechsel keine benennt und der Protestbeamte sie auch nicht kennt, oder daß die im Wechsel angegebene sich als die richtige nicht erwiesen hat, so hat der Protestbeamte bei der Polizeibehörde des Ortes nach der Wohnung des Protestaten nachzufragen; jedenfalls ist aber die im Wechsel angegebene Wohnung aufzusuchen auch dann, wenn der Protestbeamte glaubhafte Kenntnis davon hatte, daß der Protestat dort nicht wohnt oder nicht mehr wohnt. Vgl. im übrigen Anm. 2 ff. Über den neuen Protestgesetzentwurf vgl. § 30.

3. Zu Abs. 3: Enthält der Scheck die Aufforderung, keinen Protest zu erheben, so finden die Vorschriften des Art. 42 WO. Anwendung, dieselben lauten:

Die Aufforderung, keinen Protest erheben zu lassen („ohne Protest", „ohne Kosten" etc.), gilt als Erlaß des Protestes, nicht aber als Erlaß der Pflicht zur rechtzeitigen Präsentation. Der Wechselverpflichtete, von welchem jene Aufforderung ausgeht, muß die Beweislast übernehmen, wenn er die rechtzeitig geschehene Präsentation in Abrede stellt. Gegen die Pflicht zum Ersatze der Protestkosten schützt jene Aufforderung nicht.

a) Natur des Protesterlasses. Da die Protestpflicht nicht aus öffentlich-rechtlichen Gründen auferlegt ist, kann sie erlassen werden. Der Erlaß wirkt aber nur gegen den, der ihn erlassen hat, persönlich; auch in dem Falle, wenn der Aussteller den Protest erläßt, oder wenn der Erlaß sich über dem Kontext des Wechsels befindet, so wirkt er nur gegen den Aussteller. Der Protesterlaß hebt für den Inhaber dem Erlassenden gegenüber den Protestzwang auf; der Erlassende schützt sich durch den Erlaß allein nicht gegen die Kostenpflicht; wenn der Scheckinhaber auf das Ersuchen nicht eingehen will, muß auch der Erlassende Protestkosten zahlen. So Stranz.

b) Form des Protesterlasses. Das Gesetz nennt als Beispiel die Formel: „ohne Protest", „ohne Kosten". Es sind aber auch andere Ausdrücke zulässig, wie „kostenfrei", „kostenlos". Der Erlaß kann sowohl auf dem Scheck als auch außerhalb des Schecks mündlich oder schriftlich erfolgen (ROHG. 23, 218).

c) Erlassen kann den Protest jeder Scheckschuldner, dessen Zahlungspflicht von vorgängiger Protesterhebung abhängig ist.

d) Wirkung des Protesterlasses. Der Protesterlaß wirkt gegen den, der den Protest erlassen hat, mag er Aussteller oder Indossant sein und zwar nur gegenüber demjenigen, der den Protest erlassen hat. Er wirkt zu Gunsten desjenigen, dem gegenüber er ausgesprochen ist, oder der die Rechte aus dem Protesterlaß erworben hat. Ist der Protesterlaß auf dem Scheck ausgesprochen, so gehen die Rechte aus dem Protesterlaß mit dem Recht aus dem Scheck auf den Erwerber über (ROHG. 17, 264). Ist der Protesterlaß aber nur nebenher ausgesprochen, so ist dies nicht der Fall, vielmehr kann in solchem Falle die Rechte aus dem Protesterlaß nur der geltend machen, der in diese Rechte sukzediert (ROHG. 23, 218).

Der Protesterlaß bewirkt, daß der Regreß mangels Zahlung erhalten bleibt, obwohl der Scheck nicht protestiert wurde. Er bewirkt ferner, daß der Regreßverpflichtete die Beweislast übernehmen muß, daß auch die Präsentation nicht erfolgt ist.

Der Protesterlaß bewirkt aber nicht die Befreiung von der Pflicht zur rechtzeitigen Präsentation. Indes kann die rechtzeitige Präsentation erlassen werden, womit auch der Protesterlaß gegeben ist (ROHG. 5, 103; 14, 16).

e) Trotz des Protesterlasses ist der Gläubiger berechtigt zu protestieren; deshalb ist ausdrücklich zum Ausdruck gebracht, daß gegen die Pflicht zum Ersatz der Protestkosten jene Aufforderung nicht schützt.

Die Notifikationspflicht bleibt trotz des Protesterlasses bestehen, doch kann auch diese erlassen werden.

§ 17. Wegen der Benachrichtigung der Vormänner und ihres Einlösungsrechts sowie wegen des Umfanges der Regreßforderung und der Befugnis zur Ausstreichung von Indossamenten finden die Vorschriften der Artikel 45 bis 48, 50 bis 52 und des Artikel 55 der Wechselordnung mit der Maßgabe entsprechende Anwendung, daß der Inhaber des vergeblich zur Zahlung vorgelegten Schecks verpflichtet ist, seinen unmittelbaren Vormann innerhalb zweier Tage nach der Ausstellung der im § 16 Abs. 1 bezeichneten Erklärung, Bescheinigung oder Protesturkunde, spätestens aber innerhalb zweier Tage nach dem Ablaufe der Vorlegungsfrist, von der Nichtzahlung des Schecks zu benachrichtigen.

1. Art. 45 Wechselordnung:

Der Inhaber eines mangels Zahlung protestierten Wechsels ist verpflichtet, seinen unmittelbaren Vormann innerhalb zweier Tage nach dem Tage der Protesterhebung von der Nichtzahlung des Wechsels schriftlich zu benachrichtigen, zu welchem Ende es genügt, wenn das

Benachrichtigungsschreiben innerhalb dieser Frist zur Post gegeben ist. Jeder benachrichtigte Vormann muß binnen derselben, vom Tage des empfangenen Berichts zu berechnenden Frist seinen nächsten Vormann in gleicher Weise benachrichtigen. Der Inhaber oder Indossatar, welcher die Benachrichtigung unterläßt oder dieselbe nicht an den unmittelbaren Vormann ergehen läßt, wird hierdurch den sämtlichen oder den übersprungenen Vormännern zum Ersatze des aus der unterlassenen Benachrichtigung entstandenen Schadens verpflichtet. Auch verliert derselbe gegen diese Personen den Anspruch auf Zinsen und Kosten, so daß er nur die Wechselsumme zu fordern berechtigt ist.

Der Art. 45 stellt die Pflicht auf, die Regreßpflichtigen schriftlich zu benachrichtigen und zwar ist nach Art. 47 WO. nicht dem unmittelbaren Vormann Nachricht zu geben, sondern dem nächsten Vormann mit örtlich datiertem Indossament. Die Pflicht zu notifizieren liegt ob dem protestierenden Scheckgläubiger, d. i. dem Inhaber des mangels Zahlung protestierten Schecks.

Die Rechtsfolgen der verletzten Notifikationspflicht bestehen darin, daß der Säumige gegenüber den sämtlichen oder den übersprungenen Vormännern den Anspruch auf Zinsen und Kosten verliert und ihnen zu Schadensersatz verpflichtet wird.

Art. 46 Wechselordnung:

Kommt es auf den Nachweis der dem Vormanne rechtzeitig gegebenen schriftlichen Benachrichtigung an, so genügt zu diesem Zwecke der durch ein Postattest geführte Beweis, daß ein Brief von dem Beteiligten an den Adressaten an dem angegebenen Tage abgesandt ist, sofern nicht dargetan wird, daß der angekommene Brief einen anderen Inhalt gehabt hat. Auch der Tag des Empfanges der erhaltenen schriftlichen Benachrichtigung kann durch ein Postattest nachgewiesen werden.

Dieser Artikel stellt eine Beweiserleichterung auf: Es soll genügen, ein Postattest vorzulegen, aus dem hervorgeht, daß ein Benachrichtigungsschreiben abgesendet ist.

Art. 47 Wechselordnung.

Hat ein Indossant den Wechsel ohne Hinzufügung einer Ortsbezeichnung weiterbegeben, so ist der Vormann desselben von der unterbliebenen Zahlung zu benachrichtigen.

Dieser Artikel modifiziert die Vorschrift des Art. 45 dahin, daß nicht dem unmittelbaren Vormann die Nachricht zu geben ist, sondern dem nächsten Vormann mit örtlich datiertem Indossament.

Art. 50 Wechselordnung.

Die Regreßansprüche des Inhabers, welcher den Wechsel mangels Zahlung hat protestieren lassen, beschränken sich auf

1. die nicht bezahlte Wechselsumme nebst 6% jährlicher Zinsen vom Verfalltage ab,
2. die Protestkosten und anderen Auslagen,
3. eine Provision von 1/3 %.

Die vorstehenden Beträge müssen, wenn der Regreßpflichtige an einem anderen Orte als dem Zahlungsorte wohnt, zu demjenigen Kurse gezahlt werden, welchen ein vom Zahlungsorte auf den Wohnort des Regreßpflichtigen gezogener Wechsel auf Sicht hat. Besteht am Zahlungsorte kein Kurs auf jenen Wohnort, so wird der Kurs nach demjenigen Platze genommen, welcher dem Wohnorte des Regreßpflichtigen am nächsten liegt. Der Kurs ist auf Verlangen des Regreßpflichtigen durch einen unter öffentlicher Autorität ausgestellten Kurszettel oder durch das Attest eines vereideten Maklers oder, in Ermangelung derselben, durch ein Attest zweier Kaufleute zu bescheinigen.

Der vorstehende Artikel behandelt die Höhe des Regreßanspruchs des protestierenden Wechselinhabers. Er kann fordern

a) die Wechselsumme nebst 6 % Zinsen vom Verfalltage an. Die Zinsen sind Legalzinsen und keine Vorzugszinsen, ROHG. 6, 155;

b) die Protestkosten und andere Auslagen, die Protestkosten auch dann, wenn der Protest erlassen und gleichwohl erhoben ist (Art. 42);

c) eine Provision von $^1/_3$ % der Wechselsumme.

Art. 51 Wechselordnung.

Der Indossant, welcher den Wechsel eingelöst oder als Rimesse erhalten hat, ist von einem früheren Indossanten oder von dem Aussteller zu fordern berechtigt:

1. die von ihm gezahlte oder durch die Rimesse berichtigte Summe nebst 6 % jährlicher Zinsen vom Tage der Zahlung,
2. die ihm erstandenen Kosten,
3. eine Provision von $^1/_3$ %.

Die vorstehenden Beträge müssen, wenn der Regreßpflichtige an einem anderen Orte als der Regreßnehmer wohnt, zu demjenigen Kurse gezahlt werden, welchen ein vom Wohnorte des Regreßnehmers auf den Wohnort des Regreßpflichtigen gezogener Wechsel auf Sicht hat. Besteht im Wohnorte des Regreßnehmers kein Kurs auf den Wohnort des Regreßpflichtigen, so wird der Kurs nach demjenigen Platze genommen, welcher dem Wohnorte des Regreßpflichtigen am nächsten liegt. Wegen der Bescheinigung des Kurses kommt die Bestimmung des Art. 50 zur Anwendung.

Dieser Artikel trifft Bestimmung über die Höhe der Remburs-Regreßforderung, d. h. des Regreßanspruchs des Indossanten, der selbst den Wechsel im Wege des Regresses eingelöst hat.

Art. 52 Wechselordnung.

Durch die Bestimmungen der Artikel 50 und 51 No. 1 und 3 wird bei einem Regresse auf einen ausländischen Ort die Berechnung höherer, dort zulässiger Sätze nicht ausgeschlossen.

Art. 55 Wechselordnung.

Jeder Indossant, der einen seiner Nachmänner befriedigt hat, kann sein eigenes und seiner Nachmänner Indossament ausstreichen.

Die Bedeutung dieser Vorschrift beruht darin, daß der Indossant sich in seinen Rechten nichts vergibt, wenn er die Giros durchstreicht, er ist auch nach der Durchstreichung sowohl zur Klage als auch zur Indossierung legitimiert (ROHG. 14, 152; 24, 124; RG. 12, 131; 41, 412).

§ 18. Der Inhaber des Schecks kann sich wegen seiner ganzen Regreßforderung an alle Verpflichtete oder auch nur an einige oder einen halten, ohne dadurch seinen Anspruch gegen die nicht in Anspruch genommenen Verpflichteten zu verlieren. Es steht in seiner Wahl, welchen Verpflichteten er zuerst in Anspruch nehmen will.

Dem Inhaber des Schecks kann der Schuldner nur solche Einwendungen entgegensetzen, welche die Gültigkeit seiner Erklärung in dem Scheck betreffen oder sich aus dem Inhalte des Schecks ergeben oder ihm unmittelbar gegen den Inhaber zustehen.

1. Die Vorschrift des § 18 Abs. 1 entspricht dem Art. 49 Wechselordnung.

Dem Scheckinhaber verbleibt in gleicher Weise wie dem Wechselinhaber das Wahlrecht, wen er zuerst in Anspruch nehmen will. Er hat die Wahl, sein volles Regreßrecht entweder gegen einen oder mehrere unter den Regreßpflichtigen oder gegen alle gleichzeitig auszuüben (sog. Sprungregreß). Er kann von der Verfolgung des gegen einen Regreßpflichtigen geltend gemachten Anspruchs absehen und gegen einen anderen Regreß ergreifen (sog. ius variandi).

2. Abs. 2 entspricht im wesentlichen dem Art. 82 Wechselordnung und § 364 Abs. 2 Handelsgesetzbuch. Im folgenden legen wir Staub-Stranz und Stranz, Bernstein, Rehbein mit ihren Erläuterungen zu Art. 82 WO. zugrunde.

Es werden Einwendungen unterschieden:

a) welche die Gültigkeit der Erklärung in der Urkunde betreffen,
b) welche sich aus dem Inhalte der Urkunde ergeben,
c) welche dem Schuldner der Urkunde unmittelbar gegen den Besitzer zustehen.

Die ersten beiden Einwendungen sind die sogenannten objektiven (absoluten) Einreden (exceptiones in rem).

Die dritte Klasse der Einreden bilden die sogenannten persönlichen (relativen) Einreden (exceptiones in personam).

A. Die absoluten Einreden haben die Wirkung, den objektiven Bestand der Scheckobligation gegenüber jedem Scheckinhaber zu zerstören, auch gegenüber dem gutgläubigen. Die absoluten Einreden gliedern sich in zwei Teile:

a) total absolute, d. h. Einreden, die jedem Scheckschuldner gegenüber jedem Scheckgläubiger zustehen,
b) partiell absolute, d. h. Einreden, die zwar nur einem Scheckschuldner, aber gegen jeden Scheckinhaber zustehen.

I. Zu den total absoluten Einreden gehören:

1. die Einreden der mangelnden Scheckform (§ 1 und § 23),
2. die Einreden der Präjudizierung (§ 16),

3. die Einreden der Scheckverjährung (§§ 20 und 22),
4. die Einreden der Einlösung (§ 13).

B. Partiell-absolute, d. h. Einreden, die zwar nur einem Scheckschuldner, aber gegen jeden Scheckinhaber zustehen. Hierzu gehören:
1. die Einrede der Scheckunfähigkeit, mangelnden Geschäftsfähigkeit,
2. die Einrede der Fälschung und Verfälschung (§ 23),
3. die Einrede des mangelnden Scheck-(Begebungs-)vertrages,
4. Zwang, widerrechtliche Drohung, Irrtum, arglistige Täuschung, Schein, Scherz.

Zu 3. Die Einrede des mangelnden Scheckbegebungsvertrages. Die Entstehung einer jeden Scheckverbindlichkeit ist nicht bloß durch den Skripturakt, sondern durch den Abschluß eines Scheckbegebungsvertrages bedingt. Die Einrede des Scheckbeklagten, er habe einen dem eingeklagten Anspruche entsprechenden Begebungsvertrag nicht abgeschlossen, ist damit als eine aus dem Scheckrecht selbst entspringende zu betrachten, welche jedem Scheckinhaber entgegengesetzt werden kann, RG. 5, 83, vgl. Staub-Stranz Anm. 65.

Der Einwand des mangelnden Scheckbegebungsvertrages ist, da er gegen das Recht aus dem Scheck selbst geht, auch begründet gegenüber dem gutgläubigen Dritten. Näheres siehe Staub-Stranz Anm. 65b.

Zu 4a. Zwang. Wenn durch körperlichen oder psychischen, die freie Willensbestimmung ausschließenden Zwang die Scheckzeichnung oder -Begebung herbeigeführt ist, so liegt überhaupt eine Willenserklärung nicht vor (§ 123 BGB.). Auch nicht gegenüber dem gutgläubigen Dritten.

b) Arglistige Täuschung und widerrechtliche Drohung. Diese Einwendungen werden von

Stranz als exceptiones in rem — vgl. Anm. 22 — von Staub und Rehbein als exceptiones in personam bezeichnet, Bernstein faßt die Einwendungen der Drohung als relative, die des Betruges als absolute auf. Wer zur Scheckzeichnung oder Scheckbegebung durch arglistige Täuschung oder widerrechtliche Drohung bestimmt worden ist, kann nach § 123 Abs. 1 die Erklärung anfechten. Wird angefochten, so ist die Scheckerklärung bezw. Begebung als von Anfang an nichtig anzusehen (§ 142 Abs. 1). Nach den Grundsätzen des Bürgerlichen Gesetzbuches wirkt die Nichtigkeit gegen jedermann, gleichviel, ob ein von vornherein nichtiges oder ein erst durch die Anfechtung rückwirkend nichtig gewordenes Geschäft vorliegt. Sie kann von jedem Interessenten und gegen jeden Dritten geltend gemacht werden.

Redliche Dritte werden nicht durch eine allgemeine Regel, sondern durch spezielle Ausnahmen geschützt; so Stranz.

c) Irrtum. Wenn der Scheckschuldner bei der Scheckausstellung oder -Begebung sich in einem nach § 119 BGB. wesentlichen Irrtum befand, so unterliegt die Scheckerklärung einer Anfechtung.

Ist der Irrtum wesentlich und rechtzeitig geltend gemacht, so geht der Einwand auch gegen den gutgläubigen Dritten. Der Irrtum ist besonders dann wesentlich, wenn der Scheckaussteller nicht die Absicht hatte, den Scheck zu begeben, sich darüber im Irrtum befand, daß es ein Scheck war, was er aus der Hand gab. In Wahrheit liegt kein Scheckbegebungsvertrag vor. Auf Entschuldbarkeit oder Unentschuldbarkeit des Irrtums kann es hierbei nicht ankommen.

Irrtum in den Beweggründen hat nach bürgerlichem Recht auf die Wirksamkeit jeder Willenserklärung, also auch der Scheckbegebung, für die Regel keinen Einfluß. Wesentlich wird er nur dann, wenn er sich zu einem Irrtum im Sinne des § 119 gestaltet, also einen Bestandteil der Willenserklärung, nicht außerhalb derselben liegende Umstände betrifft.

d) Schein, Scherz. Wenn eine Scheckzeichnung oder -Begebung einem anderen gegenüber mit dessen Einverständnis nur zum Schein erfolgt, so ist sie nichtig (§ 117 BGB.). Diese Nichtigkeit wirkt indes nicht gegenüber Dritten (ROHG. 6, 45).

Beweislast in den Fällen a—d. Wer die Nichtigkeit oder Anfechtbarkeit der Scheckerklärung bezw. -Begebung geltend macht, hat die Beweislast für die die Nichtigkeit oder die Anfechtbarkeit begründenden Tatsachen.

II. Relative Einreden, d. h. solche, die nur unmittelbar gegenüber bestimmten Scheckinhabern wirken.

Dieselben zerfallen in folgende Hauptgruppen:

a) die Einrede, daß die Ausübung, die Geltendmachung des Scheckrechts nach einer mit dem Scheckgläubiger getroffenen Verabredung ausgeschlossen sei,
b) die Einrede aus dem der Scheckverpflichtung zugrunde liegenden Geschäft,
c) die Einrede der Zahlung oder sonstigen Tilgung,
d) Die exceptio doli.

Zu A. Für das Wechselrecht sind u. a. folgende Einreden zugelassen worden:

1. Zugelassen wird der Einwand aus der Abrede zwischen Parteien, Beklagter solle überhaupt nicht aus dem Wechsel haften; der Wechsel solle nur durch des Beklagten Unterschrift vervollständigt werden, damit er bei der Bank begeben werden könne, der Akzeptant werde den Wechsel bezahlen (ROHG. 4, 392).

2. Verabredungen der beim Wechselzuge Beteiligten hinsichtlich der Einlösung des Wechsels müssen formell gültig getroffen sein, wenn sie die Beteiligten binden sollen (ROHG. 1, 76).

3. Die Abrede, die Ausübung des Rechts des Wechselgläubigers sei an eine aufschiebende oder auflösende Bedingung geknüpft, ist zu berücksichtigen (ROHG. 13./2. 1879).

Über die Einreden der Stundung, des Prolongationsversprechens, des Gefälligkeitswechsels, des Sicherheitswechsels, des Kontokorrentvertrages, der vertragswidrigen Ausfüllung eines Blanketts vgl. die ausführlichen Erläuterungen bei Stranz Anm. 33 ff.

Zu B. Die Einrede aus dem der Scheckverpflichtung zugrunde liegenden Geschäfte. Die Scheckobligation entspringt aus dem in Scheckform ohne Angabe des Schuldgrundes gegebenen Zahlungsversprechen und ist losgelöst von dem zugrunde liegenden Rechtsverhältnis. Indessen kann das der Scheckverpflichtung zugrunde liegende Scheckschlußgeschäft einen Einwand gegen die Ausübung, die Geltendmachung des Scheckrechts hergeben, allerdings nur unmittelbar zwischen den Kontrahenten bezw. gegen den späteren bösgläubigen Erwerber (ROHG. 1, 61, 170; 10, 387; RG. 8, 98).

Die Ungültigkeit des Rechtsgeschäfts, welches der Scheckerklärung zugrunde liegt, zieht die Ungültigkeit der Scheckobligation selbst nicht nach sich (Stranz Anm. 57/58).

Die Einreden aus dem Wechselschlußgeschäft lassen sich nach Stranz Anm. 58 ff. in folgende Gruppen teilen:

1. die Einrede, daß das zugrunde liegende Zivilgeschäft nicht zum Abschluß gelangt, bezw. vertragsmäßig wieder aufgehoben sei,
2. die Einrede der materiellen Ungültigkeit des zugrunde liegenden Geschäfts, soweit das bürgerliche Recht die Rückforderung, die Kondiktion des geleisteten zuläßt.

Einzelne Fälle solcher Einreden sind:

a) der Scheck dient zur Ausführung gesetzlich verbotener oder unsittlicher Rechtsgeschäfte (§§ 817, 138 BGB.).

Hierher gehören: Erpressung (ROHG. 23, 226), ferner Wucher beim Scheckschlußgeschäft (§ 138 Abs. 2 BGB.),

b) Einreden aus klaglosem, wenn auch nicht ungültigem Geschäft. Hierher gehören die Einreden:
   aa) des Provisionsversprechens für die Ehevermittelung (§ 656 BGB.),
   bb) des Lotterie- oder Ausspielvertrages, wenn die Lotterie oder die Ausspielung staatlich nicht genehmigt ist (§ 763 BGB.),
   cc) des Spiels und der Wette (§ 762 BGB.),
   dd) des verbotenen Differenzgeschäfts (§ 764 BGB.),
   ee) des verbotenen Börsentermingeschäfts (§§ 48, 66, 69 des Börsengesetzes vom 22. Juni 1896).

Über die Grundsätze, die das Reichsgericht bezüglich der Wechselhingabe bei Differenz- und Börsengeschäften aufgestellt hat, s. Stranz Anm. 61a ff.

c) die auf eine Anfechtung des Scheckschlußgeschäfts wegen Zwangs, Irrtums, Betrugs gestützte Einrede ist zulässig mit Wirkung in personam,
d) die formelle Ungültigkeit des zugrunde liegenden Vertrages gibt eine exceptio in personam.

Alles Nähere siehe Stranz Anm. 64.

3. Die Einrede der nicht gehörigen Erfüllung, der fehlenden Gegenleistung aus dem Scheckschlußgeschäfte (insbesondere der nichtgezahlten Valuta).

Der Regel nach ist diese Einrede zu verwerfen, weil die Rechte aus dem Scheck und dem ihm unterliegenden Rechtsgeschäfte nicht als Ansprüche auf Leistung und Gegenleistung zu betrachten sind. Der Scheck ist vermöge seiner Selbständigkeit von dem unterliegenden Verhältnis der Deckung und der Valuta unabhängig. Gerade die Hingabe einer Urkunde beweist für die Regel, daß nach der Absicht der Parteien zunächst die Scheckleistung unabhängig und ohne Weiterungen erfüllt werden soll.

Die Regel erleidet Ausnahmen:

a) falls bereits feststeht, es werde aus dem fraglichen Geschäft überhaupt und auch künftig keine materielle Verbindlichkeit des Beklagten oder nur eine geringere, als in Höhe der Schecksumme sich entwickeln;

b) falls die Beteiligten anderweite Abreden getroffen haben.

C. Die Einrede der Zahlung oder sonstigen Tilgung. Die Zahlung hat eine absolute Wirkung, wenn sie auf dem Scheck quittiert ist. Abgesehen hiervon gewährt die Zahlung nur eine Einrede in personam. Die Einrede steht also nur dem Scheckschuldner zu, von dem oder für den erkennbar gezahlt worden ist, gegenüber dem bezahlten Scheckgläubiger, sowie gegenüber demjenigen, der mit Kenntnis der erfolgten Zahlung den Scheck erworben bezw. im Regreßwege wieder erworben hat (ROHG. 2, 122; RG. 11, 21).

Streng zu sondern von dieser Wirkung gegenüber dem Scheckgläubiger ist die Frage nach der Wirkung der Zahlung hinsichtlich der Scheckschuldner. Die verschiedene Rechtsstellung der einzelnen Scheckschuldner und die Verschiedenheit der Absichten bei der Zahlung geben der Zahlung eine in den einzelnen Fällen verschiedene Wirkung für die Befreiung der Scheckschuldner. Das Nähere vgl. Stranz Anm. 73 ff.

Zu den sonstigen materiellen Tilgungsarten gehören: Hingabe und Annahme an Erfüllungsstatt, Aufrechnung, Erlaß, Vergleich, Schuldübernahme, Novation, Einwand der rechtskräftig entschiedenen Sache (vgl. hierüber Stranz S. 87 ff., sowie Staub-Stranz Anm. 6 ff., Bernstein S. 313 ff).

D. Die exceptio doli. Der Hauptfall der exceptio doli liegt vor, wenn der Scheckerwerber zurzeit des Erwerbes die Tatsache, daß dem Scheckrecht des Vormanns Einwendungen entgegenstehen, kannte. Es ist danach nicht nötig, daß Vormann und Erwerber gemeinschaftliche Sache machen, um dem Scheckschuldner die gegen den Vormann begründeten Einreden abzuschneiden (Kollusion). Stranz Anm. 94. Eine Übertragung der Einrede tritt ferner ein, wenn der Kläger Inkassomandatar ist, wenn er für Rechnung des Indossanten, des Inkassomandanten klagt.

E. Beweislast. Der Beklagte hat die Beweislast für alle diejenigen Tatumstände, mit welchen er dartun will, daß der Kläger, der durch Vorlegung des Schecks seiner Klagebegründungspflicht genügt hat, dennoch zur Geltendmachung des Scheckanspruchs befugt ist. Liegt eine formale Ungültigkeit vor, so ist dieser Mangel von Amts wegen zu berücksichtigen.

§ 19. Der Regreßpflichtige ist nur gegen Auslieferung des Schecks, der zum Nachweise der rechtzeitigen Vorlegung und der Nichteinlösung oder des vergeblichen Versuchs der Vorlegung dienenden Urkunden und einer quittierten Rechnung Zahlung zu leisten verbunden.

1. § 19 entspricht Art. 54 der Wechselordnung. Derselbe lautet:

Der Regreßpflichtige ist nur gegen Auslieferung des Wechsels, des Protestes und einer quittierten Retourrechnung Zahlung zu leisten verbunden.

2. Zu den Regreßpflichtigen gehört auch der Indossant, dessen Vormänner ohne Obligo giriert haben und der Aussteller.

3. Ist der Scheck abhanden gekommen, so gibt es nach der Ansicht vieler keinen Regreß, auf ein Ausschlußurteil kann er nach diesen nicht gestützt werden. Wir schließen uns der Auffassung Staub-Stranz' Anm. 19 zu Art. 73 an, wonach gegen die Regreßverpflichteten auf

Grund des Ausschlußurteils vorgegangen werden kann. RG. 49, 132; anderer Auffassung Rehbein und Bernstein.

2. Ist der Protest abhanden gekommen, so kann er durch eine zweite Ausfertigung ersetzt werden (ROHG. 23, 410), es sei denn, daß das betreffende Landesrecht Protestausfertigungen nicht kennt. Zahlt der Regreßpflichtige ohne Aushändigung dieser Papiere, so kann er auf Auslieferung klagen.

§ 20. Die Regreßansprüche gegen den Aussteller und die übrigen Vormänner verjähren, wenn der Scheck in Europa mit Ausnahme von Island und den Faröern zahlbar ist, in drei Monaten, andernfalls in sechs Monaten.

Die Verjährung beginnt gegen den Inhaber des Schecks mit dem Ablaufe der Vorlegungsfrist, gegen jeden Indossanten, wenn er, bevor eine Klage gegen ihn erhoben worden ist, gezahlt hat, mit der Zahlung, in allen übrigen Fällen mit der Erhebung der Klage.

Entspricht Art. 78/79 der Wechselordnung.

Art. 78 WO.

Die Regreßansprüche des Inhabers (Art. 50) gegen den Aussteller und die übrigen Vormänner verjähren:

1. in drei Monaten, wenn der Wechsel in Europa, mit Ausnahme von Island und den Faröern, zahlbar war;
2. in sechs Monaten, wenn der Wechsel in den Küstenländern von Asien und Afrika längs des

Mittelländischen und Schwarzen Meeres, oder in den dazu gehörigen Inseln dieser Meere zahlbar war;

3. in 18 Monaten, wenn der Wechsel in einem anderen außereuropäischen Lande oder in Island oder den Faröern zahlbar war.

Die Verjährung beginnt gegen den Inhaber mit dem Tage des erhobenen Protestes.

Art. 79 WO.

Die Regreßansprüche des Indossanten (Art. 51) gegen den Aussteller und die übrigen Vormänner verjähren:

1. in drei Monaten, wenn der Regreßnehmer in Europa, mit Ausnahme von Island und den Faröern wohnt;
2. in sechs Monaten, wenn der Regreßnehmer in den Küstenländern von Asien und Afrika längs des Mittelländischen und Schwarzen Meeres oder in den dazu gehörigen Inseln dieser Meere wohnt;
3. in 18 Monaten, wenn der Regreßnehmer in einem anderen außereuropäischen Lande oder in Island oder den Faröern wohnt.

Gegen den Indossanten läuft die Frist, wenn er, ehe eine Wechselklage gegen ihn angestellt worden, gezahlt hat, vom Tage der Zahlung, in allen übrigen Fällen aber vom Tage der ihm geschehenen Behändigung der Klage oder Ladung.

Für die Unterbrechung der Verjährung sind maßgebend die Vorschriften des Bürgerlichen Gesetzbuches. Die Verjährung wird hiernach unterbrochen:

a) durch Anerkennung, § 208 BGB.; anderer Auffassung Dernburg Bd. 2 § 277;

b) durch Klageerhebung, § 209 BGB.

Der Erhebung der Klage stehen gleich:

1. die Zustellung eines Zahlungsbefehls im Mahnverfahren,

2. die Anmeldung des Anspruchs im Konkurse,

3. die Geltendmachung der Aufrechnung des Anspruchs im Prozesse,

4. die Streitverkündung in dem Prozesse von dessen Ausgange der Anspruch abhängt,

5. die Vornahme einer Vollstreckungshandlung und, soweit die Zwangsvollstreckung den Gerichten oder anderen Behörden zugewiesen ist, die Stellung des Antrags auf Zwangsvollstreckung.

c) Hemmung der Verjährung.

Bei der Hemmung der Verjährung wird der Zeitraum, während dessen das hemmende Ereignis dauert, in die Verjährungsfrist nicht mit eingerechnet. Nach der Unterbrechung beginnt eine neue Verjährungsfrist von der Dauer der alten. Bei der Hemmung läuft die Verjährungsfrist dort weiter, wo sie vor der Hemmung aufgehört hatte (§ 205 BGB).

Hemmungsgründe sind:

a) Stundung oder ein sonstiges Recht zur vorübergehenden Verweigerung der Leistung. § 202 BGB. bestimmt hierüber:

Die Verjährung ist gehemmt, solange die Leistung gestundet oder der Verpflichtete aus einem anderen Grunde vorübergehend zur Verweigerung der Leistung berechtigt ist.

Diese Vorschrift findet keine Anwendung auf die Einrede des Zurückbehaltungsrechts, des nicht erfüllten Vertrags, der mangelnden Sicherheitsleistung, der Vorausklage sowie auf die nach § 770 dem Bürgen und nach den §§ 2014, 2015 dem Erben zustehenden Einreden.

b) Stillstand der Rechtspflege und höhere Gewalt (§ 203 BGB.). Derselbe lautet:

Die Verjährung ist gehemmt, solange der Berechtigte durch Stillstand der Rechtspflege innerhalb der letzten sechs Monate der Verjährungsfrist an der Rechtsverfolgung verhindert ist.

Das gleiche gilt, wenn eine solche Verhinderung in anderer Weise durch höhere Gewalt herbeigeführt wird.

c) Verwandtschaft. § 204 BGB. lautet:

Die Verjährung von Ansprüchen zwischen Ehegatten ist gehemmt, solange die Ehe besteht. Das gleiche gilt von Ansprüchen zwischen Eltern und Kindern während der Minderjährigkeit der Kinder und von Ansprüchen zwischen dem Vormund und dem Mündel während der Dauer des Vormundschaftsverhältnisses.

Vgl. ferner §§ 206, 207 BGB.

§ 21. Der Aussteller, dessen Regreßverbindlichkeit durch Unterlassung rechtzeitiger Vorlegung oder durch Verjährung erloschen ist, bleibt dem Inhaber des Schecks so weit verpflichtet, als er sich mit dessen Schaden bereichern würde.

1. Nach dem englischen und Schweizer Rechte bleibt der Aussteller grundsätzlich auch nach Versäumung der Präsentation haftbar; er wird nur insoweit befreit, als er durch die Versäumung Schaden erlitten hat. Nach französischem, belgischem und italienischem Recht verliert der Inhaber den Regreß gegen den Aussteller, wenn das Guthaben nach Versäumung der Präsentationsfrist durch eine Handlung des Bezogenen untergegangen ist. Nach österreichischem Recht dagegen haftet der Aussteller nach versäumter Präsentation dem Scheckinhaber nur insoweit, als sich aus dem der Scheckbegebung zu grunde liegenden Rechtsverhältnis eine Verpflichtung herleiten läßt. Die Regelung des Gesetzes entspricht dem Art. 83 der WO.

2. Art. 83 WO. lautet:

Ist die wechselmäßige Verbindlichkeit des Ausstellers oder des Akzeptanten durch Verjährung oder dadurch, daß die zur Erhaltung des Wechselrechts gesetzlich vorgeschriebenen Handlungen verabsäumt sind, erloschen, so bleiben dieselben dem Inhaber des Wechsels nur soweit, als sie sich mit dessen Schaden bereichern würden, verpflichtet. Gegen die Indossanten, deren wechselmäßige Verbindlichkeit erloschen ist, findet ein solcher Anspruch nicht statt.

3. Der Scheckbereicherungsanspruch ist wie der Wechselbereicherungsanspruch eine selbständige Obligation, so Staub-Stranz Anm. 1 Art. 83.

Voraussetzungen:

a) Der Scheckbereicherungsanspruch setzt einen gültigen Scheck voraus. Der Beklagte ist nicht verhindert, den Einwand der mangelnden Scheckfähigkeit oder der mangelnden Vertretungsbefugnis oder des mangelnden Begebungsvertrags entgegenzusetzen, und ist ferner nicht verhindert, Einwendungen, die das Bestehen eines Scheckanspruchs beseitigen, vorzubringen.

b) Der Scheckanspruch muß durch Präjudizierung oder Verjährung erloschen sein.

4. Der Schaden des Klägers besteht darin, daß er durch die Verjährung oder Präjudizierung den Scheckanspruch verloren hat, so Staub-Stranz Anm. 5 Art. 83; vgl. ebenda die abweichenden Ansichten der Literatur und Rechtsprechung.

Der Betrag des Schecks muß fernerhin rechtlich oder tatsächlich auch auf andere Weise uneinbringlich sein. Dies ist der Fall, wenn der Betrag des Schecks weder vom Beklagten aus anderem Rechtsgrunde, noch von einem anderen Wechselverpflichteten eingezogen werden kann. Die Bereicherungsklage ist also ausgeschlossen, wenn der Scheck zahlungshalber gegeben ist, so daß der ursprüngliche Anspruch des Klägers nicht beseitigt ist und eine Schädigung desselben durch den Verlust des Scheckanspruchs nicht vorliegt. (ROHG. 15, 321; RG. 44, 80.) Ein Zurückgehen auf das ursprüngliche Verhältnis ist nicht möglich, wenn der Scheck an Zahlungsstatt gegeben ist.

5. Die Bereicherung des Beklagten besteht in dem Vermögenszuwachs, welchen der Beklagte infolge des von ihm mit dem Scheck vorgenommenen Rechtsgeschäfts erlangt hat. Abweichende Auffassungen bei Staub-Stranz Anm. 9.

6. Klageberechtigt ist der, welcher zur Zeit der Präjudizierung oder Verjährung berechtigter Inhaber des Schecks war. Dagegen ist nicht berechtigt zur Anstrengung der Bereicherungsklage der Vormann des Inhabers; wenn er den Wechsel trotz Präjudizierung eingelöst hat, so hat er es ohne Not getan und sich selbst geschädigt (ROHG. 8, 238; 10, 44; 20, 85; 23, 106). Ebensowenig ist zur Anstellung der Bereicherungsklage berechtigt der Indossatar jenes Inhabers aus der Zeit des Wegfalls der Scheckkraft (ROHG. 12, 123). So Staub-Stranz Anm. 15.

7. Verklagt kann werden lediglich der Aussteller, nicht andere Scheckverpflichtete, also auch nicht Indossanten und der Bezogene.

8. Das Ziel der Klage geht auf Zahlung. Es wird der Wert dessen, was der Beklagte aus dem Scheck erhalten, und der Wert dessen, was er dafür gegeben hat, abgeschätzt und der Rest ist auszuzahlen. Staub-Stranz Anm. 17.

9. Die Verjährung ist die einjährige nach § 22.

10. Beweislast. Kläger hat darzutun, daß ein Scheckanspruch vorhanden gewesen ist, daß ein Schaden auf der einen Seite und Bereicherung auf der anderen Seite vorliegt. So Staub-Stranz Anm. 21, Bernstein.

11. Hinsichtlich der Prozeßform ist maßgebend § 28 Abs. 3, wonach auf die Geltendmachung von Regreßansprüchen aus einem Scheck die den Wechsel-

prozeß betreffenden Vorschriften der §§ 602 bis 605 ZPO. entsprechende Anwendung finden. Da der Bereicherungsanspruch nicht zu den Regreßansprüchen gehört, so ist eine entsprechende Anwendbarkeit des Wechselprozesses nicht begründet.

12. Scheckhingabe an Zahlungsstatt. Die Hingabe an Zahlungsstatt bedeutet, daß die zu Grunde liegende Forderung untergeht und an ihre Stelle lediglich die Scheckforderung tritt. Derjenige, der behauptet, der Scheck sei an Zahlungsstatt gegeben und genommen worden, muß dies beweisen (ROHG. 3, 145; 4, 371; 18, 391; RG. 14, 210; 31, 110). Wird der Scheck zahlungshalber hingegeben, und dies ist das regelmäßige, so gilt die Forderung zunächst nicht als getilgt, sondern nur dann, wenn der Einziehungsversuch gelungen ist; ist der Einziehungsversuch nicht gelungen, so kann der Gläubiger unter Anbietung des Schecks auf die ursprüngliche Forderung zurückgreifen.

Der Gläubiger, der einen Scheck zahlungshalber annimmt, übernimmt dadurch die Verpflichtung, die Verfallzeit abzuwarten und die scheckmäßigen Einziehungsakte vorzunehmen. Versäumt der Schecknehmer aber seine Verpflichtung bei Einziehung der Forderung, so haftet er dem Scheckgeber für allen Schaden, der diesem dadurch entsteht, daß die Schecksumme dadurch nicht eingeht. Näheres bei Staub-Stranz Anm. 26 ff. zu Art. 83 WO.

§ 22. In den Fällen des § 14 Abs. 2 und des § 21 verjährt der Anspruch in einem Jahre seit der Ausstellung des Schecks.

Die rasche Abwickelung, welche das Lebenselement des durch den Scheck vermittelten Zahlungsverkehrs bildet, erheischt auch für den Anspruch gegen den Bezogenen wegen Nichtbeachtung der Verrechnungsklausel (§ 14 Abs. 2) und gegen den Aussteller auf Herauszahlung seiner Bereicherung (§ 21) kurze Verjährungsfristen. Für die erwähnten Fälle ist daher eine einjährige Frist vorgesehen. Begr. S. 32.

§ 23. Aus einem Scheck, auf dem die Unterschrift des Ausstellers oder eines Indossanten gefälscht ist, bleiben diejenigen, deren Unterschriften echt sind, verpflichtet.

1. Die Bestimmung des Gesetzes entspricht Art. 75 und 76 WO.

Besondere Vorschriften über verfälschte Schecks, d. h. über solche, deren Inhalt gefälscht ist, gibt das Gesetz nicht. Die hier entstehenden Fragen müssen ebenso wie beim Wechsel der Beurteilung der Rechtsprechung im Einzelfalle überlassen bleiben. Auch über die Frage, wer bei Einlösung eines falschen oder verfälschten Schecks den Verlust zu tragen hat, sind besondere, von den allgemeinen Grundsätzen des bürgerlichen Rechtes abweichende Vorschriften nicht getroffen worden.

Die angezogenen Artikel 75 und 76 der Wechselordnung lauten:

Art. 75 WO.:

Auch wenn die Unterschrift des Ausstellers eines Wechsels falsch oder verfälscht ist, behalten dennoch das echte Akzept und die echten Indossamente die wechselmäßige Wirkung.

Art. 76 WO.:

Aus einem mit einem falschen oder verfälschten Akzepte oder Indossamente versehenen Wechsel bleiben sämtliche Indossanten und der Aussteller, deren Unterschriften echt sind, wechselmäßig verpflichtet.

Die vorstehenden beiden Artikel enthalten den Rechtsgrundsatz, daß die wechselmäßige Wirkung der echten Unterschriften durch die falschen Unterschriften nicht beeinträchtigt wird. Eine Wechselunterschrift ist falsch, wenn sie rechtswidrig von einem anderen geleistet ist, als dem, dessen Namen sie zeigt; verfälscht, wenn in der echten Unterschrift rechtswidrig Änderungen bewirkt werden (Staub, Kommentar zur Wechselordnung, bearbeitet von J. und M. Stranz, Anm. zu Art. 76.)

a) Die Art. 75 und 76 enthalten das Prinzip, daß der Wechsel, um Träger gültiger Wechselerklärungen zu sein, nur formell die vorgeschriebene Gestalt zu haben braucht. Jede Wechselunterschrift, wenn sie nur auf einen äußerlich formgerechten Wechsel gesetzt ist, begründet die selbständige Verbindlichkeit des Unterzeichners (ROHG. 1, 288). Hingegen kann ein Wechsel gemäß § 75 gültig akzeptiert und indossiert werden, auch wenn die Unterschrift des Ausstellers falsch oder gefälscht ist. Ferner ist in Art. 76 zum Ausdruck gebracht, daß die Unechtheit des Akzepts oder eines Indossaments die Rechtswirksamkeit der übrigen Unterschriften nicht beeinträchtigt.

b) Die Art. 75 und 76 enthalten nichts über die Frage der Rechtsunwirksamkeit der unechten Unterschriften, sowie über sonstige Veränderungen des Wechselinhalts. Was die Rechtswirksamkeit der unechten Unterschriften anlangt, so kommt in Betracht,

1. daß jeder, dessen Unterschrift gefälscht ist, nicht wechselmäßig haftet; eine dennoch geschehene Zahlung kann nach den allgemeinen Regeln des Zivilrechts zurückgefordert werden (ROHG. 17, 1). Die gefälschte Unterschrift ist nichtig (RG. bei Holdheim 12, 126).

2. Was die sonstigen Veränderungen des Schecks betrifft, so kann ein Scheck mannigfach verändert werden. Ist die Veränderung derart, daß die ursprüngliche Gestalt des Schecks wieder hergestellt werden kann, so ist das für die Gültigkeit des Schecks nicht erheblich. Ist die Veränderung jedoch derart, daß die ursprüngliche Gestalt nicht wieder hergestellt werden kann, so ist zu unterscheiden, ob die Änderungen einen unwesentlichen Teil des Schecks betreffen oder einen wesentlichen. Ist ein unwesentlicher Teil verändert, so ist die Veränderung unwesentlich und deshalb für die Gültigkeit des Schecks nicht erheblich. Es haftet jeder Scheckverpflichtete nach Maßgabe der Gestalt, die der Scheck zur Zeit seiner Begebung hatte, bezw. später mit seiner Zustimmung angenommen hat. (ROHG. 3, 51; 6, 24; 7, 219; 13, 412; 14, 383; RG. 28, 121; 32, 38.) Betrifft die Veränderung einen wesentlichen Teil des Schecks, so ist wiederum zu unterscheiden, ob die Veränderung derart ist, daß der Scheck einen wesentlichen Teil überhaupt eingebüßt hat. So insbesondere, wenn das Scheckpapier durch äußere Gewalt zerstört ist, oder wenn ein einzelner wesentlicher Bestandteil durch äußere Gewalt beseitigt ist, so z. B. wenn durch Ausreißen eines Stückes der Scheckurkunde der Verfalltag aus ihr nicht mehr zu ersehen ist (ROHG. 7, 221; 13, 155; 25, 237) oder wenn die Schecksumme beseitigt ist (ROHG. 13, 253; 23, 341) oder die Ausstellungszeit (ROHG. 11, 234).

Ist die Veränderung derart, daß der Scheck auch in seiner neuen Gestalt alle wesentlichen Erfordernisse eines Schecks aufweist, so ist der Scheck nicht ungültig, jedoch ist derjenige Scheckverpflichtete, der vor dieser Veränderung den Scheck begab und sie auch nicht nachträglich genehmigt hat, aus dem

Scheck nicht mehr verpflichtet, wenn z. B. durch Hinzufügen einer Null die Schecksumme verwandelt wird. Auch in diesem Falle ist ein wesentlicher Bestandteil schon in der Form derart geändert, daß er einen anderen Begriff darstellt; es haftet daher derjenige, der vor dieser Veränderung den Scheck begeben hat (ROHG. 23, 340); anderer Auffassung RG. 54, 389.

Das Gesetz enthält ferner keine Regelung der Frage, **wer den Verlust tragen soll, welcher durch Einlösung eines falschen oder verfälschten Schecks erwachsen ist**, ob dieser Verlust den Bezogenen oder den Aussteller treffen soll, wenn weder der eine noch der andere die Fälschung verschuldet hat.

In der englischen Praxis besteht der Grundsatz, daß den durch Honorierung falscher oder verfälschter Schecks entstandenen Schaden die bezogene Bank zu tragen hat. Nur bei Fälschungen im Crossing kann nach ausdrücklicher Gesetzesvorschrift der Bankier die Haftung ablehnen, wenn er in gutem Glauben und ohne alle Fahrlässigkeit bezahlt hat. Vgl. **Holdheims** Monatsschrift, 7. Jahrg. 1898 S. 207; **Kuhlenbeck** S. 129, 136 ff.

In Frankreich wird von der einen Seite dem Bezogenen, der einen falschen Scheck eingelöst hat, ohne daß ihm ein Verschulden nachgewiesen werden kann, Befreiung von seiner Verbindlichkeit dem Scheckkunden gegenüber zugebilligt. Andere Schriftsteller unterscheiden — in Übereinstimmung mit der für das gemeine Recht von **Unger** („Handeln auf fremde Gefahr", S. 56 ff.) vertretenen Theorie — zwischen falschen und verfälschten Schecks. Ist ein falscher Scheck eingelöst, dann hat der Bezogene den Schaden mangels Verschuldens des Ausstellers zu tragen. Doch wird ersterem ein Rückforderungsrecht gegen den „sine causa" befriedigten Präsentanten und diesem wiederum gegen seinen Vormann gegeben, bis schließlich die Inanspruchnahme den Fälscher oder bösgläubigen Begebenden trifft. Dagegen wird aus einem Scheck mit echter Unterschrift aber gefälschtem Inhalt der Aussteller für haftbar erklärt, sofern er nicht ein Verschulden des Bezogenen nachzuweisen vermag.

Das österreichische Gesetz bestimmt in § 20 Abs. 4: Der aus der Einlösung eines falschen oder verfälschten Schecks sich ergebende Schaden trifft den angeblichen Aussteller des falschen oder den Aussteller des verfälschten Schecks, insoweit diesen Personen in Ansehung der Fälschung oder Verfälschung ein Verschulden zur Last fällt oder die Fälschung oder Verfälschung von ihren bei der Gebarung mit den Schecks verwendeten Angestellten verübt wurde, sonst hat der Bezogene den Schaden zu tragen; eine abweichende Vereinbarung hat keine rechtliche Wirkung. Vgl. über die ganze Frage Fick, S. 435ff.

§ 24. Auf die Anfechtung einer auf einen Scheck geleisteten Zahlung finden die Vorschriften des § 34 der Konkursordnung entsprechende Anwendung.

1. Nach § 34 der Konkursordnung können Wechselzahlungen, die ein Gemeinschuldner nach der Zahlungseinstellung oder dem Antrag auf Eröffnung des Konkursverfahrens geleistet hat, von dem Empfänger, dem bei der Annahme der Zahlung jene Umstände bekannt waren, im Wege der Anfechtung dann nicht zurückgefordert werden, wenn nach Wechselrecht der Empfänger bei Verlust des Wechselanspruchs gegen andere Wechselverpflichtete zur Annahme der Zahlung verpflichtet war. Der Anfechtungsanspruch richtet sich in diesem Falle gegen den letzten Wechselregreßschuldner, vorausgesetzt, daß ihm bei der Begebung des Wechsels die Zahlungseinstellung oder der Eröffnungsbeschluß bekannt war. Diese Vorschriften, die eine notwendige Folge der eigenartigen Regelung des

Wechselregresses sind, müssen, da der Scheckregreß nach gleichen Grundsätzen geordnet ist, bei Zahlungen, die auf Schecks geleistet werden, entsprechende Anwendung finden (Begr. S. 32).

2. § 34 der Konkursordnung lautet:

Wechselzahlungen des Gemeinschuldners können auf Grund des § 30 No. 1 von dem Empfänger nicht zurückgefordert werden, wenn nach Wechselrecht der Empfänger bei Verlust des Wechselanspruchs gegen andere Wechselverpflichtete zur Annahme der Zahlung verbunden war.

Die gezahlte Wechselsumme muß von dem letzten Wechselregreßschuldner oder, falls derselbe den Wechsel für Rechnung eines Dritten begeben hatte, von diesem erstattet werden, wenn dem letzten Wechselregreßschuldner oder dem Dritten zu der Zeit, als er den Wechsel begab oder begeben ließ, einer der im § 30 No. 1 erwähnten Umstände bekannt war.

Wenn sonst ein Gläubiger eine angefochtene Zahlung zur Konkursmasse zurückgewährt, wird er nach § 39 wieder in die Rechtslage versetzt, die vor dem angefochtenen Befriedigungsakte bestand. Ein Wechselgläubiger dagegen, der zur Rückgewähr gezwungen wird, ist nach dieser schlechter gestellt, als vor der Zahlung. Denn er konnte, da ihm der Schuldner Zahlung anbot, keinen Protest mangels Zahlung erheben und entbehrt deshalb das einen solchen Protest voraussetzende Recht des Regresses mangels Zahlung: die Wechselforderung hat ihren Hauptwert eingebüßt. Die Billigkeit verlangt daher, daß dem Gläubiger entweder abweichend von den Regeln des Wechselrechts in diesem besonderen Falle der Protest erlassen oder daß die Anfechtung der Empfangnahme ausgeschlossen wird. Die deutsche Konkursordnung hat sich nach französischem Vorbilde für die zweite Alternative entschieden, da einerseits das Wechselrecht in seinem Gebiet ausschließliche Geltung verlange, andererseits durch eine im Sinne der ersten

Alternative gehaltene Vorschrift ein ausländischer Vormann nicht verpflichtet werden könne. Vgl. Jaeger, Kommentar zur Konkursordnung 2. Aufl. Anm. 1.

Möglicherweise hat das ganze Wechselgeschäft lediglich dazu gedient, einem Gläubiger, der die Krisis kannte und darum vom nachmaligen Gemeinschuldner nur noch anfechtbare Befriedigung zu gewärtigen hatte, auf Umwegen eine nach Abs. 1 unanfechtbare Zahlung zu verschaffen. Der Gläubiger brauchte nur für den Betrag seiner Forderung einen Sichtwechsel auf den in Vermögensverfall geratenen Schuldner zu ziehen und den Wechsel an einen Dritten zu verkaufen, also für einen Gegenwert auf den Dritten zu indossieren. So ließe sich ohne Zutun des Gemeinschuldners die Anfechtbarkeit aus § 30 Nr. 1 Fall 2 durch Wechselmanipulationen vereiteln. Derartigen Manipulationen tritt der Abs. 2 entgegen.

Als Surrogat der gegenüber dem Zahlungsempfänger nach Abs. 1 versagenden Konkursanfechtung verleiht der Abs. 2 der Gläubigerschaft einen Anspruch auf Erstattung der gezahlten Summe gegen denjenigen, dem die Unanfechtbarkeit der Zahlung in letzter Linie zustatten kommt. Seinem Zwecke nach setzt dieser Anspruch voraus, daß dem anzugreifenden Dritten zur Zeit der Wechselbegebung Zahlungseinstellung oder Konkursantrag bekannt waren. Diese Voraussetzung hat der Verwalter zu beweisen. Fehlt es an ihr, dann bleibt die ganze Wechselsumme der Masse verloren. Vgl. Jaeger a. a. O. Anm. 16.

§ 25. Im Auslande zahlbare Schecks dürfen auch auf solche Bezogene lauten, auf die nach dem ausländischen Rechte ein Scheck gezogen werden darf.

Wenn den auf das Ausland gezogenen Schecks lediglich für den Fall Steuerfreiheit gewährt würde, daß der im Auslande wohnende Bezogene unter die im § 2 bezeichneten Personen fiele, so würde dies den Scheckverkehr mit dem Auslande in einer nicht gerechtfertigten Weise erschweren. Das Gesetz bestimmt deshalb, daß auf das Ausland gezogene Schecks auch auf diejenigen Bezogenen lauten dürfen, denen nach den Vorschriften des Landes, in welchem der Scheck zahlbar ist, die passive Scheckfähigkeit zukommt. Begr. S. 32.

Im Auslande zahlbare Schecks, die auf andere Bezogene lauten als die im § 2 oder § 25 bezeichneten, können zwar Rechtswirkung im Sinne dieses Gesetzes enthalten, sie entbehren aber in derselben Weise wie auf das Inland gezogene Schecks, die auf andere als die in § 32 genannten Bezogenen lauten, der Steuerfreiheit.

§ 26. Die wesentlichen Erfordernisse eines im Ausland ausgestellten Schecks sowie jeder im Ausland auf einen Scheck gesetzten Erklärung werden nach den Gesetzen des Ortes beurteilt, an welchem die Ausstellung oder die Erklärung erfolgt ist.

Entspricht jedoch der im Ausland ausgestellte Scheck oder die im Ausland auf einen Scheck gesetzte Erklärung den Anforderungen des inländischen Gesetzes, so kann daraus, daß nach ausländischem Gesetz ein Mangel vorliegt, kein Einwand gegen die Rechtsverbindlichkeit der später im Inland auf den Scheck gesetzten Erklärungen entnommen werden. Auch ist die im

Ausland erfolgte Ausstellung eines im Inlande zahlbaren Schecks sowie die auf einen solchen Scheck im Auslande gesetzte Erklärung wirksam, wenn sie auch nur den Anforderungen des inländischen Gesetzes entspricht.

1. Die Vorschriften des § 26 schließen sich dem Art. 85 der Wechselordnung an.

Nach Abs. 1 sind in Deutschland zahlbare Schecks, welche an ausländischen Orten ausgestellt sind, wo die Scheckklausel nicht verlangt wird, auch in Deutschland ohne Scheckklausel gültig. Sie genießen die für Schecks vorgesehene Steuerfreiheit. Begr. S. 33.

2. Der Abs. 2 enthält Ausnahmen von dem Grundsatz des Abs. 1. Entspricht ein im Ausland ausgestellter Scheck den Anforderungen des inländischen Gesetzes, so soll daraus, daß nach dem ausländischen Rechte ein Mangel vorliegt, ein Einwand gegen die Rechtsverbindlichkeit der später auf einen solchen Scheck im Inlande gesetzten Erklärungen nicht abgeleitet werden können. Wird z. B. ein in Japan ausgestellter nach japanischem Rechte wegen Fehlens der Bezeichnung des Zahlungsempfängers ungültiger, aber den Erfordernissen des § 4 des Gesetzes entsprechender Scheck in Berlin indossiert, so ist das Indossament gültig. Begr. S. 33.

3. Nach Abs. 2 Satz 2 soll ferner die im Ausland erfolgte Ausstellung eines im Inlande zahlbaren Schecks sowie die auf einen solchen Scheck im Auslande gesetzte Erklärung, trotzdem nach ausländischem Rechte Mängel vorliegen, wirksam sein, wenn sie den Anforderungen des inländischen Gesetzes entspricht. Die Vorschrift weicht von der im Art. 85 Satz 3 der Wechselordnung gegebenen ab, entspricht aber den Bedürfnissen des Scheckverkehrs. In dem Verkehr der Banken mit ihren Kunden, auch mit den

ausländischen, finden in der Regel die von den ersteren gelieferten Scheckmuster, die den deutschen Vorschriften entsprechen, Verwendung. In der ausschließlichen Verwendung dieser Muster liegt eine größere Sicherheit für die Echtheit der vorgelegten Schecks. Ihre Zulassung erleichtert zugleich die Abwickelung des Scheckverkehrs an der Kasse des Bezogenen. Es bedarf nicht erst der umständlichen Prüfung, ob der Scheck den am Ausstellungsorte geltenden Vorschriften entspricht. Begr. S. 33.

§ 27. Abhanden gekommene oder vernichtete Schecks unterliegen der Kraftloserklärung im Wege des Aufgebotsverfahrens. Die Aufgebotsfrist muß mindestens zwei Monate betragen.

Nach Einleitung des Aufgebotsverfahrens kann der Berechtigte, falls der Scheck rechtzeitig zur Zahlung vorgelegt, von dem Bezogenen aber nicht eingelöst worden war, von dem Aussteller Zahlung fordern, wenn er bis zur Kraftloserklärung Sicherheit leistet.

1. § 27 regelt die Kraftloserklärung abhanden gekommener oder vernichteter Schecks. Nach §§ 363, 365 HGB. unterliegen an Order lautende, auf einen Kaufmann ausgestellte Anweisungen, wenn sie vernichtet oder abhanden gekommen sind, der Kraftloserklärung im Wege des Aufgebotsverfahrens. Da diese Bestimmung auf alle Schecks nicht ohne weiteres zutrifft, so bedarf es, um die Vorschriften der Zivilprozeßordnung über das Aufgebot von Urkunden zum Zwecke der Kraftloserklärung (§§ 946 f., 1003 f.) auf Schecks schlechthin anwendbar zu machen, der besonderen Vorschrift. Das Gesetz hat davon

abgesehen, eingehende, von den Vorschriften der Zivilprozeßordnung abweichende Regeln über das Aufgebotsverfahren aufzustellen. Nur die Aufgebotsfrist, die nach § 1015 der ZPO. mindestens 6 Monate beträgt, ist auf mindestens 2 Monate abgekürzt worden. Begr. S. 88.

2. Die Vorschrift des Abs. 2 schließt sich dem § 365 Abs. 2 Satz 2 des Handelsgesetzbuches an. Für die Sicherheitsleistung sind maßgebend die §§ 232—240 BGB. Dieselben lauten:

§ 232 BGB.

Wer Sicherheit zu leisten hat, kann dies bewirken
durch Hinterlegung von Geld oder Wertpapieren,
durch Verpfändung von Forderungen, die in das Reichsschuldbuch oder in das Staatsschuldbuch eines Bundesstaats eingetragen sind,
durch Verpfändung beweglicher Sachen,
durch Bestellung von Hypotheken an inländischen Grundstücken,
durch Verpfändung von Forderungen, für die eine Hypothek an einem inländischen Grundstücke besteht, oder durch Verpfändung von Grundschulden oder Rentenschulden an inländischen Grundstücken.

Kann die Sicherheit nicht in dieser Weise geleistet werden, so ist die Stellung eines tauglichen Bürgen zulässig.

§ 233 BGB.

Mit der Hinterlegung erwirbt der Berechtigte ein Pfandrecht an dem hinterlegten Gelde oder an den hinterlegten Wertpapieren und, wenn das Geld oder die Wertpapiere nach landesgesetzlicher Vorschrift in das Eigentum des Fiskus oder der als Hinterlegungsstelle bestimmten Anstalt übergehen, ein Pfandrecht an der Forderung auf Rückerstattung.

§ 234 BGB.

Wertpapiere sind zur Sicherheitsleistung nur geeignet, wenn sie auf den Inhaber lauten, einen Kurswert haben und einer Gattung angehören, in der Mündelgeld angelegt werden darf. Den Inhaberpapieren stehen Orderpapiere gleich, die mit Blankoindossament versehen sind.

Mit den Wertpapieren sind die Zins-, Renten-, Gewinnanteil- und Erneuerungsscheine zu hinterlegen.

Mit Wertpapieren kann Sicherheit nur in Höhe von drei Vierteilen des Kurswerts geleistet werden.

§ 235 BGB.

Wer durch Hinterlegung von Geld oder von Wertpapieren Sicherheit geleistet hat, ist berechtigt, das hinterlegte Geld gegen geeignete Wertpapiere, die hinterlegten Wertpapiere gegen andere geeignete Wertpapiere oder gegen Geld umzutauschen.

§ 236 BGB.

Mit einer Buchforderung gegen das Reich oder gegen einen Bundesstaat kann Sicherheit nur in Höhe von drei Vierteilen des Kurswerts der Wertpapiere geleistet werden, deren Aushändigung der Gläubiger gegen Löschung seiner Forderung verlangen kann.

§ 237 BGB.

Mit einer beweglichen Sache kann Sicherheit nur in Höhe von zwei Dritteilen des Schätzungswerts geleistet werden. Sachen, deren Verderb zu besorgen oder deren Aufbewahrung mit besonderen Schwierigkeiten verbunden ist, können zurückgewiesen werden.

§ 238 BGB.

Eine Hypothekenforderung, eine Grundschuld, oder eine Rentenschuld ist zur Sicherheitsleistung nur geeignet, wenn sie den Voraussetzungen entspricht, unter denen am Orte der Sicherheitsleistung Mündelgeld in Hypothekenforderungen, Grundschulden oder Rentenschulden angelegt werden darf.

Eine Forderung, für die eine Sicherungshypothek besteht, ist zur Sicherheitsleistung nicht geeignet.

§ 239 BGB.

Ein Bürge ist tauglich, wenn er ein der Höhe der zu leistenden Sicherheit angemessenes Vermögen besitzt und seinen allgemeinen Gerichtsstand im Inlande hat.

Die Bürgschaftserklärung muß den Verzicht auf die Einrede der Vorausklage enthalten.

§ 240 BGB.

Wird die geleistete Sicherheit ohne Verschulden des Berechtigten unzureichend, so ist sie zu ergänzen oder anderweitige Sicherheit zu leisten.

3. Die einschlägigen Vorschriften der Zivilprozeßordnung betreffend das Aufgebotsverfahren sind die folgenden:

§ 947 ZPO.

Der Antrag kann schriftlich oder zum Protokolle des Gerichtsschreibers gestellt werden. Die Entscheidung kann ohne vorgängige mündliche Verhandlung erfolgen.

Ist der Antrag zulässig, so hat das Gericht das Aufgebot zu erlassen. In dasselbe ist insbesondere aufzunehmen:

1. die Bezeichnung des Antragstellers;
2. die Aufforderung, die Ansprüche und Rechte spätestens im Aufgebotstermine anzumelden;
3. die Bezeichnung der Rechtsnachteile, welche eintreten, wenn die Anmeldung unterbleibt;
4. die Bestimmung eines Aufgebotstermins.

§ 951 ZPO.

Eine Anmeldung, welche nach dem Schlusse des Aufgebotstermins, jedoch vor Erlassung des Ausschlußurteils erfolgt, ist als eine rechtzeitige anzusehen.

§ 952 ZPO.

Das Ausschlußurteil ist in öffentlicher Sitzung auf Antrag zu erlassen.

Einem in der Sitzung gestellten Antrage wird ein Antrag gleichgeachtet, welcher vor dem Aufgebotstermine schriftlich gestellt oder zum Protokolle des Gerichtsschreibers erklärt worden ist.

Vor Erlassung des Urteils kann eine nähere Ermittelung, insbesondere die Versicherung der Wahrheit einer Behauptung des Antragstellers an Eidesstatt, angeordnet werden.

Gegen den Beschluß, durch welchen der Antrag auf Erlassung des Ausschlußurteils zurückgewiesen wird, sowie gegen Beschränkungen und Vorbehalte, welche dem Ausschlußurteile beigefügt sind, findet sofortige Beschwerde statt.

§ 953 ZPO.

Erfolgt eine Anmeldung, durch welche das von dem Antragsteller zur Begründung des Antrages behauptete Recht bestritten wird, so ist nach Beschaffenheit des Falles entweder das Aufgebotsverfahren bis zur endgültigen Entscheidung über das angemeldete Recht auszusetzen, oder in dem Ausschlußurteile das angemeldete Recht vorzubehalten.

§ 954 ZPO.

Wenn der Antragsteller weder in dem Aufgebotstermin erschienen ist noch vor dem Termine den Antrag auf Erlassung des Ausschlußurteils gestellt hat, so ist auf seinen Antrag ein neuer Termin zu bestimmen. Der Antrag ist nur binnen einer vom Tage des Aufgebotstermins laufenden Frist von sechs Monaten zulässig.

§ 955 ZPO.

Wird zur Erledigung des Aufgebotsverfahrens ein neuer Termin bestimmt, so ist eine öffentliche Bekanntmachung des Termins nicht erforderlich.

§ 957 ZPO.

Gegen das Ausschlußurteil findet ein Rechtsmittel nicht statt.

Das Ausschlußurteil kann bei dem Landgerichte, in dessen Bezirke das Aufgebotsgericht seinen Sitz hat, mittels einer gegen den Antragsteller zu erhebenden Klage angefochten werden:

1. wenn ein Fall nicht vorlag, in welchem das Gesetz das Aufgebotsverfahren zuläßt;
2. wenn die öffentliche Bekanntmachung des Aufgebots oder eine in dem Gesetze vorgeschriebene Art der Bekanntmachung unterblieben ist;
3. wenn die vorgeschriebene Aufgebotsfrist nicht gewahrt ist;
4. wenn der erkennende Richter von der Ausübung des Richteramts kraft Gesetzes ausgeschlossen war;
5. wenn ein Anspruch oder ein Recht ungeachtet der erfolgten Anmeldung nicht dem Gesetze gemäß in dem Urteile berücksichtigt ist;
6. wenn die Voraussetzungen vorliegen, unter welchen die Restitutionsklage wegen einer strafbaren Handlung stattfindet.

§ 958 ZPO.

Die Anfechtungsklage ist binnen der Notfrist eines Monats zu erheben. Die Frist beginnt mit dem Tage, an welchem der Kläger Kenntnis von dem Ausschlußurteile erhalten hat, in dem Falle jedoch, wenn die Klage auf einem der im § 957 No. 4, 6 bezeichneten Anfechtungsgründe beruht und dieser Grund an jenem Tage noch nicht zur Kenntnis des Klägers gelangt war, erst mit dem Tage, an welchem der Anfechtungsgrund dem Kläger bekannt geworden ist.

Nach Ablauf von zehn Jahren, von dem Tage der Verkündung des Ausschlußurteils an gerechnet, ist die Klage unstatthaft.

§ 1003 ZPO.

Für das Aufgebotsverfahren zum Zwecke der Kraftloserklärung einer Urkunde gelten die nachfolgenden besonderen Bestimmungen.

§ 1004 ZPO.

Bei Papieren, welche auf den Inhaber lauten oder welche durch Indossament übertragen werden können und mit einem Blankoindossamente versehen sind, ist der bisherige Inhaber des abhanden gekommenen oder vernichteten Papiers berechtigt, das Aufgebotsverfahren zu beantragen.

Bei anderen Urkunden ist derjenige zu dem Antrage berechtigt, welcher das Recht aus der Urkunde geltend machen kann.

§ 1005 ZPO.

Für das Aufgebotsverfahren ist das Gericht des Orts zuständig, welchen die Urkunde als den Erfüllungsort bezeichnet. Enthält die Urkunde eine solche Bezeichnung nicht, so ist das Gericht zuständig, bei welchem der Aussteller seinen allgemeinen Gerichtsstand hat, und in Ermangelung eines solchen Gerichts dasjenige, bei welchem der Aussteller zur Zeit der Ausstellung seinen allgemeinen Gerichtsstand gehabt hat.

Ist die Urkunde über ein im Grundbuch eingetragenes Recht ausgestellt, so ist das Gericht der belegenen Sache ausschließlich zuständig.

§ 1007 ZPO.

Der Antragsteller hat zur Begründung des Antrags:

1. entweder eine Abschrift der Urkunde beizubringen, oder den wesentlichen Inhalt der Urkunde und alles anzugeben, was zur vollständigen Erkennbarkeit derselben erforderlich ist;
2. den Verlust der Urkunde sowie diejenigen Tatsachen glaubhaft zu machen, von welchen seine Berechtigung abhängt, das Aufgebotsverfahren zu beantragen;
3. sich zur Versicherung der Wahrheit seiner Angaben an Eidesstatt zu erbieten.

§ 1008 ZPO.

In dem Aufgebot ist der Inhaber der Urkunde aufzufordern, spätestens im Aufgebotstermine seine Rechte bei dem Gericht anzumelden und die Urkunde vorzulegen. Als Rechtsnachteil ist anzudrohen, daß die Kraftloserklärung der Urkunde erfolgen werde.

§ 1009 ZPO.

Die öffentliche Bekanntmachung des Aufgebots erfolgt durch Anheftung an die Gerichtstafel und in dem Lokale der Börse, wenn eine solche am Sitze des Aufgebotsgerichts besteht, sowie durch dreimalige Einrückung in die im § 204 Abs. 2 bezeichneten Blätter.

Das Gericht kann anordnen, daß die Einrückung auch in andere Blätter und zu mehreren Malen erfolge.

Betrifft das Aufgebot ein auf den Inhaber lautendes Papier und ist in der Urkunde vermerkt oder in den Bestimmungen, unter denen die erforderliche staatliche Genehmigung erteilt worden ist, vorgeschrieben, daß die öffentliche Bekanntmachung durch bestimmte andere Blätter zu erfolgen habe, so muß die Bekanntmachung auch durch Einrückung in diese Blätter erfolgen. Das gleiche gilt bei Schuldverschreibungen, die von einem Bundesstaat ausgegeben sind, wenn die öffentliche Bekanntmachung durch bestimmte Blätter landesgesetzlich vorgeschrieben ist.

§ 1014 ZPO.

Ist in einer Schuldurkunde eine Verfallzeit angegeben, welche zur Zeit der ersten Einrückung des Aufgebots in den Deutschen Reichsanzeiger noch nicht eingetreten ist, und sind die Voraussetzungen der §§ 1010—1013 nicht vorhanden, so ist der Aufgebotstermin so zu bestimmen, daß seit dem Verfalltage sechs Monate abgelaufen sind.

§ 1015 ZPO.

Die Aufgebotsfrist muß mindestens sechs Monate betragen. Der Aufgebotstermin darf nicht über ein Jahr hinaus bestimmt werden; solange ein so naher Termin nicht bestimmt werden kann, so ist das Aufgebot nicht zulässig.

§ 1017 ZPO.

In dem Ausschlußurteil ist die Urkunde für kraftlos zu erklären.

Das Ausschlußurteil ist seinem wesentlichen Inhalte nach durch den Deutschen Reichsanzeiger bekannt zu machen. Die Vorschriften des § 1009 Abs. 3 finden entsprechende Anwendung.

In gleicher Weise hat nach eingetretener Rechtskraft die Bekanntmachung des auf die Anfechtungsklage ergangenen Urteils, soweit dadurch die Kraftloserklärung aufgehoben wird, zu erfolgen.

§ 1018 ZPO.

Derjenige, welcher das Ausschlußurteil verwirkt hat, ist dem durch die Urkunde Verpflichteten gegenüber berechtigt, die Rechte aus der Urkunde geltend zu machen.

Wird das Ausschlußurteil infolge einer Anfechtungsklage aufgehoben, so bleiben die auf Grund des Urteils von dem Verpflichteten bewirkten Leistungen auch Dritten, insbesondere dem Anfechtungskläger, gegenüber wirksam, es sei denn, daß der Verpflichtete zur Zeit der Leistung die Aufhebung des Ausschlußurteils gekannt hat.

Für die Erläuterung obiger Vorschriften wird auf die Kommentare zur Zivilprozeßordnung Bezug genommen. Nur folgende Bemerkungen seien auf der Grundlage von Staub-Stranz zu Art. 73 wiedergegeben.

1. Abhanden gekommene oder vernichtete Schecks unterliegen der Kraftloserklärung im Wege des Aufgebotsverfahrens. Als vernichtet gilt derjenige Scheck, der derart beschädigt ist, daß er nicht mehr als Träger einer Scheckforderung betrachtet werden kann. Das Aufgebotsverfahren ist zulässig bei Schecks aller Art, gleich-

gültig, ob sie verfallen, protestiert, eingeklagt, bezahlt, verjährt, präjudiziert sind oder nicht (ROHG. 6, 385).

2. Berechtigt zum Antrag ist gemäß § 1004 ZPO. der bisherige Inhaber der Urkunde. Zur Begründung des Antrages hat der Antragsteller eine Scheckabschrift oder eine Beschreibung seines wesentlichen Inhalts und seiner Erkennbarkeitsmerkmale, ferner eine Glaubhaftmachung des Verlustes des Schecks, sowie der Tatsachen, aus denen die Berechtigung erfolgt, beizubringen. Ferner hat er sich zur Versicherung der Wahrheit seiner Angaben an Eidesstatt zu erbieten.

3. Zuständig ist gemäß § 1005 ZPO. das Gericht des Ortes, den der Scheck als den Erfüllungsort bezeichnet. Enthält die Urkunde eine solche Bezeichnung nicht, so ist das Gericht zuständig, bei welchem der Aussteller seinen allgemeinen Gerichtsstand gehabt hat.

4. Wirkung des Aufgebots. Der Antragsteller kann, wenn er Sicherheit gestellt hat, von dem Aussteller Zahlung fordern.

5. Die Wirkung des durchgeführten Verfahrens besteht darin, daß das Ausschlußurteil den Verlierer in den Stand setzen soll, trotz des Verlustes des Schecks die Rechte aus ihm geltend zu machen.

Die Rechte aus dem Scheck können geltend gemacht werden in erster Reihe gegen den Bezogenen; sodann gegen den Regreßpflichtigen, vorausgesetzt, daß das Regreßrecht nicht inzwischen durch Verjährung oder Präjudizierung erloschen ist. Übereinstimmend Staub, Canstein § 14, RG. 49, 132; anderer Auffassung Rehbein, Bernstein. Die Kraftloserklärung wirkt in rem, jeder Dritte kann sich auf sie berufen.

§ 28. Bürgerliche Rechtsstreitigkeiten, in welchen durch die Klage ein Anspruch auf Grund dieses Gesetzes geltend gemacht wird, gehören, sofern in erster Instanz die Landgerichte zuständig sind, vor die Kammern für Handelssachen.

In bürgerlichen Rechtsstreitigkeiten, in welchen durch Klage oder Widerklage ein Anspruch auf Grund dieses Gesetzes geltend gemacht ist, wird die Verhandlung und Entscheidung letzter Instanz im Sinne des § 8 des Einführungsgesetzes zum Gerichtsverfassungsgesetze dem Reichsgerichte zugewiesen.

Auf die Geltendmachung von Regreßansprüchen aus einem Scheck finden die den Wechselprozeß betreffenden Vorschriften der §§ 602 bis 605 der Zivilprozeßordnung entsprechende Anwendung. Die Rechtsstreitigkeiten, in welchen ein solcher Anspruch geltend gemacht wird, gelten als Feriensachen.

1. § 28 regelt die Zuständigkeitsfrage.

Nach den Vorschriften des § 101 des Gerichtsverfassungsgesetzes kommen zurzeit Scheckprozesse nur dann vor die Kammer für Handelssachen, wenn durch die Klage ein Anspruch geltend gemacht wird:

1. gegen einen Kaufmann im Sinne des Handelsgesetzbuches aus Geschäften, welche für beide Teile Handelsgeschäfte sind;
2. aus einem Scheck, der auf einen Kaufmann ausgestellt ist und an Order lautet (§ 363 HGB.).

Dagegen sind Klagen aus einem Wechsel im Sinne der Wechselordnung ohne Ausnahme den Kammern für Handelssachen zugewiesen. Dem entspricht es, wenn das Gesetz im § 28 Abs. 1 die Kammern für Handelssachen in bürgerlichen Rechtsstreitigkeiten für zuständig erklärt, in denen durch die Klage ein Anspruch auf Grund dieses Gesetzes geltend gemacht wird.

2. Die Vorschrift im Abs. 2 rechtfertigt sich durch das Bedürfnis einer einheitlichen Rechtsprechung für das ganze Reich.

3. Die Vorschriften der §§ 602 bis 605 der Zivilprozeßordnung sind auch auf die im Urkundenprozeß geltend zu machenden Regreßansprüche aus Schecks entsprechend anzuwenden.

Die Vorschriften der §§ 602 bis 605 ZPO. lauten wie folgt:

§ 602 ZPO.

Werden im Urkundenprozesse Ansprüche aus Wechseln im Sinne der Wechselordnung geltend gemacht (Wechselprozeß), so kommen die nachfolgenden besonderen Vorschriften zur Anwendung.

§ 603 ZPO.

Wechselklagen können sowohl bei dem Gerichte des Zahlungsorts als bei dem Gericht angestellt werden, bei welchem der Beklagte seinen allgemeinen Gerichtsstand hat.

Wenn mehrere Wechselverpflichtete gemeinschaftlich verklagt werden, so ist außer dem Gerichte des Zahlungsorts jedes Gericht zuständig, bei welchem einer der Beklagten seinen allgemeinen Gerichtsstand hat.

§ 604 ZPO.

Die Klage muß die Erklärung enthalten, daß im Wechselprozesse geklagt werde. Die Einlassungsfrist beträgt, wenn die Klage am Sitze des Prozeßgerichts zugestellt wird, mindestens 24 Stunden; wenn sie an einem anderen Orte innerhalb des Landgerichtsbezirkes, in welchem das Prozeßgericht seinen Sitz hat, zugestellt wird, mindestens drei Tage; wenn sie an einem anderen deutschen Orte zugestellt wird, mindestens eine Woche. Das gleiche gilt von der Ladungsfrist, soweit sie nicht nach den allgemeinen Bestimmungen kürzer als die im ersten Satze festgesetzte Einlassungsfrist ist.

Auf das Verfahren in den höheren Instanzen finden die Vorschriften des Abs. 2 entsprechende Anwendung.

§ 605 ZPO.

Soweit es zur Erhaltung des wechselmäßigen Anspruchs der rechtzeitigen Protesterhebung nicht bedarf, ist als Beweismittel bezüglich der Präsentation des Wechsels Eideszuschiebung zulässig.

Zur Berücksichtigung einer Nebenforderung genügt, daß sie glaubhaft gemacht ist.

§ 29. Im Sinne des § 24 des Gesetzes, betreffend die Wechselstempelsteuer, vom 10. Juni 1869 (Bundes-Gesetzbl. S. 193 ff.) sind als Schecks, für welche die Befreiung von der Wechselstempelabgabe bestimmt ist, diejenigen Urkunden anzusehen, die den Anforderungen der §§ 1, 2, 7, 25, 26 des gegenwärtigen Gesetzes entsprechen.

Die Vorschrift des Abs. 1 findet keine Anwendung auf Schecks, welche vor dem auf ihnen angegebenen Ausstellungstag in Umlauf gesetzt sind. Für die Entrichtung der Abgabe haftet als Gesamtschuldner jeder, der am Umlaufe des Schecks im Sinne des § 5 des Gesetzes, betreffend die Wechselstempelsteuer, im Inlande vor dem Ausstellungstage teilgenommen hat.

1. § 29 statuiert Stempelfreiheit des Schecks. Die Steuerfreiheit ist nach dem Gesetz gewährleistet, wenn die Urkunde:

1. den im § 1 Ziff. 1—4 vorgesehenen wesentlichen Erfordernissen entspricht;
2. auf eine nach § 2 scheckfähige Person als Bezogener lautet;
3. auf Sicht zahlbar ist oder keine Zahlungszeit angibt;
4. nicht vor dem auf ihr angegebenen Ausstellungstag in Umlauf gesetzt ist.

2. Bei vordatierten Schecks erscheint es nicht angemessen, für die Entrichtung des Stempels auch diejenigen haften zu lassen, die den Scheck erst am Ausstellungstag oder später in die Hände bekommen haben. Diese können aus dem Scheck nicht ersehen, daß eine Vordatierung stattgefunden hat. Für die Abgabe sollen daher nur diejenigen und zwar als Gesamtschuldner haften, die am Umlaufe des Schecks im Inlande vor dem Ausstellungstage teilgenommen haben. Hierbei sollen als Teilnehmer am Umlaufe die im § 5 des Wechselstempelsteuergesetzes bezeichneten Personen angesehen werden. Begr. S. 35.

3. Die Steuerfreiheit ist ferner gegeben bei den im Auslande zahlbaren Schecks, welche auf Personen als Bezogene lauten, denen die passive Scheckfähigkeit nach den Vorschriften des ausländischen Rechtes zukommt, sowie bei den im Auslande angestellten Schecks, welche den Vorschriften des § 26 entsprechen.

4. Nach § 15 des Wechselstempelsteuergesetzes wird die Nichterfüllung der Verpflichtung zur Entrichtung der Stempelabgabe mit einer Geldstrafe bestraft, welche dem 50-fachen Betrage der hinterzogenen Abgabe gleichkommt.

Es macht dabei keinen Unterschied, ob jemand wissentlich oder versehentlich, verschuldet oder unverschuldet die Abgabe nicht entrichtet hat. Diese Vorschrift führt zu Härten in Fällen, in denen eine Steuerhinterziehung nicht beabsichtigt war, z. B. wenn der Aussteller tatsächlich einen, den gesetzlichen Vorschriften entsprechenden Scheck hat ausstellen wollen, versehentlich aber ein wesentliches Erfordernis außer Acht gelassen hat, oder der Mangel einem späteren Erwerber nicht erkennbar war. Seit langem gehen die Wünsche, daß für Fälle, in denen eine Hinterziehung nicht beabsichtigt war, mildere Strafen vorgesehen werden. Eine dahin abzielende Abänderung des § 15 des Wechselstempelsteuergesetzes ist in Aussicht genommen. Begr. S. 35.

§ 30. Dieses Gesetz tritt am 1. April 1908 in Kraft. Die Vorschriften finden auf früher ausgestellte Schecks keine Anwendung.

Mit dem Inkrafttreten des Gesetzes, betreffend die Erleichterung des Wechselprotestes, werden die im § 16 des gegenwärtigen Gesetzes angeführten Vorschriften durch die neuen Artikel 87 bis 88a, 89a, 90 bis 91a, 92 Abs. 2 der Wechselordnung sowie durch die §§ 3, 4 des erstgenannten Gesetzes ersetzt.

1. Art. 87 bringt zum Ausdruck, daß der Protest nicht nur durch einen Notar oder Gerichtsbeamten, sondern auch durch einen Postbeamten erhoben werden kann.

2. Die im Abs. 2 angezogenen Bestimmungen, wie sie das geplante Gesetz, betr. die Erleichterung des Wechselprotestes enthält, lauten: Art. 88 WO.

In den Protest ist aufzunehmen:

1. der Name oder die Firma der Personen, für welche und gegen welche der Protest erhoben wird:
2. die Angabe, daß die Person, gegen welche protestiert wird, ohne Erfolg zur Vornahme der wechselrechtlichen Leistung aufgefordert worden oder nicht anzutreffen gewesen ist oder daß ihr Geschäftslokal oder ihre Wohnung sich nicht hat ermitteln lassen;
3. die Angabe des Ortes sowie des Kalendertags, Monats und Jahres, an welchem die Aufforderung (No. 2) geschehen oder ohne Erfolg versucht worden ist;
4. im Falle einer Ehrenannahme oder einer Ehrenzahlung die Erwähnung, von wem, für wen und wie sie angeboten oder geleistet wird.

Der Protest ist von dem Protestbeamten zu unterzeichnen und mit dem Amtssiegel oder dem Amtsstempel zu versehen.

Art. 88a WO.

Der Protest mangels Zahlung ist auf den Wechsel oder auf ein mit dem Wechsel zu verbindendes Blatt zu setzen.

Der Protest soll unmittelbar hinter den letzten auf der Rückseite des Wechsels befindlichen Vermerk, in Ermangelung eines solchen unmittelbar an einen Rand der Rückseite gesetzt werden.

Wird der Protest auf ein Blatt gesetzt, das mit dem Wechsel verbunden wird, so soll die Verbindungsstelle mit dem Amtssiegel oder dem Amtsstempel versehen werden. Ist dies geschehen, so braucht der Unterschrift des Protestbeamten ein Siegel oder Stempel nicht beigefügt zu werden.

Wird der Protest unter Vorlegung mehrerer Exemplare desselben Wechsels oder unter Vorlegung des

Originals und einer Kopie erhoben, so genügt die Beurkundung auf einem der Exemplare oder auf dem Originalwechsel. Auf den anderen Exemplaren oder auf der Kopie ist zu vermerken, daß sich der Protest mangels Zahlung auf dem ersten Exemplar oder auf dem Originalwechsel befindet. Auf den Vermerk finden die Vorschriften des Abs. 2 und des Abs. 3 Satz 1 entsprechende Anwendung. Der Protestbeamte hat den Vermerk zu unterzeichnen.

Nach Art. 88 der geltenden WO. muß der Protest eine wörtliche Abschrift des Wechsels oder der Kopie und aller darauf befindlichen Indossamente und Bemerkungen enthalten. Mit Recht hat man hervorgehoben, daß gerade dieses Erfordernis das Verfahren bei der Protestaufnahme umständlich mache, auch unter Umständen durch Fehler in der Abschrift zur Ungültigkeit des Protestes führe. Das Gesetz sucht deshalb die Abschrift des Wechsels, soweit angängig, durch eine äußere Verbindung des Protestes mit dem Wechsel entbehrlich zu machen. Der Protest mangels Zahlung ist gemäß Art. 88a auf den Wechsel selbst oder auf ein damit zu verbindendes Blatt zu setzen; die Wechselabschrift fällt daher bei dem Zahlungsprotest künftig weg. Der Wegfall der Wechselabschrift hat zur Folge, daß der Zustand des Wechsels zur Zeit der Protesterhebung, insbesondere die Legitimation des Protestanten zur Protestierung, durch den Inhalt des Protestes nicht mehr festgestellt wird. Deshalb muß in anderer Weise dafür gesorgt werden, daß nachträglich hinzugefügte Indossamente als solche erkannt werden.

Der Abs. 2 des Art. 88a bestimmt deshalb, daß der Protestbeamte den Zahlungsprotest unmittelbar hinter den letzten auf der Rückseite des Wechsels befindlichen Vermerk (Indossament, Quittungsvermerk, Stempelkassierungsvermerk usw.), in Ermangelung eines solchen Vermerks unmittelbar an den Rand der Vorderseite setzen soll.

Die Vorschrift des Art. 88 Abs. 2 ist übrigens nur instruktioneller Natur. Das gleiche gilt von der Bestimmung des Abs. 3, der zufolge der Protestbeamte, wenn er den Protest auf ein mit dem Wechsel verbundenes Blatt setzt, die Verbindungsstelle mit dem Amtssiegel oder dem Stempel versehen soll.

Wird der Protest unter Vorlegung mehrerer Exemplare desselben Wechsels, z. B. unter Vorlegung der akzeptierten Prima und der indossierten Sekunda, oder auf Grund des Originals und einer Kopie erhoben, so müssen nach dem geltenden Rechte Abschriften der beiden Urkunden mit den darauf befindlichen Bemerkungen und Indossamenten in den Protest aufgenommen werden. Nach dem Gesetz (Art. 88a Abs. 4) kommt auch in solchen Fällen für den Zahlungsprotest die vereinfachte Form der Protestbeurkundung zur Anwendung; die Protesturkunde ist auf das eine Wechselexemplar oder auf das Original zu setzen, zugleich aber ist auf dem anderen Exemplar oder auf der Kopie zu bemerken, daß sich der Protest auf dem ersten Exemplar oder auf dem Originalwechsel befindet. Die Aufnahme einer Abschrift der einen oder anderen Urkunde in den Protest ist bei einer solchen Regelung entbehrlich. Der Protestbeamte hat selbstverständlich in dem Proteste hervorzuheben, daß er mehrere Wechselexemplare oder Original und Kopie vorgelegt hat; die Identität des vorgelegten zweiten Exemplars oder der Kopie wird dann durch den Vermerk sichergestellt.

Die Vorschrift, daß der Protest auf dem Wechsel selbst oder auf einem damit zu verbindenden Blatte zu beurkunden ist, gilt nach Art. 88a nur für Zahlungsproteste, zu denen übrigens auch der Protest gehört, durch den gemäß Art. 69 Nr. 2 festgestellt wird, daß auf das Duplikat Zahlung nicht zu erlangen ist. Eine Ausdehnung der Vorschrift des Art. 88a auf Proteste, die eine andere Leistung als die Zahlung betreffen, ist nicht angängig. Vgl. Begründung zum Entwurf eines Gesetzes betreffend Erleichterung des Wechselprotestes S. 11.

Die Vorschrift des Artikels 88 WO., derzufolge der Protest die dort unter Nr. 1 bis 6 aufgeführten Erfordernisse enthalten „muß", ist ihrer Wortfassung ungeachtet bisher dahin ausgelegt worden, daß nicht jeder Verstoß den Protest ohne weiteres nichtig mache. Um zu vermeiden, daß in Zukunft etwa mit Rücksicht auf die neuere Gesetzessprache eine strengere Auslegung Platz greift, ist im Gesetze die Eingangsformel des Art. 88 dahin gefaßt: „In den Protest ist aufzunehmen".

Es soll nicht mehr erforderlich sein, in den Protest die Erklärung der Person, gegen welche protestiert wird, aufzunehmen, vielmehr verlangt das Gesetz nur die Angabe, daß die bezeichnete Person ohne Erfolg zur Vornahme der wechselrechtlichen Leistung aufgefordert worden oder nicht anzutreffen gewesen ist. Der Inhalt der Antwort ist für die rechtliche Wirkung des Protestes ohne Bedeutung und läßt überdies, wie die Erfahrung zeigt, den wirklichen Grund, aus welchem die Leistung unterbleibt, in zahlreichen Fällen gar nicht erkennen. Außerdem ist der größeren Übersichtlichkeit wegen schon im Art. 88 Nr. 2 auch der Fall berücksichtigt, daß das Geschäftslokal oder die Wohnung des Protestaten sich nicht hat ermitteln lassen (vgl. Art. 91 Abs. 2, 3).

3. Art. 89a.

Die Wechselzahlung kann an den Protestbeamten erfolgen; die Befugnis des Protestbeamten zur Annahme der Zahlung kann nicht ausgeschlossen werden.

Die Frage, ob der Protestbeamte berechtigt und verpflichtet ist, das ihm von dem Protestaten angebotene Geld anzunehmen, ist in der Wissenschaft und in der Rechtsprechung bestritten. Der Natur der Sache entspricht es, daß dem Protestbeamten, der den Wechselschuldner zur Zahlung auffordern und gegebenenfalls die Erfolglosigkeit der Aufforderung bekunden soll, die Befugnis zur Annahme einer ihm angebotenen Zahlung beigelegt wird. Das Gesetz bestimmt daher, daß die Wechselzahlung an den Protestbeamten erfolgen kann und daß die Befugnis des Protestbeamten zur Zahlungsannahme auch nicht ausgeschlossen werden kann. Ist der Wechsel nicht schon vom Gläubiger quittiert, so hat, wenn der Schuldner zahlt, der Protestbeamte die Quittung auszustellen. Will der Schuldner eine Teilzahlung leisten, so kann er auch diese an den Protestbeamten bewirken. Begr. S. 12.

4. Art. 90 WO.

Schreibfehler, Auslassungen und sonstige Mängel der Protesturkunde können bis zur Aushändigung der Urkunde an die Person, für welche der Protest erhoben ist, von dem Protestbeamten berichtigt werden. Die Berichtigung ist als solche unter Beifügung der Unterschrift kenntlich zu machen.

Von dem Protest ist eine beglaubigte Abschrift zurückzubehalten. Über den Inhalt des Wechsels oder der Kopie ist ein Vermerk aufzunehmen. Der Vermerk hat zu enthalten:

1. den Betrag des Wechsels;
2. die Zahlungszeit;
3. den Ort, den Monatstag und das Jahr der Ausstellung;
4. den Namen des Ausstellers, des Remittenten und des Bezogenen;
5. falls eine vom Bezogenen verschiedene Person angegeben ist, durch welche die Zahlung erfolgen soll, den Namen dieser Person sowie den Namen der etwaigen Notadressen und Ehrenakzeptanten.

Die Abschriften und Vermerke sind geordnet aufzubewahren.

Nach dem geltenden Rechte muß der Protest innerhalb der Protestfrist fertiggestellt sein; einem wesentlichen Mangel der Protesturkunde kann durch spätere Ergänzungen und Berichtigungen nicht mehr abgeholfen werden (zu vgl. Entscheidungen des Reichs-Oberhandelsgerichts Bd. 7 S. 183). Abweichend hiervon sieht das Gesetz im Abs. 1 des neuen Art. 90 aus praktischen Rücksichten vor, daß bis zur Aushändigung der Protesturkunde an die Person, für welche der Protest erhoben ist, Schreibfehler, Auslassungen und sonstige Mängel der Protesturkunde von dem Protestbeamten berichtigt werden können. Durch die Vorschrift wird namentlich die Möglichkeit geschaffen, daß die von den Postboten aufgenommenen Protesturkunden einer wirksamen Kontrolle durch die vorgesetzten Beamten unterzogen werden. Die Berichtigung ist aber als solche unter Beifügung der Unterschrift kenntlich zu machen. Durchstreichungen im vorgedruckten Formular, die vor dem Abschlusse der Urkunde erfolgen, unterliegen, da der Art. 90 Abs. 1 sich nur auf nachträgliche Berichtigungen bezieht, dieser Form nicht.

Die im Art. 90 der Wechselordnung vorgeschriebene Eintragung der Proteste in ein Protestregister führt in Fällen, in denen ein Protestbeamter eine größere Zahl von Protesten an demselben Tage aufnimmt, zu Schwierigkeiten; namentlich kann sie zur Folge haben, daß die Aushändigung der Protesturkunden an die Beteiligten eine Verzögerung erleidet. Im Gesetz ist deshalb die Vorschrift dahin geändert, daß eine Abschrift der aufgenommenen Proteste zurückzubehalten ist und daß die Abschriften geordnet aufzubewahren sind (Abs. 2, 3 der neuen Fassung des Art. 90). Zugleich ist, da die Proteste künftig eine Abschrift des Wechsels nicht mehr enthalten werden, den Protestbeamten die Verpflichtung auferlegt, einen Vermerk über den Inhalt des Wechsels zurückzubehalten. Die Anfertigung dieses Vermerkes wird durch Benutzung von Formularen erleichtert werden können.

5. Art. 91.

Die Präsentation zur Annahme oder Zahlung, die Protesterhebung, die Abforderung eines Wechselduplikats sowie alle sonstigen, bei einer bestimmten Person vorzunehmenden Akte müssen in deren Geschäftslokal und in Ermangelung eines solchen in deren Wohnung vorgenommen werden. An einer anderen Stelle, z. B. an der Börse, kann dies nur mit beiderseitigem Einverständnisse geschehen.

Ist in dem Proteste vermerkt, daß sich das Geschäftslokal oder die Wohnung nicht hat ermitteln lassen, so ist der Protest nicht deshalb ungültig, weil die Ermittelung möglich war.

Die Verantwortlichkeit des Protestbeamten, der es unterläßt, geeignete Ermittelungen anzustellen, wird durch die Vorschrift des Abs. 2 nicht berührt. Ist eine Nachfrage bei der Polizeibehörde des Orts ohne Erfolg geblieben, so ist der Protestbeamte zu weiteren Nachforschungen nicht verpflichtet.

Die Präsentation zur Annahme oder Zahlung, die Protesterhebung und alle sonstigen bei einer bestimmten Person vorzunehmenden Akte müssen nach Art. 91 der Wechselordnung regelmäßig in deren Geschäftslokal und in Ermangelung eines solchen in deren Wohnung vorgenommen werden. Daß das Geschäftslokal oder die Wohnung nicht zu ermitteln sei, ist erst dann als festgestellt anzunehmen, wenn auch eine bei der Polizeibehörde des Ortes geschehene Nachfrage des Protestbeamten fruchtlos geblieben ist, was im Proteste bemerkt werden muß. Der Protestbeamte ist hiernach vor der Erhebung eines Windprotestes unbedingt zu der Nachfrage bei der Polizeibehörde — und zwar, wie die Rechtsprechung entschieden hat, zu einer persönlichen Nachfrage — verpflichtet. Andererseits darf er es aber auch bei dieser Nachfrage bewenden lassen und braucht weitere Ermittelungen nicht anzustellen. Diese Regelung hat sich in der Praxis nicht als zweckmäßig erwiesen, denn die Nachfrage bei der Polizeibehörde ist häufig nur eine bedeutungslose Form, so namentlich, wenn der

Protestbeamte schon zuverlässige Kenntnis davon erhalten hat, daß der Protestat nach einem anderen Orte verzogen ist, oder wenn es sich um die Protesterhebung bei einer Firma handelt und die Polizei über Firmen überhaupt keine Auskunft erteilt.

Das Gesetz ändert das geltende Recht nach mehreren Richtungen ab. An die Stelle der jetzt nach Satz 3 des Art. 91 in den Protest aufzunehmenden Angabe, daß die Nachfrage bei der Polizeibehörde des Ortes fruchtlos geblieben ist, soll künftig der Vermerk treten, daß das Geschäftslokal oder die Wohnung sich nicht hat ermitteln lassen (Art. 88 Nr. 2). Für die Gültigkeit des Protestes muß dieser Vermerk genügen; auf seine tatsächliche Richtigkeit kommt es hier nicht an. Auch wenn dem Protestbeamten die Ermittelung des Geschäftslokals oder der Wohnung möglich war, bleibt also die Protesterhebung wirksam (Art. 91 Abs. 2). Dadurch wird aber die Verantwortlichkeit des Protestbeamten, der es unterläßt, geeignete Ermittelungen anzustellen, nicht berührt; nur soll der Beamte in Zukunft nicht mehr genötigt sein, gerade eine Nachfrage bei der Polizeibehörde vorzunehmen; vielmehr kann er seiner Pflicht auch durch andere geeignete Nachforschungen genügen. Eine Erschwerung der Lage der Protestbeamten darf dies allerdings nicht zur Folge haben und deshalb ist vorgesehen, daß der Protestbeamte zu weiteren Nachforschungen nicht verpflichtet ist, wenn eine Anfrage bei der Polizeibehörde des Ortes keinen Erfolg gehabt hat. Daß er diese Nachfrage selbst vornimmt, ist nicht erforderlich (Art. 91 Abs. 3).

Nach Art. 91 Satz 2 der Wechselordnung kann mit beiderseitigem Einverständnisse die Präsentation eines Wechsels oder eine sonstige bei einem Beteiligten vorzunehmende Handlung auch an einem anderen Orte als in dem Geschäftslokal oder der Wohnung erfolgen. Unter den Worten „ein anderer Ort“ ist hier nur eine andere Stelle innerhalb derselben Gemeinde, dagegen nicht eine andere als die auf dem Wechsel genannte Gemeinde zu verstehen. Es ist daher insbesondere nicht zulässig, daß ein Wechsel mit Zustimmung des Schuldners an der Börse eines dem Zahlungsorte benachbarten Ortes oder in dem im Nachbarorte gelegenen Geschäftszimmer des beauftragten Notars protestiert wird. Ein derartiger Rechtszustand steht mit den praktischen Bedürfnissen im Widerspruche. Da der bezeichnete Fall durch die Vorschrift des neuen Art. 91 a Abs. 1 Satz 1 nicht getroffen wird, bestimmt der Satz 2 weiter, daß mit beiderseitigem Einverständnis auch in anderen Fällen als in denen des Satzes 1 die bei einem Beteiligten vorzunehmenden Handlungen an einem Orte erfolgen können, der dem im Wechsel angegebenen Orte benachbart ist. Zugleich ist in der Vorschrift des bisherigen Art. 91 Satz 2 schärfer zum Ausdrucke gebracht, daß sie sich nur auf eine Handlung bezieht, die an dem im Wechsel angegebenen Orte außerhalb des Geschäftslokals oder der Wohnung erfolgt. Begr. S. 13.

6. Art. 91 a.

Eine in dem Geschäftslokal oder in der Wohnung eines Beteiligten vorgenommene Handlung ist auch dann gültig, wenn an Stelle des Ortes, in welchem das Geschäftslokal oder die Wohnung liegt, ein benachbarter Ort in dem Wechsel angegeben ist. Mit beiderseitigem Einverständnisse können auch in anderen Fällen die bei einem Beteiligten vorzunehmenden Handlungen an einem Orte erfolgen, der dem im Wechsel angegebenen Orte benachbart ist.

Welche Orte im Sinne dieser Vorschriften als benachbarte anzusehen sind, bestimmt der Bundesrat; die Bestimmung ist im Reichs-Gesetzblatte bekannt zu machen.

Der neue Art. 91 a will den Mißständen entgegentreten, die sich für die Protesterhebung daraus ergeben, daß im Verkehr benachbarte Gemeinden vielfach als ein

Ort angesehen werden. Der Abs. 1 Satz 1 des Art. 91a betrifft den Fall, daß an Stelle der Gemeinde, in welcher das Geschäftslokal oder die Wohnung des Protestaten liegt, im Wechsel eine benachbarte Gemeinde angegeben, z. B. an Stelle von Charlottenburg als Wohnort des Bezogenen Berlin genannt ist. Hier kann gegenwärtig nach der herrschenden Meinung der Protest nicht in der wirklichen Wohnung des Protestaten aufgenommen werden, ist vielmehr in Form eines Windprotestes in der auf dem Wechsel als Wohnort des Protestaten genannten Gemeinde zu erheben. Das Reichsgericht ist allerdings, den praktischen Bedürfnissen des Verkehrs Rechnung tragend, der herrschenden Meinung entgegengetreten (Entsch. Bd. 35 S. 110; vgl. auch Bd. 60 S. 430); seine Auffassung hat jedoch in der Praxis und der Literatur vielfachen Widerspruch erfahren. Das Gesetz sieht im Anschluß an die Auffassung des Reichsgerichts ausdrücklich vor, daß eine in dem Geschäftslokal oder der Wohnung eines Beteiligten vorgenommene Handlung auch dann gültig ist, wenn an Stelle des Ortes, in welchem das Geschäftslokal oder die Wohnung liegt, ein benachbarter Ort in dem Wechsel angegeben ist. Begr. S. 14.

7. Art. 92 Abs. 2.

Die Proteste sollen nur in der Zeit von 9 Uhr vormittags bis 6 Uhr abends erhoben werden. Außerhalb dieser Zeit soll die Protesterhebung nur erfolgen, wenn die Person, gegen welche protestiert wird, ausdrücklich einwilligt.

Nach dem Vorgange zahlreicher Landesgesetze soll mit ausdrücklicher Einwilligung der Person, gegen welche protestiert wird, die Protesterhebung auch außerhalb dieser Zeit zulässig sein. Die Proteststunden sind übrigens nach dem Gesetz ebenso wie nach dem bisherigen Recht nur für die Handlungen von Bedeutung, die der Protestbeamte dem Protestaten gegenüber vorzunehmen hat; die Anfertigung der Protesturkunde kann außerhalb der Proteststunden erfolgen. Auch sind die Vorschriften des Art. 92 Abs. 2 nur instruktioneller Natur; wird ohne Genehmigung des Protestaten außerhalb der Protestzeit ein Protest erhoben, so kann der Beamte zur Verantwortung gezogen werden, dagegen bleibt die Gültigkeit des Protestes unberührt.

Die landesgesetzlichen Vorschriften über Proteststunden müssen, nachdem die Reichsgesetzgebung die Regelung der Frage übernommen hat, außer Kraft treten.

8. Die §§ 3 und 4 des Gesetzes, betr. Erleichterung des Wechselprotestes lauten:

§ 3. Unter Zustimmung des Bundesrats kann der Reichskanzler anordnen, daß die Postverwaltung für bestimmte Fälle, insbesondere mit Rücksicht auf die Art des Protestes oder die Höhe der Wechselsumme, die Protesterhebung nicht übernimmt.

Die näheren Bestimmungen über die Benutzung der Postanstalten zur Aufnahme von Wechselprotesten erläßt der Reichskanzler. Für den inneren Verkehr der Königreiche Bayern und Württemberg werden diese Bestimmungen von den zuständigen Behörden dieser Staaten erlassen.

§ 4. Die Postverwaltung haftet dem Auftraggeber für die ordnungsmäßige Ausführung des Protestauftrags nach den allgemeinen Vorschriften des bürgerlichen Rechtes über die Haftung eines Schuldners für die Erfüllung seiner Verbindlichkeit. Sie haftet nicht über den Betrag des wechselmäßigen Regreßanspruchs hinaus.

Der Anspruch gegen die Postverwaltung verjährt in drei Jahren. Die Verjährung beginnt mit dem Zeitpunkt, in welchem der Protestauftrag bei der Postanstalt eingeht, von welcher der Auftrag auszuführen ist.

Was die Haftung der Postverwaltung für die ordnungsmäßige Ausführung des Protestauftrags betrifft, so geht das Gesetz (§ 4) davon aus, daß die Postverwaltung ein Verschulden ihrer Angestellten nach Maßgabe der Vorschriften des bürgerlichen Rechtes über die Haftung eines Schuldners für die Erfüllung seiner Verbindlichkeit zu vertreten hat (§§ 276, 278 des Bürgerlichen Gesetzbuchs). Jedoch soll die Postverwaltung nicht über den Betrag des wechselmäßigen Regreßanspruchs hinaus haften. Dem praktischen Bedürfnisse wird hiermit Genüge getan. Auch in der belgischen Gesetzgebung ist eine ähnliche Beschränkung hinsichtlich der Haftpflicht der Post für die Ausführung der Wechselproteste vorgesehen.

Nach § 14 des Postgesetzes verjähren Ansprüche auf Entschädigung an die Postverwaltung aus der Besorgung der im Postgesetze bezeichneten Geschäfte in sechs Monaten. Im Interesse der Postverwaltung ist es erforderlich, auch die Ansprüche aus dem Protestgeschäft einer kurzen Verjährung zu unterwerfen. Die Frist von sechs Monaten erscheint jedoch, namentlich mit Rücksicht darauf, daß sich etwaige Fehler des Protestes häufig erst in einem Prozesse zwischen Wechselgläubiger und Regreßschuldner ergeben werden, zu kurz. Das Gesetz (§ 4 Abs. 2) schreibt daher vor, daß der Anspruch gegen die Postverwaltung in drei Jahren verjährt.

Die im Gesetz vorgesehene Haftung der Postverwaltung tritt nur für die Ausführung des Protestgeschäfts im engeren Sinne ein; hinsichtlich der Haftung der Postverwaltung für die ordnungsmäßige und rechtzeitige Beförderung der den Wechsel und Protestauftrag enthaltenden Sendung an die Postanstalt der Bestimmungsstation und für die Rückbeförderung des Wechsels und des Protestes von dieser Postanstalt an den Auftraggeber bleiben die für die Transportgeschäfte der Post geltenden Vorschriften des Postgesetzes maßgebend (Abschnitt II des Gesetzes). Nach diesen Vorschriften hat sich die Verantwortlichkeit der Post auch bisher bestimmt, wenn der Wechselinhaber den Wechsel nach auswärts versendet, um ihn durch einen Gerichtsvollzieher oder Notar protestieren zu lassen, und es liegt keine Veranlassung vor, die Haftung der Post aus dem

Beförderungsgeschäft in den Fällen anders zu regeln, in denen eine auswärtige Postanstalt mit der Protesterhebung beauftragt wird. Daß zwischen dem Beförderungsgeschäfte der Post und dem Protestgeschäfte zu unterscheiden ist, ergibt sich schon daraus, daß der Vertrag mit der Postverwaltung hinsichtlich des Protestgeschäfts erst am Bestimmungsorte zum Abschlusse gelangt, da der Auftrag an die Postanstalt des Bestimmungsorts gerichtet und der Inhalt des Auftrags der Postanstalt des Aufgabeorts nicht näher bekannt wird. Auf der anderen Seite beginnt die Haftung aus dem Protestauftrage nicht erst dann, wenn die Einziehung der Wechselsumme ohne Erfolg versucht worden ist, sondern umfaßt auch die vorausgehenden Obliegenheiten der Postanstalt des Bestimmungsortes. Auch die für den Beginn der Verjährung im § 4 Abs. 2 Satz 2 getroffene Vorschrift beruht auf der Unterscheidung zwischen dem Protestgeschäft und dem Beförderungsgeschäft. Für den Fall, daß der Schuldner dem Postbeamten Zahlung leistet, haftet die Post nach der Verordnung für die eingezogene Geldsumme wie für die auf Postanweisung eingezahlten Beträge. Begr. S. 9.

Urkundlich unter Unserer Höchsteigenhändigen Unterschrift und beigedrucktem Kaiserlichen Insiegel.

Gegeben Berlin im Schloß, den 11. März 1908.

(L. S.) **Wilhelm.**

von Bethmann Hollweg.

Anlagen.

Anlage I[1]).

Bestimmungen über den Giroverkehr mit der Reichsbank.

1. Die Anträge auf Eröffnung eines Kontos sind an diejenige Reichsbankanstalt zu richten, zu deren Bezirk der Antragsteller seinem Wohnsitze nach gehört.

2. Wird der Antrag genehmigt, so erhält der Antragsteller außer den nötigen Formularen ein Kontogegenbuch, in welches seitens der Reichsbank alle von ihm oder für ihn bar oder durch Verrechnung eingehenden Gelder eingetragen werden; andere Bescheinigungen werden nicht erteilt.

3. Bare Einzahlungen, angekaufte Wechsel und erteilte Lombarddarlehen, ferner Wechsel und Schecks, welche bei der das Konto führenden Reichsbankanstalt zahlbar und gehörig gedeckt sind, werden dem Girokonto sofort gut geschrieben.

4. Über sein Guthaben kann der Kontoinhaber in beliebigen Teilbeträgen jederzeit verfügen, aber, abgesehen von den Bestimmungen unter Nr. 8, nur durch Schecks auf Formularen, welche ihm die Reichsbank geliefert hat. Verfügungen anderer Art werden nicht beachtet.

5. Bare Abhebungen erfolgen durch weiße Schecks, welche auf eine bestimmte Person oder Firma mit dem Zusatze „oder Überbringer" lauten. Die Reichsbank zahlt den Betrag an den Überbringer ohne Legitimationsprüfung, auch wenn der Scheck an eine bestimmte Person giriert ist.

Soll der Scheck nur zur Verrechnung mit der Reichsbank oder einem Kontoinhaber benutzt werden, so muß er gekreuzt, d. h. auf der Vorderseite mit dem quer über den

---

1) Die folgenden Anlagen sind der Begr. entnommen.

Text geschriebenen oder gedruckten Vermerke versehen werden: „Nur zur Verrechnung". In diesem Falle darf die Reichsbank den Betrag nicht bar auszahlen.

Zu Übertragungen auf Konten an demselben oder an einem anderen Bankplatze sind die roten Scheckformulare bestimmt. Sie müssen auf den Namen ausgestellt werden und sind nicht übertragbar.

Das Guthaben haftet der Reichsbank für ihre Forderungen aus allen Geschäftszweigen. Sie darf dagegen auch solche Forderungen aufrechnen, welche noch nicht fällig sind.

6. Alle die Ausführung eines Giroauftrags betreffenden Ansprüche der Kontoinhaber gegen die Reichsbank verjähren in zwei Jahren. Die Verjährung beginnt mit dem Schlusse des Jahres, in welchem der Auftrag der Reichsbank zugegangen ist.

7. Die Scheckformulare werden jedem Kontoinhaber nach Bedarf in Heften von mindestens 50 Stück gegen Quittung von der Reichsbank geliefert. Er ist verpflichtet, die Formulare, sorgfältig aufzubewahren, und trägt alle Folgen und Nachteile, welche aus dem Verlust oder sonstigem Abhandenkommen dieser Formulare entstehen, wenn er nicht die sein Konto führende Bankanstalt rechtzeitig von dem Abhandenkommen schriftlich benachrichtigt hat, um die Zahlung an einen Unberechtigten zu verhindern.

Ebenso ist der Kontoinhaber der Reichsbank dafür verantwortlich, wenn er die in den Scheckformularen offen gelassenen Stellen nicht so ausfüllt, daß eine Fälschung unmöglich ist, oder wenn er von der auf der rechten Seite der weißen Schecks befindlichen Zahlenreihe nicht diejenigen Zahlen vor der Ausgabe abtrennt, welche den Betrag des Schecks übersteigen. Schecks, welche geschriebene Zusätze zwischen den vorgedruckten Zeilen enthalten, werden zurückgewiesen.

Verdorbene Scheckformulare sind, mit dem Firmastempel oder dem Namen des Kontoinhabers versehen, an die Reichsbank zurückzuliefern.

8. Wechsel, aus welchen ein Kontoinhaber zu einer Zahlung verpflichtet ist, sind bei der Reichsbank oder einem andern Bankhause, welches mit der Reichsbank ausweislich des bei ihr aufgelegten Verzeichnisses in täglicher Abrechnung steht, zahlbar zu machen und rechtzeitig zu avisieren. Im Besitze der Reichsbank befindliche Wechsel, welche weder bei ihr noch einem der in diesem Verzeichnisse genannten Bankhäuser zahlbar gemacht oder nicht rechtzeitig avisiert sind, müssen bar bezahlt werden.

Eingelöste Papiere werden dem Kontoinhaber gegen Empfangsbescheinigung ausgeliefert.

9. Verfügt der Kontoinhaber über mehr, als sein Guthaben beträgt, so lehnt die Reichsbank nicht nur die Zahlung ab, sondern behält sich auch vor, den Verkehr mit ihm sofort gänzlich abzubrechen. Verfügt er über sein ganzes Guthaben, so drückt er damit die Absicht aus, sein Konto zu schließen. Bei Schließung des Kontos sind sämtliche unbenutzt gebliebenen Scheckformulare an die Reichsbank zurückzuliefern.

10. Die Girogelder werden nicht verzinst.

11. Die Kontogegenbücher sind möglichst oft, aber jedenfalls am 4. jedes Monats (mit Ausnahme des 4. Januar) und am 28. Dezember — in Berlin jedenfalls am 7. Juli und am 31. Dezember — abgeschlossen einzureichen.

12. Die Reichsbank erwartet, daß die Kontoinhaber von den ihnen vorstehend unter Nr. 8 eingeräumten Befugnissen regelmäßig Gebrauch machen, die Giroeinrichtung aber nur für sich selbst oder für andere Kontoinhaber, nicht für dritte Personen benutzen und ein der Mühewaltung entsprechendes bares Guthaben halten werden. Sie behält sich das Recht vor, den Vertrag ohne weiteres durch schriftliche Benachrichtigung aufzuheben, wenn dieser Erwartung nicht entsprochen wird oder wenn sie aus anderen Gründen die Aufhebung für angemessen erachtet.

Außerdem können die vorstehenden Bestimmungen nach 14 Tage vorhergegangener öffentlicher Ankündigung in den nach § 30 des Reichsbankstatuts bestimmten Blättern jederzeit abgeändert werden.

13. Vor Eröffnung des Kontos hat sich der Kontoinhaber mit diesen Bestimmungen durch Vollziehung des unten vorgedruckten Vermerkes einverstanden zu erklären. Die Unterschriften der übrigen Personen, welche als Geschäftsteilhaber oder sonst zur Zeichnung des Namens oder der Firma des Kontoinhabers berechtigt sind, müssen bei der Reichsbank niedergelegt werden. Für Prokuristen oder Bevollmächtigte sind außerdem besondere Vollmachten nach den bei der Reichsbank eingeführten Formularen niederzulegen. Alle der Reichsbank mitgeteilten Unterschriften und Vollmachten bleiben so lange gültig, bis der das Konto führenden Bankanstalt schriftlich von dem Erlöschen Anzeige gemacht worden ist.

Berlin [1]), den 1. Juni 1907.

Anlage II.

Bestimmungen für die Abrechnungsstelle zu Berlin.

I. Abkommen vom 14. Februar 1883
(mit den inzwischen beschlossenen Abänderungen und Ergänzungen).

Auf Veranlassung des Präsidenten des Reichsbank-Direktoriums haben sich die Reichsbank und die am Fuße dieses Protokolls genannten Bankhäuser [2]) zu dem Zwecke

1) Für den Giroverkehr mit der Reichsbankhauptstelle in Hamburg sind besondere, im einzelnen abweichende Bestimmungen erlassen.

2) Diese Bankhäuser waren: Bank des Berliner Kassenvereins — Bank für Handel und Industrie — Deutsche Bank — Deutsche Genossenschaftsbank von Sörgel, Parrisius & Co. — Direktion der Diskonto-Gesellschaft — Dresdener Bank — Mitteldeutsche Creditbank,

vereinigt, durch Errichtung einer gemeinschaftlichen Abrechnungsstelle und durch andere geeignete Mittel die Entwicklung des Scheckverkehrs am hiesigen Platze tunlichst zu fördern.

A. Hinsichtlich der Abrechnungsstelle ist folgendes vereinbart:

1. Die Abrechnungsstelle soll im Reichsbankgebäude eingerichtet werden. Die Leitung und Aufsicht derselben wird unter Mitwirkung der beteiligten Bankhäuser dem Reichsbank-Direktorium unterstellt.

2. Die Abrechnung wird sich auf Schecks, Anweisungen und diejenigen Wechsel (Akzepte und Domizile) beschränken, welche die Teilnehmer gegenseitig abrechnen wollen.

Der Reichsbank und der Seehandlung ist gestattet, auch Rechnungen zur Abrechnung zu bringen.

3. Die Abrechnung erfolgt unmittelbar zwischen den Beteiligten, die schließliche Ausgleichung durch Zu- und

Filiale Berlin — Nationalbank für Deutschland — S. Bleichröder — Delbrück Leo & Co. — C. N. Engelhard — F. W. Krause & Co. Bankgeschäft — Mendelssohn & Co. — H. C. Plaut — Rob. Warschauer & Co. — Gebrüder Schickler.

Hinzugetreten sind: die Königliche Seehandlung (Preußische Staatsbank) — Anhalt und Wagener Nachf. — Berliner Bank — Berliner Handelsgesellschaft — Breslauer Diskonto-Bank — Commerz- und Diskonto-Bank — Kommandit-Gesellschaft Breest & Gelpcke und A. Schaaffhausen'scher Bankverein.

Fortgefallen sind inzwischen: H. C. Plaut — Anhalt und Wagener Nachf. — Breslauer Diskonto-Bank — Deutsche Genossenschaftsbank von Sörgel, Parrisius & Co. — Berliner Bank — Kommandit-Gesellschaft Breest & Gelpcke — Rob. Warschauer & Co.

Gegenwärtig (1. Juli 1907) zählt die Abrechnungsstelle hiernach 18 Mitglieder einschließlich der Reichsbank, außer dieser also die Bankhäuser: Bank des Berliner Kassenvereins — Bank für Handel und Industrie — Berliner Handelsgesellschaft — S. Bleichröder — Commerz- und Diskonto-Bank — Delbrück Leo & Co. — Deutsche Bank — Direktion der Diskonto-Gesellschaft — Dresdener Bank — C. N. Engelhard — Königliche Seehandlung (Preußische Staatsbank) — F. W. Krause & Co. Bankgeschäft — Mendelssohn & Co. — Mitteldeutsche Kreditbank — Nationalbank für Deutschland — A. Schaaffhausen'scher Bankverein — Gebrüder Schickler.

Abschreibungen auf den betreffenden Girokonten bei der Reichsbank.

4. Die Einlieferung eines Papiers (Nr. 2) in die Abrechnungsstelle gilt als gehörige Präsentation zur Zahlung, die Ausgleichung im Abrechnungsverfahren als Zahlung im Sinne des bürgerlichen Rechts.

5. Die Mitglieder können sich durch einen zu dem Behufe bezeichneten Beamten oder durch ein anderes Mitglied beziehungsweise dessen Beamten bei den täglichen Abrechnungen vertreten lassen.

6. Den Geschäftsgang bei den Abrechnungen regelt die diesem Protokoll beigefügte, von sämtlichen Mitgliedern genehmigte und unterschriebene Geschäftsordnung.

Der Ausschuß (C 3) ist ermächtigt, für die nächsten neun Monate abweichende Bestimmungen, namentlich hinsichtlich der Zeiten, wann die Einlieferungen, Rücklieferungen und schließlichen Ausgleichungen zu erfolgen haben, zu erlassen. Von jeder derartigen Bestimmung ist sämtlichen Mitgliedern sofort Mitteilung zu machen. Vor Ablauf der neun Monate ist die Geschäftsordnung mit den etwa erlassenen abweichenden Bestimmungen zur Revision und endgültigen Feststellung der Plenarversammlung (C 1) vorzulegen.

7. Die durch die Abrechnungsstelle erwachsenden Einrichtungs- und Verwaltungskosten mit Ausnahme des für dieselbe bestimmten Lokals, welches die Reichsbank unentgeltlich zur Verfügung gestellt hat, tragen alle Mitglieder zu gleichen Teilen. Die Kosten werden von dem Reichsbank-Direktorium festgestellt und halbjährlich eingezogen.

8. Der Tag der Eröffnung der Abrechnungsstelle wird, sobald die nötigen Einrichtungen getroffen sind, von dem Reichsbank-Direktorium festgesetzt und den Mitgliedern acht Tage vorher bekannt gemacht werden.

B. Rücksichtlich des Scheckverkehrs einigte man sich über folgende Maßnahmen:

1. Es dürfen Scheckformulare von den Mitgliedern nur mit folgendem Text ausgegeben werden[1]):

Die pp. beziehungsweise Herr pp. (Name des zahlenden Hauses) in Berlin wolle zahlen gegen diesen Scheck aus meinem/unserem Guthaben an .... oder Überbringer

M ....

.............................., den ...... ten .... 19......

Jeder Scheck soll links oben die laufende Nummer, rechts oben den Betrag in Zahlen enthalten.

2. Schecks, in welchen der Zusatz: „oder Überbringer" gestrichen ist, dürfen nicht bezahlt werden.

3. Es ist gestattet, durch den quer durch den Text geschriebenen oder gedruckten Zusatz „Nur zur Verrechnung" vorzuschreiben, daß der Scheck nicht bar bezahlt, sondern nur zur Verrechnung bei dem Bezogenen oder einem anderen Mitgliede der Abrechnungsstelle verwendet werden darf.

Der Bezogene ist für die Beachtung dieser Vorschrift, welche nicht widerrufen werden darf, verantwortlich.

4. Schecks, welche die Bestimmung einer Zahlungsfrist enthalten, dürfen nicht bezahlt werden.

5. Kein Scheck darf akzeptiert werden.

6. Die Mitglieder werden darauf halten, daß Schecks auf sie von ihren Kunden nur auf Grund eines mittels Schecks verfügbaren Guthabens gezogen werden, und den Verkehr mit solchen Kunden abbrechen, welche hiergegen verstoßen.

7. Die Mitglieder verpflichten sich, Schecks auf die übrigen Teilnehmer der Abrechnungsstelle nicht bloß von ihren Kunden, sondern auch von anderen hiesigen Bankhäusern anzunehmen, um die Ausgleichung im Abrechnungsverfahren provisionsfrei zu besorgen.

---

1) Vgl. jedoch weiter unten: Zusatz zum Abschnitt B.

8. Die Mitglieder werden ihre Kunden auf die für sie und das Gemeinwesen mit der Scheckeinrichtung verbundenen Vorteile durch Zirkular und andere geeignete Mittel aufmerksam machen und sich erbieten, die Scheckformulare und andere Drucksachen (Gegenbücher usw.) unentgeltlich zu verabfolgen.

9. Die Bestimmungen unter B 2 und 4 sollen auf den Scheckformularen abgedruckt werden.

Zusatz zum Abschnitt B [1]).

Außer dem unter 1 bestimmten Formulare dürfen die Mitglieder auch solche Scheckformulare ausgeben, welche statt der Worte „oder Überbringer" die Worte „oder Order" enthalten und unter dem Text mit folgendem Vermerke versehen sind:

„Schecks, in welchen eine Zahlungsfrist angegeben ist, werden nicht bezahlt."

Auf diese Schecks finden alle Bestimmungen in Abschnitt B 1, 3 bis 8 des Abkommens Anwendung.

C. Allgemeine Bestimmungen.

1. Der Verein wird vertreten
   a) durch die Versammlung sämtlicher Mitglieder (Plenarversammlung),
   b) durch den Ausschuß.

2. Die Reichsbank wird in der Plenarversammlung durch ein Mitglied des Reichsbankdirektoriums vertreten, die übrigen Mitglieder durch je ein Mitglied ihres Vorstandes bezw. durch einen der Geschäftsinhaber. Der Vertreter des Reichsbankdirektoriums führt in den Versammlungen den Vorsitz. Zur Beschlußfassung ist die Anwesenheit von mindestens der Hälfte der Mitglieder erforderlich. Die Beschlüsse werden mit absoluter Stimmenmehrheit gefaßt, bei Stimmengleichheit gibt die Stimme des Vorsitzenden den Ausschlag.

1) Beschluß der Plenarversammlung vom 21. Juni 1883.

Zur Abänderung der Geschäftsordnung oder dieses Abkommens ist eine Stimmenmehrheit von drei Vierteln der Anwesenden erforderlich.

Zur Aufnahme neuer Mitglieder bedarf es eines einstimmigen Beschlusses der Anwesenden; die Abstimmung erfolgt in diesem Falle mittels verdeckter Stimmzettel. Die Plenarsitzungen werden von dem Präsidenten des Reichsbankdirektoriums anberaumt, so oft das Bedürfnis es erfordert oder fünf Mitglieder es schriftlich beantragen. Im Februar jedes Jahres muß eine Plenarversammlung stattfinden, um die Wahlen der vier kaufmännischen Mitglieder des Ausschusses (siehe Nr. 3) vorzunehmen. Die Wahl erfolgt allemal für ein Jahr. Sie geschieht mittels verdeckter Stimmzettel für jede Stelle besonders, kann aber auch mit allseitiger Zustimmung durch Akklamation erfolgen. Bis zur Wahl der neuen Mitglieder bleiben die alten in Funktion.

3. Der Ausschuß besteht aus sechs Mitgliedern einschließlich des den Vorsitz führenden Vertreters des Reichsbankdirektoriums und eines Vertreters der Königlichen Seehandlung (Preuß. Staatsbank).

Wählbar ist jeder, welcher eins der beteiligten Bankhäuser in den Plenarversammlungen vertreten kann (C 2). Von mehreren Inhabern eines Handelshauses bezw. Vorstandsmitgliedern kann nur einer Mitglied des Ausschusses sein.

Der Ausschuß unterstützt das Reichsbankdirektorium in der Aufsicht über die Ausführung der Geschäftsordnung, entscheidet vorkommende Differenzen unter den Vertretern der Mitglieder oder zwischen diesen und dem Vorsteher und den übrigen Beamten der Abrechnungsstelle und bereitet die Beschlußfassung über Abänderungen der Geschäftsordnung für die Plenarversammlung vor.

Er versammelt sich, so oft das Bedürfnis es erfordert oder zwei Mitglieder es beantragen. Die Versammlungen beruft der Vorsitzende. Seine Beschlüsse faßt der Ausschuß mit absoluter Stimmenmehrheit. Bei Stimmengleichheit gibt die Stimme des Vorsitzenden den Ausschlag. Zur Beschlußfassung genügt die Anwesenheit von drei Mitgliedern.

4. Das Ausscheiden aus dem Vereine steht jedem Mitgliede zum Schluß jedes Kalenderjahres frei, muß aber 1 Monat vorher dem Präsidenten des Reichsbankdirektoriums angezeigt werden.

Ein Mitglied, dessen Giroguthaben zur Deckung des aus einer Abrechnung sich ergebenden Debet-Saldo nicht ausreicht und welches die erforderliche Deckung nicht unverzüglich beschafft, gilt als ausgeschieden.

2. Geschäftsordnung

(mit den in der Plenarversammlung vom 23. November 1899 beschlossenen Abänderungen und Ergänzungen).

I. Die Reichsbank wie die übrigen Mitglieder der Abrechnungsstelle entsenden werktäglich zur bestimmten Zeit (s. Nr. III, IV, VIII) einen legitimierten Vertreter zur Abrechnungsstelle, auch wenn sie keine Papiere einzuliefern haben.

Die Vollmachten für die Vertreter müssen nach dem anliegenden Schema ausgestellt sein. Sie werden von dem Vorsteher geprüft und nach Erledigung etwaiger Anstände seitens der Vollmachtgeber von demselben verwahrt.

II. Die zur Abrechnung bestimmten Papiere müssen geordnet und mit dem Firmenstempel des betreffenden Hauses versehen, Wechsel und Anweisungen auch gehörig quittiert sein.

III. Die Abrechnungsstelle wird um 8¾ Uhr morgens geöffnet. Um 9 Uhr haben sämtliche Vertreter ihre Plätze einzunehmen. Auf ein vom Vorsteher gegebenes Zeichen beginnt die Ablieferung. Jeder Vertreter übergibt den Vertretern der zahlungspflichtigen Häuser die betreffenden Papiere mit je einem die Beträge einzeln aufführenden, summierten Verzeichnis und einem Schema zu dem nur die Endsumme enthaltenden Empfangsbekenntnis, welches nach erfolgter Prüfung von dem Empfänger vollzogen und dem Einliefernden zurückgegeben wird.

Die Stückzahl der an die anderen abgelieferten Papiere, sowie die Summen der Verzeichnisse sind von einem jeden in die Debet-Kolonne des nach dem anliegenden Schema zu führenden Abrechnungsblatts tunlichst schon vor der Einlieferung einzutragen, während in die Kredit-Kolonne nur die Summen der empfangenen Papiere zu verzeichnen sind.

IV. Nach geschlossener Einlieferung begeben sich die Vertreter mit den empfangenen Papieren nach Hause, um dort die Prüfung derselben vornehmen zu lassen. Um $12^1/_2$ Uhr nachmittags finden sich dieselben wieder ein. Es erfolgt nun die Rücklieferung der beanstandeten Papiere, welchen je ein den Beanstandungsgrund ergebender Zettel angeheftet sein muß, mit Spezialverzeichnis.

Die Rücklieferungen werden wie umgekehrte Einlieferungen behandelt, sind aber mit dem Zusatze R im Abrechnungsblatte zu versehen. Die um $12^1/_2$ Uhr nicht zurückgelieferten Papiere gelten als anerkannt.

V. Neue Einlieferungen sind ebenfalls um $12^1/_2$ Uhr statthaft. Dieselben sind in den Verzeichnissen und Empfangsbekenntnissen als „zweite Lieferung" zu bezeichnen und sonst nach Nr. III, IV zu behandeln.

VI. Um 4 Uhr nachmittags findet eine letzte Zusammenkunft statt. Soweit Papiere der „zweiten Lieferung" hierbei nicht zurückgeliefert werden, gelten sie als anerkannt. Neue Einlieferungen sind unzulässig.

VII. Jeder Vertreter summiert die Debet- und Kredit-Kolonne seines Abrechnungsblatts und ermittelt durch Saldieren des letzteren, was sein Haus im ganzen (der Gesamtheit der Abrechnenden gegenüber) schuldet bezw. zu ordern hat. Über den Saldo stellt er eine Anweisung auf das Girokontor der Reichshauptbank auf dem Abrechnungsblatt und wörtlich gleichlautend auf einem besonderen Zettel aus, welchen er dem Vorsteher mit dem Abrechrechnungsblatt übergibt.

VIII. Der Vorsteher trägt die Saldi der Abrechnungsblätter in ein Bilanzblatt, welches nach erfolgter Berichtigung etwaiger Rechnungsirrtümer im Kredit und Debet bei der Summierung übereinstimmen muß, vergleicht damit die Anweisungen, visiert diese und die Abrechnungsblätter und stellt fest, ob die Giroguthaben der Mitglieder zur Deckung der etwaigen Debet-Saldi ausreichen.

Bejahendenfalls visiert er das Bilanzblatt, gibt die Abrechnungsblätter zurück und schließt die Abrechnung, worauf die Vertreter die Abrechnungsstelle verlassen dürfen. Demnächst übergibt er das Bilanzblatt dem Girokontor der Reichshauptbank, welches danach die nötigen Buchungen auf den Konten der Mitglieder und der Abrechnungsstelle vornimmt.

Reicht hingegen das Guthaben auch nur eines Mitglieds zur Deckung des betreffenden Debet-Saldo nicht aus und wird die erforderliche Deckung nicht sofort beschafft, so unterbleibt die Visierung des Bilanzblatts, und der Vorsteher erklärt bei Rückgabe der Abrechnungsblätter, daß die Abrechnung nicht zustande gekommen ist. Die in die Abrechnung gebrachten Beträge gelten alsdann nicht als beglichen, und die Abrechnungspapiere gehen nicht in das Eigentum der Empfänger über, verbleiben vielmehr bis auf weiteres in deren Verwahrung.

IX. Im Falle der Nr. VIII Abs. 3 schreiten die an der Tagesabrechnung beteiligten Mitglieder der Abrechnungsstelle ohne das zahlungsunfähige Mitglied unverzüglich zur neuen Schlußabrechnung. Die letztere erstreckt sich auf die anerkannten Papiere der ersten und zweiten Einlieferung unter Ausschluß derjenigen, welche von dem zahlungsunfähigen Mitglied und derjenigen, welche auf das zahlungsunfähige Mitglied eingeliefert sind. Auf die

Schlußabrechnung finden die Bestimmungen unter VI bis VIII entsprechende Anwendung.

X. Die Reichsbank ist berechtigt, während der Dauer der letzten Zusammenkunft die Girokonten der Mitglieder für Abschreibungen zu sperren.

XI. Der Vorsteher hat ein Umsatzbuch zu führen, in welches er nach den Abrechnungsblättern die Stückzahl der eingelieferten Posten und die Debet-Summen einträgt.

Die Bilanzblätter sind vom Girokontor der Reichsbank in Jahresheften zu vereinigen und sodann ebenso wie das Umsatzbuch und die Anweisungszettel von der Registratur der Reichshauptbank aufzubewahren.

Berlin, den 1. Dezember 1899 / 1. Juni 1907.

Anlage III.

Das Scheckrecht des In- und Auslandes.

A. Das Scheckrecht fremder Staaten:

1. Belgien,	7. Niederlande,
2. Dänemark,	8. Österreich,
3. England,	9. Portugal,
4. Frankreich,	10. Rumänien,
5. Japan,	11. Schweiz,
6. Italien,	12. Spanien.

1. Belgisches Scheckgesetz vom 20. Juni 1873.

Loi sur les chèques et autres mandats de payement et offres réelles.

Art. 1er. Les chèques, les bons ou mandats de virement, les accréditifs, les billets de banque à ordre et généralement tous titres à un payement au comptant et à vue sur fonds disponibles, sont exempts du droit de timbre.

Art. 2. Ces dispositions sont signées par le tireur et portent l'indication du lieu et du jour où elles sont faites.

Elles peuvent être nominatives ou au porteur, ou transmissibles par voie d'endossement, même en blanc.

Art. 3. La loi du 20 mai 1872 sur la lettre de change est applicable à ces titres, en ce qui concerne la garantie solidaire du tireur et des endosseurs, l'aval, l'intervention, la perte du titre, le protêt faute de payement, la déclaration constatant le refus de payement, l'action en garantie et la prescription.

Art. 4. Le payement doit être réclamé dans les trois jours, y compris le jour de la date, si la disposition est faite de la place où elle est payable, et dans les six jours, y compris le jour de la date, si elle est tirée d'un autre lieu.

A défaut d'indication du lieu, la disposition est censée faite de la place où elle est payable.

Le titulaire ou porteur qui n'en réclame pas le payement dans ces délais perd son recours contre les endosseurs; il perd aussi son recours contre le tireur, si la provision a péri par le fait du tiré, après les dits délais.

Art. 5. Le tireur qui émet une disposition non datée ou revêtue d'une fausse date ou qui, par une contre-lettre, altère le caractère de la disposition, est passible d'une amende égale à dix pour cent de la somme exprimée.

Celui qui dispose sans provision préalable est passible de la même amende, sans préjudice de l'application des lois pénales, s'il y a lieu.

Art. 6. Les offres réelles peuvent être faites en billets de la Banque Nationale, aussi longtemps qu'ils sont payables à vue et en monnaie légale.

Cette faculté cesserait de plein droit d'exister, si les billets de la Banque Nationale n'étaient plus admis en payement dans les caisses de l'État.

2. Dänisches Scheckgesetz vom 23. April 1897.

(Aus Holdheim, Monatsschrift für Handelsrecht und Bankwesen, 1897, S. 211.)

§ 1. Ein Scheck soll enthalten:
die ausdrückliche in den Text aufzunehmende Bezeichnung als Scheck;
die Angabe der zu zahlenden Geldsumme, an wen die Zahlung erfolgen soll;
der Name dessen, der den Scheck einlösen soll (Trassat);
der Ort, wo die Zahlung geschehen soll;
der Ausstellungstag nebst der Unterschrift des Ausstellers.

Ein Scheck kann nur auf Zahlung bei Vorzeigung lauten (auf Sicht, auf Erfordern oder dergl.).

Als Scheck, der auf Vorzeigung zahlbar ist, wird auch ein solcher betrachtet, in welchem eine Zahlungszeit nicht angegeben ist.

Als Zahlungsort gilt im Mangel einer anderen Angabe der bei dem Namen des Trassaten angeführte Ort.

Ist die Summe, welche bezahlt werden soll, mehrere Male benannt, und zwar mit verschiedenen Beträgen, so gilt derjenige Betrag, welcher der geringste ist.

Das in einem Scheck enthaltene Zinsversprechen gilt als nichtgeschrieben.

§ 2. Ein Scheck kann auf Zahlung an den Inhaber lauten. Lautet er auf Zahlung an eine bestimmte Person

---

Anmerkung: Das norwegische Scheckgesetz vom 3. August 1897 und das Schwedische Scheckgesetz vom 24. März 1898 stimmen mit dem Dänischen Scheckgesetz im wesentlichen überein.

oder den Inhaber, so gilt er, abgesehen von den Vorschriften im § 19, als auf den Inhaber ausgestellt.

§ 3. Die in der Wechselordnung für Dänemark vom 7. Mai 1880 gegebenen Vorschriften bezüglich der Übertragung von Wechseln, der Haftung des Ausstellers und der Indossanten, der Zahlung von Wechseln, des Regresses mangels Zahlung und der Verjährung von Wechselforderungen sollen mit den Abweichungen, welche aus den Bestimmungen des gegenwärtigen Gesetzes folgen, auf Schecks Anwendung finden.

§ 4. Das Indossament eines Schecks kann nicht gültig auf eine Kopie desselben geschrieben werden.

§ 5. Die Ausstellung eines Schecks auf den Inhaber bildet kein Hindernis, daß er durch Indossament an eine bestimmte Person zahlbar gemacht wird.

§ 6. Durch die Übertragung eines Schecks auf den Trassaten wird kein Regreßrecht gegen den Aussteller oder die Indossanten erworben, es sei denn, der Trassat habe mehrere Handelsniederlassungen und die Übertragung geschieht an eine andere Niederlassung als an die, auf welche der Scheck gezogen ist.

Ein Scheck, welcher auf den Trassaten übertragen wurde, darf nicht weiter übertragen werden.

§ 7. Die Zahlung eines Schecks darf an keinen anderen als an eine Bank oder einen Bankier erfolgen, sofern zwischen zwei Strichen quer über die Vorderseite des Schecks die Vorschrift an „Bank oder Bankier" oder eine andere gleichbedeutende Aufschrift angebracht ist. Ist der Name einer bestimmten Bank oder eines bestimmten Bankiers zwischen den Strichen angeführt, so kann die Zahlung nur an diesen erfolgen. Eine solche Vorschrift kann sowohl von dem Aussteller als auch von jedem Scheckinhaber gegeben werden. Sie kann nicht mit Rechtswirkung zurückgenommen oder verändert werden: doch kann, wenn eine bestimmte Bank oder ein bestimmter Bankier noch nicht benannt ist, der Name eines solchen später hinzugefügt werden. Als Bank oder Bankier wird in Anwendung der Bestimmungen dieses Paragraphen jeder angesehen, dessen Geschäft zum Handelsregister als Bankgeschäft angemeldet ist, sowie jede Sparkasse.

§ 8. Wird ein Akzept auf einen Scheck gesetzt, so hat ein solcher Vermerk keine Rechtswirkung.

§ 9. Will der Scheckinhaber sein Regreßrecht gegen den Aussteller und die Indossanten bewahren, so muß er den Scheck innerhalb der im § 10 bestimmten Frist zur Zahlung vorzeigen. Daß die Vorzeigung ohne Zahlung zu erlangen erfolgt ist, wird entweder durch einen vor Ablauf der Vorzeigungsfrist in Übereinstimmung mit den Vorschriften für Wechselproteste aufgenommenen Protest oder durch eine auf den Scheck gesetzte von dem Trassaten oder einem anderen in seinem Namen unterschriebene Erklärung dargetan, welche zugleich den Tag angibt, an welchem die Vorzeigung stattgefunden hat. In dem letzteren Falle wird die Frist für Mitteilung der in der Wechselordnung § 45 vorgeschriebene Benachrichtigung von dem Tage an gerechnet, an dem die Vorzeigung zufolge der Erklärung stattgefunden hat.

Über die Wirkung der Aufforderung, nicht zum Protest zu geben, gelten die Bestimmungen der Wechselordnung § 42.

§ 10. Ein Scheck, der an einem und demselben Orte im Inlande ausgestellt und zahlbar ist, soll spätestens am 3. Tage nach dem Ausstellungstage zur Zahlung vorgezeigt werden, sofern er auf Zahlung entweder an den Inhaber oder eine daselbst wohnende namhaft gemachte Person (mit oder ohne den Zusatz „oder Inhaber") lautet. Die Präsentation zur Zahlung anderer im Inlande zahlbarer Schecks soll spätestens am zehnten Tage nach dem Ausstellungsdatum oder sofern zur Übersendung des Schecks vom Ausstellungsort zum Zahlungsort auf gewöhnlichem Wege eine längere Zeit als fünf Tage erforderlich ist, spätestens am fünften Tage nach Ablauf der für eine solche Übersendung notwendigen Zeit erfolgen. Ist der Ausstellungsort nicht auf dem Scheck angegeben, so wird angenommen, der Scheck sei am Zahlungsort ausgestellt. Findet sich in einem Scheck, welcher auf Zahlung an eine bestimmte Person (mit oder ohne den Zusatz „oder Inhaber") lautet, bei dessen Namen eine Ortsbezeichnung hinzugefügt, so wird angenommen, derselbe wohne an dem angegebenen Orte.

Endigt die oben bestimmte Frist an einem Sonntage oder sonst allgemeinen Feiertage, so kann die Vorzeigung gültig am nächsten Wochentag erfolgen. Die Vorschriften in § 32 der Wechselordnung finden entsprechende Anwendung.

Die Frist für Vorzeigung eines im Auslande zahlbaren Schecks bestimmt sich nach den am Zahlungsorte geltenden Vorschriften.

§ 11. Die Frist von 6 Monaten oder einem Jahre, in welchem die Regreßforderung des Scheckinhabers verjährt (§ 78 der Wechselordnung), wird von dem Ausstellungstage des Schecks an gerechnet.

§ 12. Ist die Regreßforderung verjährt oder das zu ihrer Erhaltung vorgeschriebene Verfahren versäumt, so finden die Vorschriften in § 93 der Wechselordnung entsprechende Anwendung. Wenn nichts anderes erhellt, so gilt der Aussteller auf Kosten des Scheckinhabers um die Summe bereichert, auf welche der Scheck lautete.

§ 13. Ist ein Scheck abhanden gekommen, so kann er, mag er auf Namen oder Inhaber lauten, in Übereinstimmung mit den im allgemeinen für die Amortisation von Schuldscheinen geltenden Vorschriften amortisiert werden.

§ 14. Die Bestimmung in den §§ 84 bis 86 der Wechselordnung über das Verhältnis zum ausländischen Recht finden entsprechende Anwendung auf Schecks; jedoch wird eine Geldanweisung in Anwendung des gegenwärtigen Gesetzes gleichfalls als ein gültiger Scheck angesehen, wenn sie in Übereinstimmung mit den Vorschriften, welche am Zahlungsorte für Schecks gelten, abgefaßt ist.

§ 15. In Sachen, in welchen eine Regreßforderung aus einem Scheck geltend gemacht wird, finden die Bestimmungen in dem Gesetz über Wechselsachen und Wechselproteste vom 28. Mai 1880 entsprechende Anwendung. Sachen zwischen Handeltreibenden (Gesetz über Errichtung eines See- und Handelsgerichts in Kopenhagen vom 19. Februar 1861 § 13 Nr. 1), in welchem Ansprüche auf Grund der vorstehenden Bestimmungen geltend gemacht werden, sind Handelssachen.

§ 16. Hat jemand eine auf Sicht zahlbare Geldanweisung in einer anderen Form als in derjenigen, die in dem gegenwärtigen Gesetz oder in der Wechselordnung vom 7. Mai 1880 bezüglich Schecks oder Wechsel vorgeschrieben ist, ausgestellt oder indossiert, so kann gegen ihn Regreß mangels Zahlung, sofern ein solcher Regreß nachgewiesen werden kann, nur unter den Bedingungen genommen werden, welche in den vorstehenden §§ 9 und 10 hinsichtlich der Schecks vorgeschrieben sind. Eine solche Regreßforderung verjährt nach denselben Vorschriften, welche für Regreßforderungen aus Schecks gelten; die Vorschriften im § 12 finden entsprechende Anwendung.

§ 17. Schecks und darauf gesetzte Indossamente sind stempelfrei. Dasselbe gilt von anderen auf Sicht zahlbaren Geldanweisungen, welche nicht die Bezeichnung Wechsel tragen, oder auf denen kein Akzept gezeichnet ist.

Wer einen Scheck oder eine andere auf Sicht zahlbare Anweisung vor dem darin angegebenen Ausstellungstage ausgibt oder annimmt, oder wer eine solche Anweisung, in welcher der Ausstellungstag nicht angegeben ist, ausgibt oder annimmt, verfällt, sofern die Urkunde nicht nach der Taxe für lange Wechsel gestempelt ist, in eine Buße, welche das Zehnfache der Taxe beträgt, jedoch nicht unter 10 Kronen. Außerdem wird die Urkunde mit dem für die genannten Wechsel vorgeschriebenen Stempel versehen.

§ 18. Dieses Gesetz tritt am 1. Januar 1898 in Kraft. Mit demselben Tage verlieren die Bestimmungen im 2. und 3. Stück des § 3 des Gesetzes bezüglich Erleichterung im Gebrauche von Stempelpapier vom 11. Februar 1863 ihre Gültigkeit.

Hiernach hat sich jedermann zu richten.

3. Englisches Scheckrecht.

(Auszug aus Bills of Exchange Act 1882.)

Part III.

Cheques on a Banker.

Cheque defined.

Sect. 73. A cheque is a bill of exchange drawn on a banker payable on demand.

Except as otherwise provided in this Part, the provisions of this Act applicable to a bill of exchange payable on demand apply to a cheque.

Sect. 74. Presentment of cheque for payment.

1. Where a cheque is not presented for payment within a reasonable time of its issue, and the drawer or the person, on whose account it is drawn had the right at the time of such presentment as between him and the banker to have the cheque paid and suffers actual damage through the delay, he is discharged to the extent of such damage, that is to say to the extent to which such drawer or person is a creditor of such banker to a larger amount than he would have been had such cheque been paid.
2. In determining what is a reasonable time regard shall be had to the nature of this instrument, the usage of trade and of bankers, and the facts of the particular case.

3. The holder of such cheque as to which such drawer or person is discharged shall be a creditor in lieu of such drawer or person of such banker to the extent of such discharge and entitled to recover the amount from him.

Revocation of bankers authority.

Sect. 75. The duty and authority of a banker to pay a cheque drawn on him by his customer is determined by

1. countermand of payment
2. notice of the customers death.

Crossed cheques.

General and special crossings defined.

Sect. 76. 1. Where a cheque bears across its face an addition of

a) the words "and company" or any abbreviation thereof between two parallels transverse lines, either with or without the words "not negotiable" or
b) two parallels transverse lines simply, either with or without the words "not negotiable"

that addition constitutes a crossing and the cheque is crossed generally.

2. Where a cheque bears across its face an addition of the name of a banker, either with or without the words "not negotiable" that addition constitutes a crossing, and the cheque is crossed specially and to that banker.

Crossing by drawer or after issue.

Sect. 77. 1. A cheque may be crossed generally or specially by the drawer.

2. Where a cheque is uncrossed, the holder may cross it generally or specially.

3. Where a cheque is crossed generally the holder may cross it specially.

4. Where a cheque is crossed generally or specially, the holder may add the words "not negotiable".

5. Where a cheque is crossed specially, the banker, to whom it is crossed may again cross it specially to another banker for collection.

6. Where an uncrossed cheque or a cheque crossed generally, is sent to a banker for collection, he may cross it specially to himself.

Crossing a material part of cheque.

Sect. 78. A crossing authorised by this Act is a material part of the cheque; it shall not be lawful for any person to obliterate or, except as authorised by this Act, to add to or alter the crossing.

4. Französische Scheckgesetze.

a. Loi, concernant les Chèques, du 14 juin 1865.

Art. 1er. Le chèque est l'écrit qui, sous la forme d'un mandat de payement, sert au tireur à effectuer le retrait, à son profit ou au profit d'un tiers, de tout ou partie de fonds portés au crédit de son compte chez le tiré, et disponibles.

Il est signé par le tireur et porte la date du jour où il est tiré.

Il ne peut être tiré qu'à vue.

Il peut être souscrit au porteur ou au profit d'une personne dénommée.

Il peut être souscrit à ordre et transmis même par voie d'endossement en blanc.

Art. 2. Le chèque ne peut être tiré que sur un tiers ayant provision préalable; il est payable à présentation.

Art. 3. Le chèque peut être tiré d'un lieu sur un autre ou sur la même place.

Art. 4. L'émission d'un chèque, même lorsqu'il est tiré d'un lieu sur un autre, ne constitue pas, par sa nature, un acte de commerce.

Toutefois, les dispositions du Code de commerce relatives à la garantie solidaire du tireur et des endosseurs, au protêt et à l'exercice de l'action en garantie, en matière de lettres de change, sont applicables aux chèques.

Art. 5. Le porteur d'un chèque doit en réclamer le payement dans le délai de cinq jours, y compris le jour de la date, si le chèque est tiré de la place sur laquelle il est payable, et dans le délai de huit jours, y compris le jour de la date, s'il est tiré d'un autre lieu.

Le porteur d'un chèque qui n'en réclame pas le payement dans les délais ci-dessus, perd son recours contre les endosseurs: il perd aussi son recours contre le tireur, si la provision a péri par le fait du tiré après les dits délais.

Art. 6. Le tireur qui émet un chèque sans date ou qui le revêt d'une fausse date, est passible d'une amende égale à six pour cent de la somme, pour laquelle le chèque est tiré.

L'émission d'un chèque sans provision préalable est passible de la même amende, sans préjudice de l'application des lois pénales, s'il y a lieu.

Art. 7. Les chèques sont exempts de tout droit de timbre pendant dix ans à dater de la promulgation de la présente loi.

b. Loi du 19 février 1874.

Art. 5. Les dispositions suivantes sont ajoutées à l'article 1er de la loi du 14 juin 1865.

Le chèque indique le lieu d'où il est émis

La date du jour où il est tiré est inscrite en toutes lettres et de la main de celui qui a écrit le chèque.

Le chèque, même au porteur, est acquitté par celui qui le touche; l'acquit est daté.

Toutes stipulations entre le tireur, le bénéficiaire ou le tiré, ayant pour objet de rendre le chèque payable autrement qu'à vue et à première réquisition, sont nulles de plein droit.

Art. 6. L'article 6 de la loi du 14 juin 1865 est abrogé et remplacé par les dispositions suivantes:

Le tireur qui émet un chèque sans date, ou non daté en toutes lettres, s'il s'agit d'un chèque de place à place; celui qui revêt un chèque d'une fausse date ou d'une fausse énonciation du lieu où il est tiré, est passible d'une amende de six pour cent de la somme pour laquelle chèque est tiré, sans que cette amende puisse être inférieure à cent francs.

La même amende est due personnellement et sans recours par le premier endosseur ou le porteur d'un chèque sans date ou non daté en toutes lettres, s'il est tiré de place à place ou portant une date postérieure à l'époque à laquelle il est endossé ou présenté. Cette amende est due, en outre, par celui qui paye ou reçoit en compensation un chèque sans date, ou irrégulièrement daté, ou présenté au payement avant la date d'émission. Celui qui émet un chèque sans provision préalable et disponible est passible de la même amende, sans préjudice des peines correctionelles, s'il y a lieu.

Art. 7. Celui qui paye un chèque sans exiger qu'il soit acquitté est passible personnellement et sans recours d'une amende de cinquante francs (50 fr.).

Art. 8. Les chèques de place à place sont asujettis à un droit de timbre fixe de 20 centimes.

Les chèques sur place continueront à être timbrés à 10 centimes.

Sont applicables aux chèques de place à place, non timbrés conformément au présent article, les dispositions pénales des articles 4, 5, 6, 7 et 8 de la loi du 5 juin 1850.

Le droit de timbre additionnel peut être acquitté au moyen d'un timbre mobile de 10 centimes (0 fr. 10).

Art. 9. Toutes les dispositions législatives relatives aux chèques tirés de France, sont applicables aux chèques tirés hors de France et payables en France.

Les chèques pourront, avant tout endossement en France, être timbrés avec des timbres mobiles.

Si le chèque tiré hors de France n'a pas été timbré conformément aux dispositions ci-dessus, le bénéficiaire, le premier endosseur, le porteur ou le tiré, sont tenus, sous peine de l'amende de six pour cent, de le faire timbrer aux droits fixés par l'article précédent avant tout usage en France. Si le chèque tiré hors de France n'est pas souscrit conformément aux prescriptions de l'article 1er de la loi du 14 juin 1865 et de l'article 5 ci-dessus, il est assujetti aux droits de timbre des effets de commerce. — Dans ce cas, le bénéficiaire, le premier endosseur, le porteur ou le tiré sont tenus de le faire timbrer avant tout usage en France, sous peine d'une amende de six pour cent.

Toutes les parties sont solidaires pour le recouvrement des droits et amendes.

5. Japanisches Scheckrecht.

(Aus dem Japanischen Handelsgesetzbuche vom 16. Juni 1899, übersetzt von D. L. Lönholm.)

Vierter Abschnitt.

Der Scheck.

530. Der Scheck muß enthalten:
1. die Bezeichnung als Scheck;
2. die Angabe eines bestimmten Geldbetrags;

3. den Namen oder die Firma des Bezogenen;
4. den Namen oder die Firma des Nehmers, oder die Angabe, daß an den Inhaber zu zahlen ist;
5. einen reinen Zahlungsauftrag;
6. das Datum der Ausstellung;
7. den Zahlungsort.

Der Aussteller muß den Scheck mit seinem Namen unterzeichnen.

531. Der Aussteller eines Schecks kann sich selbst als Nehmer bezeichnen.

532. Der Scheck ist zahlbar auf Sicht.

533. Der Inhaber eines Schecks muß ihn innerhalb einer Woche von seinem Datum ab zur Zahlung vorlegen.

Wenn der Inhaber den Scheck nicht, wie vorstehend bestimmt, zur Zahlung vorlegt, so kann er gegen die Vormänner den Anspruch auf Ersatz nicht geltend machen.

534. Um den Ersatzanspruch gegenüber den Vormännern geltend zu machen, genügt es für den Inhaber, wenn er, anstatt eine Zahlungsablehnungsurkunde aufnehmen zu lassen, von dem Bezogenen innerhalb der im Artikel 533, 1 bestimmten Frist auf dem Scheck unter Beifügung des Datums vermerken läßt, daß er Zahlung ablehne. Diesen Vermerk muß der Bezogene mit seinem Namen unterzeichnen.

535. Wenn der Aussteller oder der Inhaber des Schecks auf dessen Vorderseite zwei nebeneinander laufende Linien zieht und dazwischen das Wort „Bank" oder ein anderes Wort von gleicher Bedeutung schreibt, so kann der Bezogene nur an eine Bank leisten.

Wenn der Aussteller oder Inhaber zwischen die beiden Linien die Firma einer bestimmten Bank schreibt, so kann der Bezogene nur an diese Bank Zahlung leisten. Jedoch ist diese Bank nicht verhindert, eine andere Bank mit der Einziehung zu beauftragen in der Weise, daß sie ihre Firma ausstreicht und diejenige der anderen Bank hineinschreibt.

536. Der Aussteller eines Schecks wird mit einer Ordnungsstrafe von fünf Yen bis eintausend Yen belegt, wenn er

1. den Scheck ohne Kapitaleinlage oder ohne Kredit erhalten zu haben, ausstellt, oder
2. im Scheck ein unrichtiges Datum angibt.

537. Die Bestimmungen der Artikel 446, 452, 455, 457, 459 bis 462, 464, 483, 484, 486 bis 489, 491, 492, 495, 496, 514, 515 und 517 finden auf den Scheck entsprechende Anwendung.

---

446. Wenn der in dem Hauptbestandteile des Wechsels 1) angegebene Geldbetrag von dem in einem anderen Teile angegebenen Geldbetrage verschieden ist, so bildet der in dem Hauptbestandteil angegebene Betrag die Wechselsumme.

452. Wenn der Aussteller auf dem Wechsel keinen Zahlungsort angegeben hat, so ist der auf dem Wechsel als Wohnort des Bezogenen angegebene Ort Zahlungsort.

455. Der gezogene Wechsel kann, auch wenn er auf eine bestimmte Person lautet, durch Indossament weiterbegeben werden, sofern nicht der Aussteller auf der Urkunde die Indossierung besonders untersagt hat.

457. Das Indossament besteht darin, daß auf dem Wechsel, einer Wechselabschrift oder dem Verlängerungszettel der Name oder die Firma des Indossatars und das Datum des Indossaments geschrieben wird, und der Indossant seinen Namen dazu setzt.

Das Indossament kann auch durch die bloße Namenszeichnung des Indossanten erfolgen. In diesem Falle können weitere Übertragungen des Wechsels durch die bloße Übergabe der Urkunde bewirkt werden.

459. Der Indossant kann bei Vornahme des Indossaments hinzufügen, daß er keine wechselmäßige Haftung übernehme.

460. Wenn ein Indossant bei Vornahme des Indossaments hinzufügt, daß er die Weiterindossierung untersage, so entsteht für diesen Indossanten keine wechselmäßige Haftung gegenüber den Nachmännern des Indossatars.

461. Wenn ein Indossant den Wechsel durch bloße Namenszeichnung indossiert hat, so kann der Inhaber sich selbst zum Indossatar machen.

462. Wenn der Inhaber ein Indossament vornimmt, nachdem die Frist für die Aufnahme der Zahlungsablehnungsurkunde verflossen ist, so erlangt der Indossatar nur die Rechte, welche der Indossant

---

1) Der Ausdruck „Wechsel" ist überall, wo kein Mißverständnis zu besorgen ist, für „gezogenen Wechsel" gebraucht.

gehabt hat. Für den Indossanten entsteht in diesem Falle keine wechselmäßige Haftung.

464. Der Inhaber eines indossierten Wechsels kann sein Recht nur ausüben, wenn die Indossamente eine ununterbrochene Reihe bilden. Bei einem durch bloße Namenszeichnung vorgenommenen Indossament wird es jedoch so angesehen, als ob der nächste Indossant den Wechsel durch dieses Indossament erworben habe.

483. Die Zahlung braucht nur gegen Aushändigung des Wechsels zu geschehen.

Derjenige, welcher Zahlung leistet, kann vom Inhaber verlangen, daß er über den Empfang auf dem Wechsel namensunterschriftlich quittiere.

484. Auch wenn die Annahme sich auf den ganzen Betrag der Wechselsumme erstreckt, darf der Inhaber eine Teilzahlung nicht ablehnen.

Wenn ein Teil der Wechselsumme gezahlt wird, so muß der Inhaber diese Tatsache auf dem Wechsel vermerken und eine Abschrift davon, nachdem er sie unterzeichnet hat, dem Betreffenden aushändigen.

486. Wenn der Bezogene den Wechsel nicht zahlt, so kann der Inhaber von seinen Vormännern Ersatz verlangen.

487. Wenn der Wechselinhaber den im vorstehenden Artikel bezeichneten Anspruch geltend machen will, so muß er den Wechsel dem Bezogenen zur Zahlung vorlegen, und, wenn Zahlung nicht erfolgt, am Verfalltag oder innerhalb der zwei darauf folgenden Tage die Zahlungsablehnungsurkunde aufnehmen lassen, und spätestens am Tage nach der Aufnahme der Ablehnungsurkunde demjenigen, von welchem er Ersatz verlangen will, Anzeige von dem Ersatzanspruche machen.

Wenn der Inhaber es unterläßt, so wie vorstehend bestimmt, zu verfahren, so verliert er sein wechselmäßiges Recht gegenüber den Vormännern.

488. Wenn ein Indossant von einem Nachmanne die im Artikel 487, I vorgesehene Anzeige erhalten hat, so kann er seinerseits den Vormännern gegenüber den Ersatzanspruch geltend machen.

In diesem Falle hat er demjenigen, von welchem er Ersatz verlangen will, spätestens am Tage, nachdem er selbst die Anzeige erhalten hat, anzuzeigen, daß er Ersatz von ihm beanspruche.

489. Gegen denjenigen, welcher die Aufnahme der Ablehnungsurkunde erlassen hat, behält der Wechselinhaber sein wechselmäßiges Recht, selbst wenn er keine Zahlungsablehnungsurkunde aufnehmen läßt.

Der Erlaß der Aufnahme der Ablehnungsurkunde befreit nicht von der Haftung für die Kosten, wenn der Wechselinhaber trotzdem eine solche Urkunde aufnehmen läßt.

491. Der Wechselinhaber kann den Ersatz des folgenden Betrags verlangen:

1. die nicht bezahlte Wechselsumme nebst gesetzlichen Zinsen von dem Verfalltage;
2. die für die Aufnahme der Ablehnungsurkunde entrichteten Gebühren sowie sonstige Kosten.

Im Falle der Verschiedenheit des Wohnorts des Ersatzpflichtigen und des Zahlungsorts wird dieser Betrag nach dem Kurse eines vom Zahlungsort auf den Wohnort des Ersatzpflichtigen ausgestellten Sichtwechsels berechnet. Wenn es an dem Zahlungsort einen solchen Kurs nicht gibt, so ist der Kurs eines auf den dem Wohnorte des Ersatzpflichtigen nächsten Ort ausgestellten Sichtwechsels für die Berechnung maßgebend.

492. Ein Indossant, gegen welchen der Ersatzanspruch geltend gemacht worden ist, kann seinerseits Ersatz für folgende Beträge verlangen:

1. den von ihm gezahlten Geldbetrag nebst gesetzlichen Zinsen vom Tage der Zahlung;
2. die gehabten Kosten.

Die Bestimmung des Artikel 491, 2 findet auf den vorstehenden Fall entsprechende Anwendung.

495. Der Ersatz braucht nur gegen Aushändigung des Wechsels, der Zahlungsablehnungsurkunde und der Ersatzrechnung geleistet zu werden.

Der Ersatzleistende kann vom Empfänger verlangen, daß er auf der Ersatzrechnung namensunterschriftlich quittiere.

496. Die Bestimmungen des Artikel 478, 2 finden auf den Ersatzanspruch entsprechende Anwendung.

514. Die Aufnahme der Ablehnungsurkunde erfolgt durch einen Notar oder Gerichtsvollzieher auf Antrag des Wechselinhabers.

515. Die Ablehnungsurkunde muß enthalten:

1. die im Wechsel, einer Wechselabschrift und im Verlängerungszettel vermerkten Tatsachen;
2. den Namen oder die Firma des Ablehners oder des Ablehnungsgegners;
3. den Inhalt der an den Ablehner gerichteten Aufforderung und die Feststellung, daß der Ablehner dieser Aufforderung nicht nachgekommen ist, oder den Grund, aus welchem er nicht angetroffen wurde;
4. den Ort und das Datum, an welchem die unter Nr. 3 bezeichnete Aufforderung an den Ablehner gerichtet worden ist bezw. nicht gerichtet werden konnte;
5. wenn die Handelsniederlassung, der Wohnort oder Aufenthaltsort des Ablehners unbekannt ist, die Feststellung, daß an Ort und Stelle bei den staatlichen oder örtlichen Behörden Nachforschungen angestellt worden sind;
6. wenn die Ablehnungsurkunde an einem anderen als dem gesetzlich vorgeschriebenen Orte aufgenommen wird, die Feststellung, daß der Ablehner seine Einwilligung dazu erteilt hat;
7. wenn eine Hilfsannahme oder eine Hilfszahlung erfolgt ist, die Art des Hilfseintritts und den Namen oder die Firma des Hilfsannehmers oder Hilfszahlers und desjenigen, zu dessen Gunsten der Hilfseintritt erfolgt ist.

Der Notar oder Gerichtsvollzieher muß die Urkunde unterschreiben.

6. Italienisches Scheckrecht.

(Aus dem Handelsgesetzbuche des Königreichs Italien vom 2. April 1882, nach Borchardt „Die Handelsgesetze des Erdballs", 3. Auflage.)

Kapitel II.

Von der Bankanweisung (Scheck).

339. Jeder, der Geldsummen bei einem Kreditinstitut oder bei einem Kaufmanne zur Verfügung stehen hat, kann zu seinen eigenen oder zu Gunsten eines Dritten durch eine Bankanweisung (Scheck) darüber verfügen.

340. Die Bankanweisung muß die zu zahlende Summe angeben, datiert und vom Aussteller unterschrieben sein.

Sie kann auf den Inhaber ausgestellt sein.

Sie kann auf Sicht oder in einer Frist von höchstens zehn Tagen, von der Präsentation an gerechnet, zahlbar sein.

341. Alle Bestimmungen, die das Giro, den Aval, die Unterschriften nicht wechselfähiger Personen, die falschen oder gefälschten Unterschriften, die Verfallzeit und die Zahlung des Wechsels, den Protest, den Anspruch gegen den Aussteller und die Giranten und die verloren gegangenen Wechsel betreffen, finden auf die Bankanweisung Anwendung.

342. Der Inhaber der Bankanweisung muß sie dem Bezogenen innerhalb acht Tagen von der Ausstellung an zur Zahlung präsentieren, wenn sie in dem Orte, in welchem sie zahlbar ist, gezogen ist; und innerhalb vierzehn Tagen, wenn sie auf einen Ort gezogen ist.

Der Tag der Ausstellung ist in dieser Frist nicht einbegriffen.

---

517. Der Notar oder Gerichtsvollzieher, welcher eine Ablehnungsurkunde aufgenommen hat, muß den gesamten Inhalt des Schriftstücks in sein Ablehnungsurkundenbuch eintragen.

Wenn die Ablehnungsurkunde in Verlust geraten ist, so können die Interessenten eine Abschrift verlangen. Diese Abschrift hat die gleiche rechtliche Wirkung wie die Urschrift.

Die Präsentation der Bankanweisung auf Frist wird durch das datierte und von dem Bezogenen unterschriebene Wort „gesehen“ (visto) oder aber in den im Abschnitt VIII, Kap. 1, vorgeschriebenen Formen[1]) festgestellt.

343. Der Inhaber der Bankanweisung, der sie nicht innerhalb der im vorigen Artikel festgesetzten Fristen präsentiert oder deren Zahlung zur Verfallzeit nicht fordert, verliert seinen Anspruch gegen Giranten. Er verliert auch den Anspruch gegen den Aussteller, wenn nach dem Ablaufe der obengenannten Fristen die Verfügbarkeit über die Summe durch die Schuld des Bezogenen verloren gegangen ist.

344. Wer eine Bankanweisung ohne Datum oder mit falschem Datum, oder ohne daß die Summe bei dem Bezogenen verfügbar ist, ausstellt, wird mit einer Geldstrafe belegt, die dem zehnten Teile der in der Bankanweisung angegebenen Summe gleichkommt, unbeschadet der schwereren durch das Strafgesetz bestimmten Strafen.

7. Niederländisches Scheckrecht.

(Aus dem niederländischen Handelsgesetzbuche von 1838, nach Borchardt „Die Handelsgesetze des Erdballs“, 3. Auflage.)

Dritter Abschnitt.

Von der Kassenanweisung und anderen Inhaberpapieren.

221. Die Kassenanweisung und andere Inhaberpapiere müssen das genaue Datum der ursprünglichen Ausstellung enthalten.

222. Der ursprüngliche Aussteller von Kassenanweisungen oder einem anderen Inhaberpapiere, zahlbar durch einen Dritten, sei es in Form einer Anweisung oder Quittung abgefaßt, ist jedem Inhaber für die Leistung

1) Diese Formen beziehen sich auf den Protest.

verbunden während zehn Tagen nach der Datierung, den Tag der letzteren nicht mitgerechnet.

223. Nichtsdestoweniger bleibt die Verantwortlichkeit des ursprünglichen Ausstellers bestehen, wenn er nicht beweist, daß er während der im vorigen Artikel bestimmten Zeit bares Geld zum Betrage des ausgestellten Papiers bei der Person, auf die dasselbe lautet, gehabt und dieses Geld seitdem bei derselben gelassen hat.

224. Der ursprüngliche Aussteller, der infolge vorstehender Bestimmungen von aller Verantwortlichkeit befreit ist, ist jedoch verpflichtet, dem Inhaber auf dessen Kosten die erforderlichen Beweisstücke zu verschaffen, um sein Recht gegen den, auf den das Papier abgegeben war, geltend zu machen.

225. Außer dem ursprünglichen Aussteller bleibt jeder, der das besagte Papier in Zahlung gegeben hat, während der Zeit von drei Tagen, den Tag der Abgabe nicht mitgerechnet, demjenigen verantwortlich, der es von ihm empfangen hat.

226. Wenn jemand, der ein oder mehrere Billets oder Quittungen auf seinen Kassierer abgegeben hat, später in Konkurs geraten ist, so ist der Kassierer nichtsdestoweniger berechtigt, aus den dazu vorhandenen Geldern mit der Zahlung solcher Billets oder Quittungen so lange fortzufahren, bis dagegen, sei es durch einen oder mehrere Inhaber anderer Billets oder Quittungen, oder durch die Verwalter der Masse oder andere Interessenten, Einspruch erhoben wird.

Im Falle solches Einspruchs, oder wenn der Kassierer nicht mit der Zahlung fortgefahren hat, müssen die Gelder, welche der Kassierer von dem Gemeinschuldner in Händen hat, abgesondert bleiben, um daraus die Inhaber der vor dem Konkurs auf gültige Weise abgegebenen Billets oder Quittungen vorzugsweise vor anderen Gläubigern zu befriedigen, sei es ganz oder nach Verhältnis ihrer Forderungen, ohne Unterschied des Datums der Quittungen.

227. Der Inhaber einer an den Vorzeiger zahlbaren Promesse ist verpflichtet, Zahlung zu fordern innerhalb dreier Tage nach dem Tage, an welchem er das Papier in Zahlung genommen hat, diesen Tag nicht mitgerechnet, und muß im Nichtzahlungsfall innerhalb einer gleichen Zeitfrist die Promesse demjenigen zur Einziehung präsentieren, der ihm solche in Zahlung gegeben hat, alles bei Verlust seines Rückgriffs gegen denselben, unbeschadet jedoch seines Rechtes gegen denjenigen, der die Promesse ausgestellt hat.

Ist in der Promesse der Zahlungstag ausgedrückt, so beginnt der Termin von drei Tagen erst am Tage nach dem ausgedrückten Zahlungstage zu laufen.

228. Fällt der letzte Tag irgend einer in diesem Titel vorgesehenen Frist auf einen Sonntag oder auf einen der im zweiten Teile des Artikel 154 diesem Tage gleichgestellten Tage, so bleibt die Verpflichtnng und die Verantwortlichkeit bestehen bis zum ersten darauffolgenden Tage, dieser mit einbegriffen, welcher kein Sonntag oder mit diesem gleichgestellter Tag ist [1]).

229. Jeder Rechtsanspruch gegen die Aussteller eines in diesem Abschnitt erwähnten Papiers verjährt durch Ablauf von zehn Jahren, beginnend mit dem Tage der ursprünglichen Ausgabe.

Es sollen jedoch diejenigen, welche diese Verjährung anrufen, gehalten sein, auf Verlangen unter Eid zu erklären, daß sie hinsichtlich des besagten Papiers nichts mehr verschulden, und ihre Erben und Rechtsnachfolger, daß sie in gutem Glauben dafür halten, daß aus diesem Grunde nichts mehr verschuldet wird.

Der ursprüngliche Aussteller des im Artikel 222 erwähnten Papiers ist verpflichtet, auf Verlangen unter Eid zu erklären, daß er während des in diesem Artikel bestimmten Zeitraums bares Geld bis zum Belaufe des

---

1) Fassung des Gesetzes vom 27. April 1904.

ausgestellten Papiers bei der Person, auf welche dasselbe ausgestellt war, gehabt und diese Gelder seitdem bei derselben gelassen hat, und seine Erben oder Rechtsnachfolger, daß sie solches in gutem Glauben annehmen.

8. Österreichisches Scheckgesetz.

Gesetz vom 3. April 1906 über den Scheck.

§ 1. Scheckfähig Bezogene im Sinne dieses Gesetzes können sein:

1. die k. k. Postsparkassa, öffentliche Banken oder andere zur Übernahme von Geld für fremde Rechnung statutenmäßig berechtigte Anstalten;
2. alle anderen handelsgerichtlich registrierten Firmen, die gewerbemäßig Bankiergeschäfte betreiben.

§ 2. Die wesentlichen Erfordernisse eines Schecks sind:

1. die in den Text der Urkunde selbst aufzunehmende Bezeichnung als Scheck;
2. die Unterschrift des Ausstellers mit seinem Namen oder seiner Firma;
3. die Angabe des Ortes, Monatstages und Jahres der Ausstellung;
4. der Name der Person oder die Firma, welche die Zahlung leisten soll (Bezogener);
5. die an den Bezogenen gerichtete Aufforderung des Ausstellers, aus seinem Guthaben eine bestimmte Geldsumme zu bezahlen; in der Aufforderung darf die Zahlung weder von einer Gegenleistung des Zahlungsempfängers noch von einer Bedingung abhängig gemacht sein.

Aus einer Schrift, der eines dieser Erfordernisse fehlt oder in welcher die Zahlungsaufforderung an einen nicht scheckfähigen Bezogenen (§ 1) gerichtet ist, sowie aus den auf eine solche Schrift gesetzten Indossamenten entsteht keine Verbindlichkeit im Sinne dieses Gesetzes. Ob und welche anderen Rechtswirkungen eine solche Schrift äußert, ist nach den sonstigen Bestimmungen des Zivil- und Handelsrechts zu beurteilen.

§ 3. Der Scheck kann auf den Namen einer Person oder Firma, an deren Order oder auf den Inhaber (Überbringer) lauten.

Der Aussteller kann sich selbst als Zahlungsempfänger (Remittent) bezeichnen.

Ein Scheck, in welchem dem Namen oder der Firma des Zahlungsempfängers die Worte „oder Inhaber (Überbringer)" beigefügt sind, desgleichen ein Scheck, der keine Angabe darüber enthält, an wen gezahlt werden soll, ist dem Inhaber (Überbringer) auszubezahlen.

§ 4. Als Zahlungsort kann im Scheck nur ein Ort bezeichnet werden, an dem der Bezogene eine Handelsniederlassung (Filiale, Zweigniederlassung) hat oder an dem sich eine Abrechnungsstelle befindet, bei welcher der Bezogene vertreten ist.

Der Zahlungsort kann vom Ausstellungsorte verschieden sein.

Sofern kein Zahlungsort angegeben ist oder der angegebene Zahlungsort den Erfordernissen des Absatzes 1 nicht entspricht, gilt der Scheck an dem Orte zahlbar, wo die bezogene Anstalt ihren Sitz oder die bezogene Firma oder Person ihre Hauptniederlassung hat.

§ 5. Der Scheck ist bei Vorzeigung (bei Sicht) zahlbar, wenngleich er eine andere oder keine Bestimmung über die Verfallzeit enthält.

§ 6. Der Scheck, der an Order lautet, kann durch Indossament (Giro) übertragen werden; eine entgegenstehende Vereinbarung ist unverbindlich.

Das auf einen anderen Scheck gesetzte Indossament hat keine scheckrechtliche Wirkung.

Durch das Indossament gehen alle Rechte aus dem Scheck auf den Indossatar über, insbesondere auch die Befugnis, den Scheck weiter zu indossieren.

Ein Indossament an den Bezogenen gilt als Quittung; ein Indossament des Bezogenen ist ungültig.

§ 7. Die Vorschriften der allgemeinen Wechselordnung (kaiserliches Patent vom 25. Jänner 1850, RGBl. Nr. 51) über die Form des Indossaments, das Verbot der Weiterbegebung, die Legitimation des Inhabers eines indossierten Wechsels und die Prüfung dieser Legitimation sowie über die Verpflichtung des legitimierten Besitzers zur Herausgabe des Papiers (Artikel 11—13, 15, 36 und 74) haben auf den Scheck mit der Einschränkung sinngemäß Anwendung zu finden, daß ein auf die Abschrift eines Order-Schecks gesetztes Indossament keine scheckrechtliche Wirkung hat.

§ 8. Eine Annahme (Akzeptation) findet beim Scheck nicht statt. Ein auf den Scheck gesetzter Annahmevermerk gilt als nicht geschrieben.

§ 9. Der am Ausstellungsplatze zahlbare Scheck ist binnen fünf, der an einem anderen inländischen Platze zahlbare Scheck vorbehaltlich der Bestimmung des Abs. 2 binnen acht Tagen nach der Ausstellung dem Bezogenen zur Zahlung vorzulegen.

Ein Scheck, der aus Istrien, Dalmatien oder von einer der Inseln des Küstenlandes auf einen außerhalb dieses Gebiets gelegenen inländischen Platz gezogen ist oder von einem solchen Platze auf einen in Istrien, Dalmatien oder auf einer der Inseln des Küstenlandes gelegenen Zahlungsort, ist binnen fünf Tagen nach der Ausstellung nach dem Zahlungsorte zu senden und binnen fünf Tagen nach seinem Einlangen daselbst dem Bezogenen zur Zahlung vorzulegen. Das Gleiche gilt für Schecks, die außerhalb des Geltungsgebiets des gegenwärtigen Gesetzes auf einen inländischen Platz gezogen sind.

Für die Präsentation von Namenschecks, die auf die Postsparkassa ausgestellt sind, können durch die Geschäftsbestimmungen der Postsparkassa andere Fristen festgesetzt werden. Diese dürfen jedoch in keinem Falle die Frist von vierzehn Tagen nach der Ausstellung überschreiten.

Der Tag, an welchem der Scheck am Zahlungsort einlangte, kann durch ein Postattest nachgewiesen werden.

Der Ausstellungs- und Ankunftstag sowie Sonn- und allgemeine Feiertage werden bei Berechnung der Präsentationsfrist nicht mitgezählt.

Über die Präsentationsfrist bei Schecks, die an einem außerhalb des Geltungsgebiets dieses Gesetzes gelegenen Platze zahlbar sind, entscheidet das über die Scheckpräsentation dort geltende Recht. In Ermangelung solcher Bestimmungen findet die Vorschrift des gegenwärtigen Gesetzes Anwendung.

Der Ablauf der Präsentationsfrist steht, solange der Scheck nicht ausdrücklich widerrufen wurde (§ 13), der Einlösung des Schecks durch den Bezogenen nicht entgegen.

§ 10. Die Einlieferung des Schecks in eine Abrechnungsstelle, bei welcher der Bezogene vertreten ist, gilt als Präsentation zur Zahlung.

Welche Stellen als Abrechnungsstellen im Sinne des gegenwärtigen Gesetzes zu gelten haben, wird im Verordnungswege bestimmt.

§ 11. Der Bezogene hat nur gegen Aushändigung des Schecks zu zahlen. Nicht auf den Inhaber (Überbringer) lautende Schecks müssen auf Verlangen des Bezogenen bei der Einlösung quittiert werden.

Zur Annahme von Teilzahlungen ist der Inhaber des Schecks nicht verpflichtet. Hat er eine Teilzahlung angenommen, so ist diese auf dem Scheck abzuschreiben und dem Bezogenen die Quittung zu erteilen.

§ 12. Die Zahlung des Schecks ist ungeachtet eines dem Aussteller bei dem Bezogenen zustehenden Guthabens vom Bezogenen abzulehnen, wenn ihm bekannt geworden ist, daß über das Vermögen des Ausstellers der Konkurs eröffnet wurde.

Wegen des Todes des Ausstellers oder wegen nach Ausstellung des Schecks eingetretener rechtlicher Unfähigkeit desselben zur selbständigen Vermögensverwaltung darf die Einlösung des Schecks nicht verweigert werden.

§ 13. Der Widerruf eines Schecks durch den Aussteller ist für den Bezogenen nur wirksam:

1. wenn ein auf den Namen oder an Order lautender Scheck, den der Aussteller unmittelbar an den Bezogenen gesendet hat, damit letzterer den Scheckbetrag an den bezeichneten Zahlungsempfänger gelangen lasse, ausdrücklich widerrufen wird, bevor der Bezogene diesen Auftrag erfüllt hat;
2. wenn der ausdrückliche Widerruf nach Versäumung der Präsentationsfrist oder für den Fall erfolgt, als der Scheck innerhalb der Präsentationsfrist nicht zur Zahlung vorgelegt werden sollte. In letzterem Falle wird der Widerruf erst mit Ablauf der Präsentationsfrist für den Bezogenen wirksam.

Der Bezogene, dem gegenüber ein Scheck wirksam widerrufen wurde, darf denselben nicht einlösen.

§ 14. Soweit nicht gesetzliche Bestimmungen den Bezogenen von der Verpflichtung zur Einlösung des Schecks befreien, haftet er dem Aussteller nach Maßgabe des zwischen ihnen bestehenden Vertragsverhältnisses für die Einlösung des Schecks.

§ 15. Dem Inhaber des Schecks haften lediglich der Aussteller und die Indossanten für die Zahlung des Scheckbetrags (Regreßverbindlichkeit). Hat aber ein Indossant dem Indossamente die Bemerkung „ohne Gewährleistung", „ohne Obligo" oder einen gleichbedeutenden Vorbehalt hinzugefügt, so ist er von der Verbindlichkeit aus seinem Indossamente befreit.

Wie Aussteller und Indossanten haftet auch, wer den Scheck oder ein auf denselben gesetztes Indossament als Bürge (per aval) mitunterzeichnet hat.

§ 16. Zur Ausübung des Regreßrechts gegen den Aussteller und die Indossanten ist erforderlich:

1. daß der Scheck innerhalb der in § 9 angegebenen Fristen zur Zahlung präsentiert worden ist und
2. daß sowohl diese Präsentation als die Nichterlangung der Zahlung durch einen darüber aufgenommenen Protest oder durch eine vom Bezogenen auf den Scheck gesetzte und unterschriebene, das Datum der Präsentation angebende Erklärung dargetan wird.

Letzterer Erklärung steht die Bestätigung einer Abrechnungsstelle über die vor Ablauf der Präsentationsfrist geschehene Einlieferung und die Nichteinlösung des Schecks gleich.

Wurde der Scheck nicht voll eingelöst, so ist in diesen Erklärungen oder im Protest insbesondere auch der Betrag der vom Bezogenen geleisteten Teilzahlung anzugeben.

Die Erhebung des Protestes oder die Erteilung der in den vorhergehenden Absätzen dieses Paragraphen bezeichneten Präsentations- oder Einlieferungsbestätigung muß spätestens am ersten Werktage nach erfolgter Präsentation geschehen.

§ 17. Die Vorschriften der allgemeinen Wechselordnung (kaiserliches Patent vom 25. Jänner 1850, RGBl. Nr. 51) über die Benachrichtigung der Vormänner und das Einlösungsrecht derselben, über die Geltendmachung des Regreßrechts sowie über Inhalt und Umfang der Regreßansprüche, über die dem zahlenden Regreßpflichtigen auszuliefernden Urkunden und die Befugnis zur Ausstreichung von Indossamenten (Art. 45 bis 52, 54, 55 und 81 Abs. 2 und 3) haben auf den Scheck sinngemäß Anwendung zu finden.

§ 18. Die Regreßansprüche gegen den Aussteller und die übrigen Vormänner verjähren, wenn der Scheck in Europa zahlbar ist, in drei Monaten, andernfalls in sechs Monaten.

Die Verjährung beginnt gegen den Inhaber des Schecks mit dem Tage, an welchem der Protest erhoben oder eine der anderen im § 16 bezeichneten Präsentations- oder

Einlieferungsbestätigungen erteilt wurde, gegen den Indossanten aber, wenn er vor Behändigung der Klage gezahlt hat, mit dem Tage der Zahlung, in allen übrigen Fällen mit dem Tage der Klagebehändigung.

§ 19. Soweit nichts anderes vereinbart ist, kann der Inhaber eines Schecks nach Erwerbung des Regreßrechts wegen des Anspruchs, zu dessen Befriedigung der Scheck ausgestellt oder begeben wurde, nach Wahl das Regreßrecht ausüben oder gegen Rückgabe des Schecks auf das zwischen ihm und dem Aussteller oder seinem unmittelbaren Vormanne bestehende, der Scheckausstellung oder Begebung zu Grunde liegende Rechtsverhältnis zurückgreifen. Letzteres steht dem Scheckinhaber mangels anderer Vereinbarung auch dann frei, wenn die rechtzeitige Präsentation und Protesterhebung (Präsentations-, Einlieferungsbestätigung) unterblieben oder das erworbene Regreßrecht durch Verjährung wieder erloschen ist; es muß sich jedoch der Scheckinhaber den Verlust in Abrechnung bringen lassen, den der Aussteller infolge der unterbliebenen oder verspäteten Präsentation bei dem Bezogenen erlitten hat.

§ 20. Nebst den Vorschriften dieses Gesetzes haben für den Scheck die Bestimmungen sinngemäß zu gelten, welche die allgemeine Wechselordnung (kaiserliches Patent vom 25. Jänner 1850, RGBl. Nr. 51) enthält:

1. Über den Mangel oder die Beschränkung der Verpflichtungsfähigkeit einzelner auf einem Wechsel unterschriebener Personen (Art. 3);
2. über Abweichungen in den im Wechsel enthaltenen Summenangaben (Art. 5);
3. über das Prokuraindossament (Art. 17);
4. über falsche oder verfälschte Wechsel (Artikel 75 und 76); der aus der Einlösung eines falschen oder verfälschten Schecks sich ergebende Schaden trifft den angeblichen Aussteller des falschen oder den Aussteller des verfälschten Schecks, insoweit diesen Personen in Ansehung der Fälschung oder Verfälschung ein

Verschulden zur Last fällt oder die Fälschung oder Verfälschung von ihren bei der Gebarung mit den Schecks verwendeten Angestellten verübt wurde, sonst hat der Bezogene den Schaden zu tragen; eine abweichende Vereinbarung hat keine rechtliche Wirkung;

5. über die Unterbrechung der Verjährung der Regreßansprüche (Artikel 80), mit der Ergänzung, daß die Anmeldung von Scheckforderungen im Konkurse die nämliche Wirkung wie die Behändigung der Klage hat;
6. über die Einreden des Wechselschuldners (Artikel 82);
7. über die im Ausland ausgestellten Wechsel und die Form der mit einem Wechsel an einem ausländischen Platze vorzunehmenden Handlungen (Artikel 85, 86);
8. über den Protest (Artikel 87, 88 Z. 1 bis 4 und 6, 89 und 90);
9. über Ort und Zeit der im Wechselverkehr vorzunehmenden Handlungen (Artikel 91 und 92) und endlich
10. über mangelhafte Unterschriften von Wechselerklärungen (Artikel 94 und 95 und § 1 des Gesetzes vom 19. Juni 1872, RGBl. Nr. 88).

§ 21. Derjenige, dem ein Scheck abhanden gekommen ist, kann beim Handelsgerichte (Handelssenate) des Zahlungsorts dessen Amortisation beantragen. Für das Amortisierungsverfahren gelten die Bestimmungen des Artikels 72 Absatz 2 der allgemeinen Wechselordnung mit der Abänderung, daß die Frist im Edikte auf dreißig Tage festgesetzt ist.

Bei Einleitung des Amortisierungsverfahrens kann das Gericht auf Antrag des Amortisierungswerbers dem Bezogenen mittels einstweiliger Verfügung die Einlösung des Schecks untersagen (§§ 389 bis 400 der Exekutionsordnung). Eine dem Verbote zuwider vorgenommene

Einlösung des Schecks ist dem Antragsteller gegenüber unwirksam.

§ 22. Der Aussteller und jeder Indossant eines Schecks kann durch den quer über die Vorderseite des Schecks geschriebenen oder gedruckten Zusatz: „nur zur Verrechnung" dem Bezogenen verbieten, daß der Scheck bar bezahlt werde. Der Scheck darf in diesem Falle nur zur Verrechnung mit dem Bezogenen oder einem Girokunden desselben (Kontoinhaber) oder mit einem Mitgliede der am Zahlungsorte bestehenden Abrechnungsstelle benutzt werden. Falls der Bezogene nicht selbst Mitglied der Abrechnungsstelle ist, kann er bei Präsentation den Scheck durch einen hierauf zu setzenden Vermerk bei einem Mitgliede der Abrechnungsstelle zahlbar stellen (§ 4 Absatz 1). Die hiernach stattfindende Verrechnung gilt als Zahlung (Einlösung) des Schecks im Sinne dieses Gesetzes. Der Bezogene haftet für allen Schaden, der aus der Außerachtlassung des Verbots entsteht.

Der Vermerk: „nur zur Verrechnung" kann nicht zurückgenommen werden.

§ 23. Unterbleibt die Einlösung eines Schecks, weil dem Aussteller zur Zeit der Präsentation des Schecks bei dem Bezogenen kein zur Scheckeinlösung verwendbares Guthaben (§ 2 Z. 5) zusteht oder wird der Scheck wegen unzureichender Deckung nicht voll eingelöst, so trifft den Aussteller, sofern er nicht bei Ausstellung des Schecks mit Grund annehmen konnte, daß zur Zeit der Präsentation genügende Deckung vorhanden sein werde, eine Ordnungsstrafe in der Höhe von drei Prozent des nicht gedeckten Scheckbetrags.

Auf diese Ordnungsstrafe wird vom Zivilrichter erkannt. Das der Strafverhängung vorausgehende Verfahren hat sich nach den Vorschriften des kaiserlichen Patents vom 9. August 1854 (RGBl. Nr. 208) zu richten. Das Verfahren wird nur dann von Amts wegen eingeleitet, wenn der Zivilrichter durch einen vor ihm durchgeführten

Prozeß von der mangelnden Deckung des Schecks Kenntnis erlangt, sonst erfolgt die Einleitung auf Antrag des Inhabers des Schecks. Die Einleitung des Verfahrens von Amts wegen findet nicht mehr statt, wenn seit Vorlegung des Schecks zur Zahlung eine Frist von sechs Monaten verstrichen ist; der Antrag des Scheckinhabers auf Einleitung des Verfahrens muß spätestens vor Ablauf des dritten Monats nach der Vorlegung des Schecks zur Zahlung gestellt werden.

Für die Eintreibung der zu Gunsten des Staatsschatzes einzuziehenden Ordnungsstrafe und für eine allfällige Umwandlung der Strafbeträge gelten die Bestimmungen der Justizministerialverordnung vom 5. November 1852 (RGBl. Nr. 227).

Die Verhängung der Ordnungsstrafe erfolgt unbeschadet einer etwaigen strafrechtlichen Verfolgung des Ausstellers wegen Betrugs.

Durch die Verhängung der Ordnungsstrafe werden die dem Inhaber des Schecks nach § 19 zustehenden Ansprüche nicht berührt.

Neben diesen Ansprüchen kann der Inhaber des Schecks jedoch, wenn gegen den Aussteller die Ordnungsstrafe verhängt wurde, vom Aussteller Ersatz jenes Schadens begehren, der ihm durch die unterbliebene oder vollständige Einlösung des Schecks verursacht wurde.

§ 24. Für die gerichtliche Verfolgung scheckrechtlicher Regreßansprüche gelten die für die Wechselsachen erlassenen Zuständigkeits- und Prozeßvorschriften.

Die Zuständigkeit für die gerichtliche Verfolgung der Schadensersatzansprüche wegen mangelnder Deckung des Schecks (§ 23) und für Streitigkeiten aus dem unmittelbaren Rechtsverhältnisse zwischen dem Inhaber des Schecks und dem Aussteller oder dem unmittelbaren Vormanne des Inhabers richten sich nach den allgemeinen Zuständigkeitsvorschriften für streitige Rechtssachen.

Nach letzteren bestimmt sich auch das zur Verhängung einer Ordnungsstrafe wegen mangelnder Deckung (§ 23) berufene Gericht, wobei für die Zuständigkeit der Betrag maßgebend ist, auf welchen der Scheck lautet.

§ 25. Schecks, welche den Anforderungen des § 2 entsprechen und im Inlande zahlbar sind, unterliegen, wenn sie auf hierzu bestimmten Blanketten eines scheckfähigen Bezogenen ausgestellt werden und entweder ausdrücklich bei Vorzeigung (bei Sicht) zahlbar gestellt sind oder keine Bestimmung über Verfallzeit enthalten, einer Stempelgebühr von vier Hellern von jedem Stück; Schecks, die den Anforderungen des § 2 entsprechen, aber im Auslande zahlbar sind, unterliegen einer Stempelgebühr von zehn Hellern von jedem Stück. Auf solche Schecks gesetzte Indossamente und Empfangsbestätigungen sowie die im § 16 angeführte Erklärung des Bezogenen und die im § 16 angeführte Bestätigung einer Abrechnungsstelle über die rechtzeitige Einlieferung und Nichteinlösung des Schecks sind stempelfrei.

Die Bestimmungen des vorstehenden Absatzes haben auch auf Überweisungs-(Übertrags-)schecks und auf Effektenschecks, die im übrigen den Vorschriften des gegenwärtigen Gesetzes nicht unterliegen, dann auf die den Effektenschecks beigesetzten Indossamente und Empfangsbestätigungen sinngemäße Anwendung zu finden. Alle anderen Schecks unterliegen der Stempelpflicht wie kaufmännische Anweisungen über Geldleistungen (§ 18 des Gesetzes vom 8. März 1876, RGBl. Nr. 26).

Die Anordnungen über die Art der Errichtung der im ersten Absatze festgesetzten Stempelgebühren werden im Verordnungswege erlassen.

Im Falle der Nichterfüllung der Stempelpflicht bei denjenigen Schecks, die den festen Gebühren von vier oder zehn Hellern zugewiesen sind, finden die Bestimmungen der §§ 20, 21 und 22 des Gesetzes vom 8. März 1876, RGBl. Nr. 26, Anwendung.

Die nachteiligen Folgen des § 20 u. ff. des Gesetzes vom 8. März 1876, RGBl. Nr. 26, haben auch in dem Falle einzutreten, wenn ein undatierter oder mit falschem Datum versehener Scheck ausgehändigt wird, und ist die Gebührenerhöhung von dem Aussteller zur ungeteilten Hand mit jenen Personen, welche mit Kenntnis dieser Umstände den Scheck annehmen, weiterbegeben oder auszahlen, einzuheben. Die auf einen solchen Scheck verwendeten Stempelzeichen sind als nicht vorhanden anzusehen.

Die Post 60, Z. 2, der durch das Gesetz vom 13. Dezember 1862, RGBl. Nr. 89, geänderten Tarifbestimmungen sowie § 7, erster Absatz des Gesetzes vom 29. Februar 1864, RGBl. Nr. 20, treten außer Kraft.

§ 26. Dieses Gesetz tritt nach Ablauf von drei Monaten seit seiner Kundmachung in Wirksamkeit.

Auf Schecks, die schon vor diesem Zeitpunkt ausgestellt wurden, finden die Bestimmungen des gegenwärtigen Gesetzes keine Anwendung.

§ 27. Mit dem Vollzuge dieses Gesetzes sind Meine Minister der Justiz, des Handels und der Finanzen beauftragt.

9. Portugiesisches Scheckrecht.

(Aus dem portugiesischen Handelsgesetzbuche vom 28. Juni 1888, nach Borchardt, Die Handelsgesetze des Erdballs, Berlin 1893.)

Kapitel II.

Von den Billets (Zahlungsversprechen, eigenen Wechseln und Schecks).

340. Das Billet ist eine Privatschuldurkunde, welche enthalten muß:

1. die Angabe der zu zahlenden Summe;
2. den Namen oder die Firma desjenigen, an den oder an dessen Order die Zahlung geleistet werden soll;
3. den Zeitpunkt der Zahlung;

4. die Unterschrift desjenigen, der sich verpflichtet;
5. das Datum.

341. Jedermann, der einen disponiblen Betrag bei einem Bankinstitut oder im Besitz eines Kaufmanns stehen hat, kann darüber zu seinen oder eines Dritten Gunsten mittels eines Schecks verfügen.

§ 1. Der Scheck ist zu datieren, von dem Aussteller zu unterzeichnen, und hat die zu zahlende Summe anzugeben.

§ 2. Der Scheck kann auf den Inhaber, auf Sicht oder auf Zeit ausgestellt werden; diese Zeit darf zehn Tage, gerechnet von dem Tage der Präsentation, nicht überschreiten.

§ 3. Der Inhaber ist verpflichtet, den Scheck innerhalb acht Tagen zur Zahlung zu präsentieren, wenn er an dem nämlichen Platze ausgestellt, an dem er zahlbar ist, und innerhalb fünfzehn Tagen im entgegengesetzten Falle.

342. Der Inhaber, welcher in den, im vorstehenden Artikel angegebenen Fristen den Scheck nicht präsentiert, oder die Zahlung nicht bei Fälligkeit fordert, verliert seine Klage gegen den Indossanten, und büßt sie auch gegen den Aussteller ein, wenn nach Ablauf der angegebenen Fristen der zu zahlende Betrag durch Verschulden desjenigen, der zahlen sollte, nicht disponibel ist.

343. Auf die Eigenen Wechsel (Billets, Zahlungsversprechen) und Schecks sind anwendbar alle auf die gezogenen Wechsel bezüglichen Bestimmungen, welche der Natur der Schecks und der Billets nicht entgegenstehen.

10. Rumänisches Scheckrecht.

(Aus dem rumänischen Handelsgesetzbuche vom 10./22. Mai 1887, übersetzt von C. von Borrschnay.)*

II. Hauptstück.

Vom Scheck.

Art. 364. Wer immer bei einer Bank oder bei was immer für einer Person Geldbeträge verfügbar besitzt, kann durch einen Scheck über diese Gelder zu seinem persönlichen Vorteil oder zu dem einer dritten Person ganz oder teilweise verfügen.

Art. 365. Der Scheck muß die zu zahlende Summe angeben, datiert und vom Aussteller unterzeichnet sein. Derselbe kann auf Inhaber oder auf den Namen einer bestimmten Person lauten.

Die Zahlungszeit kann auf Sicht oder auf eine Frist gestellt sein, welche 10 Tage von der Präsentation nicht übersteigen darf.

Er kann auch an Order lauten und selbst durch Blanko-Indossament weiter begeben werden.

Art. 366. Auf den Scheck sind alle Bestimmungen anzuwenden, welche das Indossament, die Bürgschaft, die Unterschrift verfügungsunfähiger Personen, falsche oder gefälschte Unterschriften, die Verfallzeit und Zahlung der Wechsel, den Protest, die Klage gegen Aussteller und Indossanten, sowie die verlorenen oder entwendeten Wechsel betreffen.

Art. 367. Der Besitzer des Schecks hat denselben, wenn er am Zahlungsort ausgestellt ist, innerhalb acht Tagen, und wenn er an einem andern als dem Ausstellungsorte zahlbar ist, innerhalb fünfzehn Tagen dem Bezogenen zur Zahlung zu präsentieren.

In diese Frist ist der Ausstellungstag nicht einzurechnen.

Art. 368. Der Besitzer des Schecks, welcher denselben in obiger Frist nicht präsentiert, verliert sein Klagerecht gegen die Giranten; derselbe verwirkt auch sein Klagerecht gegen den Aussteller, woferne der Betrag bei Ausgang der obigen Fristen wegen der Handlungsweise des Bezogenen nicht verfügbar sein sollte.

Art. 369. Wer einen Scheck ohne Datum oder mit einem falschen Datum, oder ohne in Händen des Bezogenen den Betrag verfügbar zu haben, ausstellt, wird unbeschadet der im Strafgesetze vorgesehenen Strafen, falls solche zutreffen, mit einer Geldstrafe belegt, welche zehn vom Hundert der im Scheck angegebenen Summe gleichkommt.

11. Schweizerisches Scheckrecht.

Schweizerisches Bundesgesetz über das Obligationenrecht vom 14. Brachmonat 1881 (in Kraft seit 1. Januar 1883).

Titel XXX.

Der Scheck.

830. Die wesentlichen Erfordernisse eines Schecks sind:

1. die Bezeichnung als „Scheck";
2. die mit Worten auszusetzende Angabe der Geldsumme;
3. die Unterschrift des Ausstellers mit seinem Namen oder seiner Firma;
4. die Angabe des Ortes, des Jahres und des Monatstags der Ausstellung, letzterer mit Worten aus;
5. der Name der Person oder der Firma, welche die Zahlung leisten soll (des Bezogenen);
6. die Angabe des Ortes, wo die Zahlung geschehen soll; der bei dem Namen oder der Firma des Bezogenen angegebene Ort gilt für den Scheck als Zahlungsort und zugleich als Wohnort des Bezogenen.

831. Ein Scheck darf nur ausgestellt werden, wenn der Aussteller über den angewiesenen Betrag bei dem Bezogenen sofort zu verfügen das Recht hat.

832. Die Ausstellung des Schecks kann an den Inhaber, an eine bestimmte Person oder an deren Order geschehen.

Ist niemand genannt, an den bezahlt werden soll, so wird Ausstellung auf den Inhaber angenommen.

833. Der Scheck ist auch dann auf Sicht zahlbar, wenn er eine andere oder keine Bestimmung über die Verfallzeit enthält.

834. Die Präsentation zur Annahme und die Annahme finden bei dem Scheck nicht statt. Die Frist für Präsentation zur Zahlung beträgt bei dem Scheck, welcher am Ausstellungsorte zahlbar ist, fünf Tage, bei einem solchen, welcher an einem anderen Orte zahlbar ist, acht Tage.

835. Wird der Scheck innerhalb der genannten Frist nicht präsentiert, so erlischt das Regreßrecht gegen die Indossanten und auch gegen den Aussteller, insofern letzterer durch die nicht erfolgte Präsentation dem Bezogenen gegenüber in Verlust gekommen ist.

836. Die Bestimmungen über den gezogenen Wechsel gelten, soweit sie mit denjenigen dieses Titels nicht in Widerspruch stehen, auch für den Scheck.

837. Wer einen Scheck ausstellt, ohne bei dem Bezogenen für den angewiesenen Betrag Deckung zu besitzen, hat dem Inhaber des Schecks außer dem verursachten Schaden fünf Prozent der angewiesenen Summe zu vergüten.

12. Spanisches Scheckrecht.

(Aus dem spanischen Handelsgesetzbuche vom 22. August 1885 nach Borchardt, Die geltenden Handelsgesetze des Erdballs, Bd. 5, Berlin 1887.)

Abschnitt II.

Von den Zahlungsmandaten, genannt Schecks.

534. Das Zahlungsmandat, welches im Handel unter dem Namen Scheck bekannt ist, ist eine Urkunde, welche dem Aussteller gestattet, zu seinen Gunsten oder zu Gunsten eines Dritten, ganz oder zum Teil Geldsummen zurückzuziehen (zu erheben), welche er in Händen des Bezogenen disponibel (zu seiner Verfügung) hat.

535. Das Zahlungsmandat muß enthalten:

den Namen und die Unterschrift des Ausstellers;
den Namen des Bezogenen und sein Domizil;

den Betrag und das Datum seiner Ausstellung, welche in Buchstaben auszudrücken sind, sowie ob es auf den Inhaber, zu Gunsten einer bestimmten Person oder

an Order gestellt ist, in letzterem Falle ist es durch Indossament übertragbar.

536. Es kann innerhalb des nämlichen Platzes seiner Zahlung oder auf einen anderen Ort gezogen werden, der Aussteller ist jedoch verpflichtet, im voraus die Deckung zu Händen des Bezogenen zu gewähren.

537. Der Inhaber eines Zahlungsmandats muß es binnen der 5 Tage von der Ausstellung, wenn es auf denselben Platz gezogen ist, oder binnen 8 Tagen, wenn es auf einen anderen Platz lautet, zur Zahlung präsentieren.

Der Inhaber, welcher diese Frist verstreichen läßt, verliert sein Klagerecht gegen die Indossanten und ebenso verliert er es gegen den Aussteller, wenn die zu Händen des Bezogenen geleistete Deckung nicht mehr vorhanden ist, weil dieser die Zahlungen suspendiert oder falliert hat.

538. Die achttägige Frist, welche im vorhergehenden Artikel für die von Platz zu Platz ausgestellten Zahlungsmandate festgesetzt ist, gilt als bis auf 12 Tage von ihrem Datum an verlängert für die auf das Ausland gezogenen.

539. Die Zahlung des Mandats ist von dem Bezogenen im Akte der Präsentation zu fordern.

Die Person, an die gezahlt wird, muß in der Quittung ihren Namen und das Datum der Zahlung angeben.

540. Duplikate von Zahlungsmandaten dürfen nicht ausgestellt werden, ohne daß zuvor die Originale nach ihrem Verfall annulliert worden sind und der Bezogene seine Zustimmung erteilt hat.

541. Der Aussteller oder jeder gesetzliche Inhaber eines Zahlungsmandats hat das Recht, darauf zu bemerken, daß die Zahlung an einen Bankier oder eine bestimmte Gesellschaft erfolge, was er dadurch ausdrückt, daß er auf die Vorderseite den Namen dieses Bankiers oder der

Gesellschaft oder nur die Worte „und Kompagnie" quer darüber schreibt.

Die an eine andere Person, welche nicht der Bankier oder die angegebene Gesellschaft ist, geleistete Zahlung befreit den Bezogenen nicht von seiner Haftbarkeit, wenn er ungehörig gezahlt hat.

542. Auf diese Urkunden sind die in diesem Gesetzbuch enthaltenen Bestimmungen hinsichtlich der solidarischen Garantie des Ausstellers und der Indossanten, bezüglich des Protestes und der Ausübung der aus den Wechseln sich ergebenden Klagerechte, anwendbar.

543. Bezüglich der bei den Zahlungsorders im Kontokorrent der Banken oder Handelsgesellschaften, bekannt unter dem Namen Talons, sind die vorhergehenden Bestimmungen, soweit sie auf sie anwendbar sind, maßgebend.

B. Die Vorschriften des Bürgerlichen Gesetzbuchs und des Handelsgesetzbuchs über Anweisungen.

Bürgerliches Gesetzbuch

vom 18. August 1896 (Reichs-Gesetzbl. S. 195).

Einundzwanzigster Titel.

Anweisung.

§ 783. Händigt jemand eine Urkunde, in der er einen anderen anweist, Geld, Wertpapiere oder andere vertretbare Sachen an einen Dritten zu leisten, dem Dritten aus, so ist dieser ermächtigt, die Leistung bei dem Angewiesenen im eigenen Namen zu erheben; der Angewiesene ist ermächtigt, für Rechnung des Anweisenden an den Anweisungsempfänger zu leisten.

§ 784. Nimmt der Angewiesene die Anweisung an, so ist er dem Anweisungsempfänger gegenüber zur Leistung verpflichtet; er kann ihm nur solche Einwendungen entgegensetzen, welche die Gültigkeit der Annahme betreffen oder sich aus dem Inhalte der Anweisung oder dem Inhalte der Annahme ergeben oder dem Angewiesenen unmittelbar gegen den Anweisungsempfänger zustehen.

Die Annahme erfolgt durch einen schriftlichen Vermerk auf der Anweisung. Ist der Vermerk auf die Anweisung vor der Aushändigung an den Anweisungsempfänger gesetzt worden, so wird die Annahme diesem gegenüber erst mit der Aushändigung wirksam.

§ 785. Der Angewiesene ist nur gegen Aushändigung der Anweisung zur Leistung verpflichtet.

§ 786. Der Anspruch des Anweisungsempfängers gegen den Angewiesenen aus der Annahme verjährt in drei Jahren.

§ 787. Im Falle einer Anweisung auf Schuld wird der Angewiesene durch die Leistung in deren Höhe von der Schuld befreit.

Zur Annahme der Anweisung oder zur Leistung an den Anweisungsempfänger ist der Angewiesene dem Anweisenden gegenüber nicht schon deshalb verpflichtet, weil er Schuldner des Anweisenden ist.

§ 788. Erteilt der Anweisende die Anweisung zu dem Zwecke, um seinerseits eine Leistung an den Anweisungsempfänger zu bewirken, so wird die Leistung, auch wenn der Angewiesene die Anweisung annimmt, erst mit der Leistung des Angewiesenen an den Anweisungsempfänger bewirkt.

§ 789. Verweigert der Angewiesene vor dem Eintritte der Leistungszeit die Annahme der Anweisung oder verweigert er die Leistung, so hat der Anweisungsempfänger dem Anweisenden unverzüglich Anzeige zu machen. Das Gleiche gilt, wenn der Anweisungsempfänger die Anweisung nicht geltend machen kann oder will.

§ 790. Der Anweisende kann die Anweisung dem Angewiesenen gegenüber widerrufen, solange nicht der Angewiesene sie dem Anweisungsempfänger gegenüber angenommen oder die Leistung bewirkt hat. Dies gilt auch dann, wenn der Anweisende durch den Widerruf einer ihm gegen den Anweisungsempfänger obliegenden Verpflichtung zuwiderhandelt.

§ 791. Die Anweisung erlischt nicht durch den Tod oder den Eintritt der Geschäftsunfähigkeit eines der Beteiligten.

§ 792. Der Anweisungsempfänger kann die Anweisung durch Vertrag mit einem Dritten auf diesen übertragen, auch wenn sie noch nicht angenommen worden ist. Die Übertragungserklärung bedarf der schriftlichen Form. Zur Übertragung ist die Aushändigung der Anweisung an den Dritten erforderlich.

Der Anweisende kann die Übertragung ausschließen. Die Ausschließung ist dem Angewiesenen gegenüber nur wirksam, wenn sie aus der Anweisung zu entnehmen ist oder wenn sie von dem Anweisenden dem Angewiesenen mitgeteilt wird, bevor dieser die Anweisung annimmt oder die Leistung bewirkt.

Nimmt der Angewiesene die Anweisung dem Erwerber gegenüber an, so kann er aus einem zwischen ihm und dem Anweisungsempfänger bestehenden Rechtsverhältnis Einwendungen nicht herleiten. Im übrigen finden auf die Übertragung der Anweisung die für die Abtretung einer Forderung geltenden Vorschriften entsprechende Anwendung.

Handelsgesetzbuch

vom 10. Mai 1897 (Reichs-Gesetzbl. S. 219).

§ 363. Anweisungen, die auf einen Kaufmann über die Leistung von Geld, Wertpapieren oder anderen vertretbaren Sachen ausgestellt sind, ohne daß darin die Leistung von einer Gegenleistung abhängig gemacht ist, können durch Indossament übertragen werden, wenn sie an Order lauten. Dasselbe gilt von Verpflichtungsscheinen, die von einem Kaufmann über Gegenstände der bezeichneten Art an Order ausgestellt sind, ohne daß darin die Leistung von einer Gegenleistung abhängig gemacht ist.

Ferner können Konnossemente der Seeschiffer, Ladescheine der Frachtführer, Lagerscheine der staatlich zur Ausstellung solcher Urkunden ermächtigten Anstalten sowie Bodmereibriefe und Transportversicherungspolizzen durch Indossament übertragen werden, wenn sie an Order lauten.

§ 364. Durch das Indossament gehen alle Rechte aus dem indossierten Papier auf den Indossatar über.

Dem legitimierten Besitzer der Urkunde kann der Schuldner nur solche Einwendungen entgegensetzen, welche die Gültigkeit seiner Erklärung in der Urkunde betreffen oder sich aus dem Inhalte der Urkunde ergeben oder ihm unmittelbar gegen den Besitzer zustehen.

Der Schuldner ist nur gegen Aushändigung der quittierten Urkunde zur Leistung verpflichtet.

§ 365. In betreff der Form des Indossaments, in betreff der Legitimation des Besitzers und der Prüfung der Legitimation sowie in betreff der Verpflichtung des Besitzers zur Herausgabe, finden die Vorschriften der Artikel 11 bis 13, 36, 74 der Wechselordnung entsprechende Anwendung.

Ist die Urkunde vernichtet oder abhanden gekommen, so unterliegt sie der Kraftloserklärung im Wege des Aufgebotsverfahrens. Ist das Aufgebotsverfahren eingeleitet, so kann der Berechtigte, wenn er bis zur Kraftloserklärung Sicherheit bestellt, Leistung nach Maßgabe der Urkunde von dem Schuldner verlangen.

(Nr. 3433.) **Bekanntmachung,**
betreffend die Vorlegungsfristen für Auslandschecks.
Vom 19. März 1908. (RGBl. Nr. 13 S. 85.)

Auf Grund des § 11 Abs. 2 des Scheckgesetzes vom 11. März 1908 (Reichs-Gesetzbl. S. 71) hat der Bundesrat beschlossen:

Im Ausland ausgestellte, im Inlande zahlbare Schecks sind binnen der nachstehend bezeichneten Fristen nach der Ausstellung dem Bezogenen am Zahlungsorte zur Zahlung vorzulegen:

im europäischen Auslande — mit Ausnahme von Island und den Faröern — ausgestellte Schecks binnen drei Wochen,

in den Küstenländern von Asien und Afrika längs des Mittelländischen und Schwarzen Meeres oder in den dazu gehörigen Inseln dieser Meere ausgestellte Schecks binnen einem Monat,

in den Vereinigten Staaten von Amerika, in Canada, Neu-Fundland, Mexiko, den Azoren, Madeira, den Canarischen und Cap Verdischen Inseln ausgestellte Schecks binnen zwei Monaten,

sonst im Auslande, mit Einschluß der deutschen Schutzgebiete, ausgestellte Schecks binnen drei Monaten.

Die Fristen gelten auch für Schecks, die im Inland ausgestellt, im Auslande zahlbar sind, sofern das ausländische Recht keine Vorschrift über die Zeit der Vorlegung enthält.

Berlin, den 19. März 1908.

Der Reichskanzler.
In Vertretung:
von Bethmann Hollweg.

(Nr. 3434.) Bekanntmachung,
betreffend Abrechnungsstellen im Scheckverkehre.
Vom 19. März 1908. (RGBl. Nr. 13 S. 86.)

Auf Grund des § 12 Abs. 2 des Scheckgesetzes vom 11. März 1908 (Reichs-Gesetzbl. S. 71) hat der Bundesrat beschlossen:

Abrechnungsstellen im Sinne des Scheckgesetzes sind die Abrechnungsstellen bei der Reichsbank in Berlin, Braunschweig, Bremen, Breslau, Chemnitz, Cöln am Rhein, Dortmund, Dresden, Elberfeld, Frankfurt am Main, Hamburg, Hannover, Leipzig, München, Nürnberg und Stuttgart.

Berlin, den 19. März 1908.

Der Reichskanzler.
In Vertretung:
von Bethmann Hollweg.

Sachregister.

(Die Zahlen verweisen auf die Seiten.)

J.

K.

T.

U.

V.

W.

Z.

Frommannsche Buchdruckerei (Hermann Pohle) in Jena. — 3348

Verzeichnis

der

Guttentag'schen Sammlung Deutscher Reichs- und Preussischer Gesetze

Text-Ausgaben

mit Anmerkungen u. Sachregister

Guttentag'sche Sammlung

Deutscher Reichsgesetze.

Text-Ausgaben mit Anmerkungen. Taschenformat.

---

1. **Verfassung** des Deutschen Reichs. Von Dr. **L. von Rönne.** Neunte Auflage von Landrat **Paul von Rönne.** 1904. 2 M. 40 Pf.

2. **Strafgesetzbuch** für das Deutsche Reich. Nebst den gebräuchlichsten Reichs-Strafgesetzen. Von Dr. **H. Rüdorff.** Zweiundzwanzigste Auflage von Dr. **H. Appelius,** Kammergerichtsrat. 1907. 1 M. 50 Pf.

   Die §§ 95—101, geändert durch Gesetz vom 17. Februar 1908, in neuer Fassung.

3. **Militärstrafgerichtsordnung** von Senatspräsident Dr. **Paul Herz.** 1902. Dritte Auflage. Aus dem Handel gezogen; — dafür Text-Ausgaben ohne Anmerkungen auf S. 24. 1 M. 50 Pf.

4. **Handelsgesetzbuch vom 10. Mai 1897** unter Ausschluß des Seerechts. Mit den ergänzenden Vorschriften des Bürgerlichen Gesetzbuchs und Erläuterungen von **F. Litthauer,** Justizrat. Dreizehnte Auflage herausgegeben von Geh. Justizrat Prof. Dr. **A. Mosse,** Oberlandesgerichtsrat 1905. 3 M.

5. Allgemeine Deutsche **Wechselordnung.** Neunte Auflage von Justizrat Dr. **J. Stranz** und Rechtsanwalt Dr. **M. Stranz,** und das Reichsgesetz über die Wechsel-

stempelsteuer.*) Von Regierungsrat **P. Loeck.** Achte Auflage. 1906. 3 M.

*) Ist auch einzeln zu haben. Preis 1 M. 25 Pf.

6. **Gewerbeordnung** für das Deutsche Reich nebst allen Ausführungsbestimmungen. Ursprünglich herausgegeben von **T. Ph. Berger** und Dr. **L. Wilhelmi.** Siebzehnte Auflage bearbeitet von Oberverwaltungsgerichtsrat **H. Spangenberg.** 1907. 3 M.
   Ergänzungsband hierzu: **Preußische Ausführungsanweisung.** 1904. 2 M.

7. Die deutsche **Post- und Telegraphen-Gesetzgebung.** Nebst dem Weltpostvertrag und dem internationalen Telegraphenvertrag. Von Wirkl. Geh. Rat Dr. **Fischer.** Fünfte Auflage bearbeitet von Geh. Postrat Dr. **M. König.** 1902. 3 M.

8. Die Reichsgesetze über den **Unterstützungswohnsitz** in der Fassung der Novelle vom 12. März 1894, **die Freizügigkeit, den Erwerb und Verlust der Bundes- und Staatsangehörigkeit,** nebst allen landesgesetzlichen Bestimmungen. Von Geheimrat Dr. **J. Krech,** Mitglied des Bundesamtes für das Heimatwesen. Sechste Auflage. 1907. 3 M.

9. Sammlung **kleinerer strafrechtlicher Reichsgesetze.** Mit den Entscheidungen des Reichsgerichts, bearbeitet von **M. Werner,** Geh. Ober-Regierungsrat. Zweite Auflage. 1903. 3 M.

(Inhalt ca. 25 verschiedene Gesetze.)

10. Das **Reichsbeamtengesetz** und seine Ergänzungen. Erläutert von **J. Pieper.** Zweite Auflage. 1901. 4 M. 50 Pf.
— In der Fassung von 1906 siehe Nr. 82.

11. **Zivilprozeßordnung mit Gerichtsverfassungsgesetz** in den neuesten Fassungen. Herausgegeben zunächst von **R. Sydow,** Unterstaatssekretär, weiter bearbeitet von **L. Busch,** Reichsgerichtsrat. Zehnte Auflage. (In größerem Oktav-Format.) 1905. 6 M.

12. **Strafprozeßordnung und Gerichtsverfassungsgesetz** nebst den Gesetzen, betreffend die Entschädigung der im Wiederaufnahmeverfahren freigesprochenen Personen und die Entschädigung für unschuldig erlittene Untersuchungshaft. Von Dr. **A. Hellweg,** Reichsgerichtsrat. Vierzehnte Auflage. 1907. 2 M.

13. **Konkursordnung und Anfechtungsgesetz.** Von **R. Sydow.** Weiter bearbeitet von **L. Busch.** Zehnte Auflage. 1906. 2 M. 25 Pf.

14. **Gerichtsverfassungsgesetz** mit Einführungsgesetz. Herausgegeben von **R. Sydow** und **L. Busch.** Neunte Auflage. 1905. 1 M. 50 Pf.

15. Das **Deutsche Gerichtskostengesetz** nebst den Gebührenordnungen für Gerichtsvollzieher, Zeugen und Sachverständige. Herausgegeben mit Kosten-

tabellen von **R. Sydow.** Weiter bearbeitet von **L. Busch.** Achte Auflage. 1907. 2 M.

16. **Rechtsanwaltsordnung.** Von **R. Sydow.** Sechste Auflage von Justizrat **M. Jacobsohn.** 1907. 1 M. 20 Pf.

17. Die **Deutsche Gebührenordnung für Rechtsanwälte und das Preußische Gebührengesetz** vom 27. September / 6. Oktober 1899. Von **R. Sydow** und **L. Busch.** Siebente Auflage. 1903. 1 M. 60 Pf.

18. **Reichsstempelgesetz (Börsensteuer, Frachturkunde, Kraftfahrzeuge, Personenfahrkarte, Tantieme für Aufsichtsratsmitglieder).** Vom 3. Juni 1906. Nebst Ausführungsbestimmungen und Entscheidungen. Neunte Auflage von **P. Loeck,** Regierungsrat. (In größerem Oktav-Format.) 1906. 4 M. 50 Pf.

19. Die **Seegesetzgebung.** Von Dr. **W. E. Knitschky.** Dritte Auflage bearbeitet von Oberlandesgerichtsrat **Otto Rudorff** in Hamburg 1902. 4 M. 50 Pf.

20. **Krankenversicherungsgesetz.** Von weil. Dr **E. von Woedtke,** Direktor im Reichsamte des Innern. Elfte Auflage bearbeitet von Dr. **G. Eucken-Addenhausen,** Geh. Reg.-Rat und vortr. Rat im Reichsamte des Innern. 1905. 3 M.

21. Die **Konsulargesetzgebung.** Von Professor Dr. **Ph. Zorn.** Zweite Auflage. 1901. 3 M.

22. **Patentgesetz.** Nebst Ausführungsbestimmungen, völkerrechtlichen Verträgen und der Patentanwalts-Ordnung unter eingehender Berücksichtigung der Rechtsprechung des Reichsgerichts und der Praxis des Patentamts. Erläutert von Professor Dr. **R. Stephan,** Geh. Reg.-Rat, Mitglied des Kaiserlichen Patentamts. Sechste Auflage. 1904. 2 M.

Gesetz zum **Schutz der Warenbezeichnungen.** Nebst Ausführungsbestimmungen. Siehe Seite 16 Nr. 67.

23. **Gewerbe-Unfallversicherungsgesetz.** Von weil. Dr. **E. v. Woedtke.** Neunte neubearbeitete Auflage von **Franz Caspar,** Direktor im Reichsamt des Innern. 1907. 2 M. 50 Pf.

24. **Aktiengesellschaft und Kommanditgesellschaften auf Aktien.** (Handelsgesetzbuch, II. Buch, Abschnitt 3 und 4). Mit Anmerkungen von Justizrat Dr. **H. Veit Simon** und Amtsrichter **L. Keyssner.** 1908. Sechste Auflage. Im Druck.

25. **Brausteuergesetz** vom 3. Juni 1906 mit Ausführungsvorschriften. Von **A. Düffe,** Obersteuerkontrolleur. 1907. 3 M.

26. Die Reichsgesetzgebung über **Münz- und Notenbankwesen,** Papiergeld, Prämienpapiere und Reichsschulden. Von Dr. jur. **R. Koch,** Präsident des Reichsbankdirektoriums. Fünfte Auflage. 1905. 3 M.

27. Die Gesetzgebung, betr. das **Gesundheitswesen** im Deutschen Reich für Behörden, Aerzte ꝛc. Von Dr. jur. **C. Goesch** und Dr. med. **J. Karsten.** 1888. 1 M. 60 Pf.

28. **Bau-Unfallversicherungsgesetz.** Vom 30. Juni 1900. Von **R. Chrzescinski,** Kaiserl. Regierungsrat. Dritte Auflage. 1900. 2 M.

29. **Reichsgesetz,** betr. die **Erwerbs- und Wirtschaftsgenossenschaften.** Von **L. Parisius** und Dr. **H. Crüger.** Zwölfte Auflage bearbeitet von Dr. **H. Crüger.** 1907. 1 M. 50 Pf.

30. **Invalidenversicherungsgesetz** vom 13. Juli 1899. Von weil. Dr. **E. v. Woedtke.** Zehnte Auflage von Regierungsrat **H. Follmann.** 1906. 4 M.

31. **Gewerbegerichtsgesetz.** Von Stadtrat **L. Mugdan.** Sechste Auflage bearbeitet von **W. Cuno,** Erstem Bürgermeister zu Hagen i. W. 1906. 2 M. 20 Pf.

32. **Reichsgesetz,** betr. die **Gesellschaften mit beschränkter Haftung.** Von **L. Parisius** und Dr. **H. Crüger.** Neunte Auflage von Dr. **H. Crüger.** 1907. 1,40 M.

33. **Vereins- und Versammlungsrecht** in Deutschland. Von Dr. **E. Ball.** Zweite, völlig neubearbeitete Auflage von Dr. **F. Friedenthal.** 1907. 2 M. 50 Pf.

34. Reichsgesetz, betreffend die Abzahlungsgeschäfte. Vom 16. Mai 1894. Von J. Hoffmann. Zweite vermehrte Auflage besorgt von Dr. E. Wilke, Landgerichtsrat. 1901. 1 M. 20 Pf.

35. Die Reichs-Eisenbahngesetzgebung. Von W. Coermann, Kaiserl. Amtsrichter. 1895. 2 M. 25 Pf.

36. Gesetze, betr. die privatrechtlichen Verhältnisse der Binnenschiffahrt und der Flößerei. Dritte Auflage von E. Löwe, Landgerichtsrat. 1903. 3 M.

37. Gesetz zur Bekämpfung des unlauteren Wettbewerbes. Vom 27. Mai 1896. Von Dr. R. Stephan, Geh. Regierungsrat. Dritte Auflage. 1903. 1 M.

38/39. Bürgerliches Gesetzbuch nebst Einführungsgesetz. Nach dem Tode des ursprünglichen Herausgebers Reichsgerichtsrats a. D. Dr. A. Achilles in Verbindung mit Professor Dr. André, Kammergerichtsrat Ritgen, Ober-Landesgerichtsrat Strecker, Ober-Regierungsrat Dr. Unzner herausgegeben von Geh. Ober-Justizrat Greiff. Fünfte Auflage. (In größerem Oktav-Format) 1906. 6 M. 50 Pf.

40. Gesetz, betr. die Pflichten der Kaufleute bei Aufbewahrung fremder Wertpapiere (Depotgesetz). Mit Erläuterungen. Von F. Lusensky, Geh. Ober-Regierungsrat. Zweite Auflage. 1905. 1 M.

41. **Börsengesetz.** Vom 22. Juni 1896. Nebst Ausführungsbestimmungen. Unter Mitwirkung des Direktors im Reichsamt des Innern **A. Wermuth** bearbeitet von Regierungsrat **H. Brendel.** 1897. 1 M. 50 Pf.

42. **Grundbuchordnung** nebst den preußischen Ausführungsbestimmungen. Mit Einleitung. Von Prof. Dr. **O. Fischer.** Vierte Auflage. 1906. 2 M.

43. Die Gesetzgebung, betr. die **Zwangsvollstreckung in das unbewegliche Vermögen** im Reiche und in Preußen. Mit Einleitung, Kosten- und Gebührentabellen. Von Dr. **J. Krech,** Kaiserl. Geh. Regierungsrat und Professor Dr. **O. Fischer.** Fünfte Auflage. 1907. 2 M.

44. Das Reichsgesetz über das **Auswanderungswesen** vom 9. Juni 1897 nebst Ausführungsverordnungen und Anlagen. Unter Benutzung amtlicher Quellen. Von Professor Dr. **Felix Stoerk.** 1899. 2 M. 25 Pf.

45. Das **Entmündigungsrecht** unter Berücksichtigung der für Preußen geltenden Vorschriften nebst der preußischen Justiz-Ministerial-Verfügung vom 28. November 1899. Text der zivil- und prozeßrechtlichen Bestimmungen mit Erläuterungen von Landgerichtsrat Dr. **P. Koll** in Cöln. 1900. 1 M. 50 Pf.

46. Die Gesetze des Reiches und Preußens über die **freiwillige Gerichtsbarkeit.** Mit Einleitung von **Herm. Jastrow,** Amtsgerichtsrat. Vierte Auflage. 1906. 3 M.

47. Das **deutsche Vormundschaftsrecht** und das preuß. Gesetz über die Fürsorgeerziehung Minderjähriger nebst den dazu gehörigen preußischen Nebengesetzen. Von **Max Schultzenstein,** Oberverwaltungsgerichtsrat und Amtsgerichtsrat Dr. **Paul Köhne.** Zweite Auflage. 1901. 3 M.

48. Gesetze und Verordnungen, betr. den **Drogen-, Gift- und Farbenhandel** außerhalb der Apotheken. Von Dr. **Broh,** Rechtsanwalt. 1899. 1 M. 25 Pf.

49. Deutsche **Kolonialgesetzgebung.** Von Professor Dr. **Philipp Zorn.** 1901. 4 M. 50 Pf.

50. Der **Viehkauf** (Viehgewährschaft) nach dem Bürgerlichen Gesetzbuche. Nebst Verordn. betr. die Hauptmängel und Gewährsfristen beim Viehhandel. Von Rechtsanwalt Dr. **H. Stölzle** und **H. Weiskopf,** Königl. Kreistierarzt in Augsburg. Dritte Auflage. 1904. 3 M.

51. **Hypothekenbankgesetz** vom 13. Juli 1899. Von Dr. **H. Göppert,** Gerichts-Assessor. 1900. 1 M. 80 Pf.

52. Gesetz, betreffend die gemeinsamen **Rechte der Besitzer von Schuldverschreibungen.** Von Dr. **Heinrich Göppert,** Gerichts-Assessor. 1900. 2 M.

53. **Reichspreßgesetz** vom 7. Mai 1874 nebst den einschlägigen Bestimmungen des Strafgesetzbuchs, der Gewerbeordnung &c. Kommentar von **A. Born**, Polizeiassessor. 1900. 1 M. 50 Pf.

54. Die Reichsgesetzgebung über den Verkehr mit **Nahrungsmitteln, Genußmitteln** und **Gebrauchsgegenständen.** Von Dr. **Georg Lebbin,** Nahrungsmittelchemiker. 1900. 2 M. 25 Pf.

55. Das Recht der **Beschlagnahme von Lohn- und Gehaltsforderungen.** Auf Grundlage der Reichsgesetze vom 21. Juni 1869 u. 29. März 1897 und der Zivilprozeßordnung. Von Justizrat **Georg Meyer.** Dritte Auflage. 1908. Im Druck.

56. Gesetz, betr. die **Bekämpfung gemeingefährlicher Krankheiten.** Nebst Ausführungsbestimmungen. Von Dr. **Bruno Burkhardt,** Regierungsrat, Mitglied des Kais. Gesundheitsamts. 1900. 1 M. 40 Pf.

57. **See-Unfallversicherungsgesetz.** Von **Dr. Max Mittelstein,** Oberlandesgerichtsrat in Hamburg. 1901 2 M.

58. **Das Recht der unehelichen Kinder** nach dem BGB. Von **Hermann Jastrow,** Amtsg.-Rat. 1901. 1 M. 80 Pf.

59. Reichsgesetz über die **Beurkundung des Personenstanstandes und die Eheschließung.** Von Dr. **F. Fidler,** Amtgerichtsrat. 1901. 1 M. 80 Pf.

60. Gesetz, betreffend das **Urheberrecht an Werken der Literatur und der Tonkunst.** Von Landrichter **Otto Lindemann.** Zweite Auflage. 1907. 1 M. 60 Pf.

61. Gesetz über das **Verlagsrecht.** Von Justizrat **Ernst Heinitz.** 1901. 1 M. 50 Pf.

62. Gesetz über die **privaten Versicherungsunternehmungen.** Von **H. Könige**, Reichsgerichtsrat. 2. Auflage in Bearbeitung.

63. **Gesetzestafel des Deutschen Reichsrechts.** Systematisch geordnete Nachweisung des z. Z. geltenden Reichsrechts. Ergänzungsband zu der Guttentag'schen Sammlung Deutscher Reichsgesetze. Von **Hugo Bruhns**, Syndikus. 1902. 8⁰. 2 M. 50 Pf.

64. Gesetzsammlung betr. den **Handel mit Drogen und Giften.** Reichsgesetzl. Bestimmungen und Anhang mit den landesgesetzl. Verordnungen sämtlicher Bundesstaaten. Von Rechtsanwalt **H. Sonnenfeld**, Syndik. d. Berl. Drogisten-Innung. 1902. 3 M.

65. Das **Weingesetz** vom 24. Mai 1901. Mit Ausführungsbestimmungen von **Dr. Georg Lebbin**, Handels- u. Gerichtschemiker. 1902. 1 M. 50 Pf.

66. Die **Eisenbahn-Gesetzgebung.** Von **W. Pietsch**, Geh. exp. Sekretär im Reichs-Eisenbahn-Amt. 1902. 5 M.

67. **Militär-Strafgesetzbuch** von Senats-Präsident Dr. **Paul Herz** und Kriegsgerichtsrat Dr. **Georg Ernst.** 1903. Aus dem Handel gezogen; — dafür Text-Ausgaben ohne Anmerkungen Seite 24. 1 M.

68. Das **Fleischbeschaugesetz.** Vom 3. Juni 1900. Mit Ausführungsges. u. Verordnungen im Reiche und in Preußen. Von Dr. **Georg Lebbin,** Gerichtschemiker und Rechtsanwalt Dr. **Georg Baum.** 1903. 4 M.

69. Reichsgesetz über die **Naturalleistungen der bewaffneten Macht im Frieden** nebst den zugehörigen in Preußen geltenden Bestimmungen. Von Regierungsassessor Dr. **Walter v. Hippel.** 1903. 1 M. 25 Pf.

70. Das **Reichs-Haftpflichtgesetz,** betr. die Verbindlichkeit zum Schadensersatz für die bei dem Betriebe von Eisenbahnen, Bergwerken, Steinbrüchen, Gräbereien und Fabriken herbeigeführten Tötungen und Körperverletzungen, vom 7. Juni 1871. Von Regierungsrat Dr. **G. Eger.** 1903. Preis 3 M.

71. **Kinderarbeit in gewerblichen Betrieben,** v. 30. März 1903. Nebst der Preuß. Ausführ.-Anw. v. 30. Nov. u. d. Bek. des Reichskanzlers v. 17. Dez. 1903. Von **H. Spangenberg,** Oberverwaltungsgerichtsrat. Zweite vermehrte Auflage. 1904. 1 M. 60 Pf.

72. **Unfallversicherungsgesetz für Land- und Forstwirtschaft** vom Wirkl. Geh. Rat Dr. **E. von Woedtke,** fortgesetzt von Dr. **Alfred Radtke,** Geh. Regierungsrat und Senatspräs. im Reichsversicherungsamt. Zweite Auflage. 1904. 4 M. 50 Pf.

73. **Entschädigung für unschuldig erlittene Verhaftung und Bestrafung.** Nebst Anhang, enth. die dazu gehörigen Nebengesetze über Schadensersatz. Von Dr. jur. **A. Romen,** Geh. Kriegsrat und vortr. Rat im Kriegsministerium. 1904. 2 M.

74. Die **Kaufmannsgerichte** nebst den preuß. Ausführungsbestimmungen. Von Dr. **Max Apt,** Syndikus der Korporation der Berliner Kaufmannschaft. Dritte Auflage. 1905. 2 M.

75. Reichsgesetz über die **Konsulargerichtsbarkeit.** Erläutert von Dr. jur. **A. F. Vorwerk,** Rechtsanwalt in Schanghai. 1905. 2 M.

76. **Die Rechtshilfe im Verkehr mit den ordentlichen Gerichten nach deutschem Reichsrecht.** Zusammenstellung aller in Betracht kommenden Gesetzesstellen. Von Landrichter Dr. **A. Friedländer.** 1906. 1 M. 80 Pf.

77. **Das Reichserbschaftssteuergesetz.** Vom 3. Juni 1906. Von **Ulrich Hoffmann,** Geh. Registrator im Kgl. Preuß. Finanzministerium. 1906. 2 M. 60 Pf.

78. **Zigarettensteuergesetz.** Vom 3. Juni 1906. Von Dr. **Cuno,** Gerichtsassessor. 1906. 1 M. 80 Pf.

79. **Die Militärpensionsgesetze** vom 31. Mai 1906 nebst Ausführungsbestimmungen. Zum Gebrauch für Heer, Marine und Schutztruppe von Dr. jur. **A. Romen,** Wirklicher Geheimer Kriegsrat.
a) I. Teil: Offizierpensionsgesetz. 3 M. 50 Pf.
b) II. Teil: Mannschaftsversorgungsgesetz. 3 M. 50 Pf.
Jeder Teil ist einzeln käuflich.

80. Reichsgesetzgebung über **gerichtliche Registerführung.** Textausgabe der einschlägigen Gesetzesbestimmungen mit Anmerkungen und Sachregister von **Otto Lindemann,** Landrichter. 1906. 3 M.

81. Gesetz, betr. **Urheberrecht an Werken der bildenden Künste und der Photographie.** Von Dr. **Ludw. Fuld,** Rechtsanwalt. 1907. 1 M.

82. **Reichsbeamtengesetz** in der Fassung vom 18. Mai 1907 und seine Ergänzungen von Prof. Dr. **Ad. Arndt.** ca. 3 M.

83. **Reichsgesetz über den Versicherungsvertrag** nebst Einführungsgesetz mit Einleitung und ausführlicher Erläuterung von Dr. **Paul Hager** und Dr. **R. Behrend,** Regierungsräte. ca. 4 M. 50 Pf.

84. **Sammlung kleinerer privatrechtlicher Reichsgesetze** von Landrichter **Georg Müller.** Im Druck.

Enthält eine Fülle von Gesetzen, die anderweit fast garnicht oder nur schwer zu beschaffen sind.

85 **Scheckgesetz** mit Einleitung usw. Von Prof. Dr. **Max Apt.** Im Druck. 1 M. 50 Pf.

86. **Die Auslieferungsverträge des Deutschen Reiches** von Landrichter **A. Cohn.** Im Druck.

87. Gesetz zum **Schutz der Warenbezeichnungen.** Nebst Ausführungsbestimmungen. Von Geh. Reg.-Rat, Mitglied des Patentamts Dr. **Freund** und Rechtsanwalt **Magnus.** Fünfte Auflage. 1908. Im Druck.

Guttentag'sche Sammlung

Preußischer Gesetze.

Text-Ausgaben mit Anmerkungen. Taschenformat.

1. **Die Verfassungs-Urkunde** für den Preußischen Staat. Mit Einleitung, vollständigem Kommentar. Von Prof. Dr. **Adolf Arndt.** Sechste Auflage. 1907. 3 M.

2. Preußische **Beamten-Gesetzgebung.** Enthaltend die wichtigsten Beamtengesetze in Preußen. Von **C. Pfafferoth.** Vierte, neubearb. Auflage. 1905. Mit Anhang: Abänderung vom 27. Mai 1907. 2 M.

3. **Die Aufnahme des Nottestaments** durch die bestellten besonderen Urkundspersonen. Anweisung vom 15. März 1904. Erläutert mit Musterbeispielen und einem Abriß des Erbrechts von Amtsgerichtsrat **C. Kurtz.** 1904. 1 M. 50 Pf.

4. **Gebührenordnung** für **Notare** vom 25. Juni 1895 nebst den einschlägigen Vorschriften des Preußischen Gerichtskostengesetzes. Von **R. Sydow.** Dritte Auflage bearbeitet von Justizrat Dr. **Rausnitz.** 1908. 1 M. 60 Pf.

5. **Gesetz vom 24. April 1854 (betr. die außerehel. Schwängerung).** Von Dr. **Schulze.** 1873. 75 Pf. Gültiges Recht siehe: Reichsgesetze Nr. 58.

6. Die Preuß. **Ausführungsgesetze und Verordnungen zu den Reichs-Justizgesetzen.** Von **R. Sydow.** Dritte vermehrte Auflage. 1895. 2 M. 40 Pf. Siehe Seite 23, Busch, Ausführungsgesetze.

7. Allg. **Gerichtsordnung** vom 6. Juli 1793 und Preuß. **Konkursordnung** vom 8. Mai 1885. Von **F. Vierhaus**, Geh. Ober-Justizrat. Vergriffen.

8. **Vormundschaftsordnung.** Von **F. Schultzenstein.** Gültiges Recht siehe: Reichsgesetze Nr. 47.

9. Die Preußische **Grundbuchgesetzgebung.** Von Prof. Dr. **Fischer.** Vergriffen. Siehe: Reichsgesetze Nr. 42.

10. **Einkommensteuergesetz.** Von **A. Fernow,** Geh. Ober-Finanzrat. Siebente Auflage. 1908. Im Druck.

11. **Gewerbesteuergesetz.** Von **A. Fernow,** Geh. Ober-Finanzrat. Vierte, vermehrte Auflage. 1905. 2 M.

12. **Allgemeines Berggesetz** für die Preußischen Staaten vom 24. Juni 1865 nebst den preußischen Berggesetznovellen, den einschläg. Nebengesetzen u. Ausführungsbestimmungen. Mit Einleitung, Erläuterungen und Sachregister bearbeitet von **W. Westhoff** und **W. Schlüter.** Zweite Auflage. 1907. 5 M.

13. **Ergänzungssteuergesetz** (Vermögenssteuergesetz). Von **A. Fernow,** Geh. Ober-Finanzrat. Vierte vermehrte Auflage. 1907. 2 M. 40 Pf.

14. **Kommunalabgabengesetz.** Vom 14. Juli 1893 und Gesetz wegen Aufhebung direkter Staatssteuern. Von Dr. **F. Adickes,** Oberbürgermeister. Vierte Auflage. 1906. 1 M. 50 Pf.

15. Die **Kreisordnungen** für den Preußischen Staat. Von **O. Kolisch**, Landgerichtsrat. 1894. 4 M.

16. **Konzessionierung gewerblicher Anlagen.** Preuß. Ausführungs-Anweisung zu §§. 16 u. ff. der Gewerbe-Ordnung. Von Dr. **W. v. Rüdiger**, Geh. Regierungs- u. Gewerberat. Zweite Auflage. 1901. 2 M.

17. Preußisches **Gerichtskostengesetz.** Mit Kostentabellen. Von Dr. **P. Siméon**, Landgerichtsrat. Fünfte Auflage. 1908. Im Druck.

18. Preußisches **Stempelsteuergesetz** vom 31. Juli 1895. Mit den gesamten Ausführungsbestimmungen und vollständigen Tabellen. Von **P. Loeck**, Regierungsrat. Sechste Auflage. (In größerem Oktav-Format.) 1907. 6 M.

19. Das **Jagdscheingesetz.** Mit ausführlichen Erläuterungen. Von **F. Kunze**, Wirklichem Geh. Ober-Regierungsrat. Zweite Auflage. 1899. 2 M.

20. Die **preußischen Erbschaftssteuergesetze.** Unter Berücksichtigung der Novelle vom 31. Juli 1895. Von **U. Hoffmann**, Geh. Registrator im Königl. preuß. Finanzministerium. 1905. 4 M.
(Reichs-Erbschaftssteuergesetz s. Reichsgesetze Nr. 77).

21. Gesetz über die **Handelskammern.** Vom 19. August 1897. Mit Erläuterungen von **F. Lusensky**, Geh. Regierungsrat. 1897. 3 M.

22. Gesetz, betr. **Anstellung und Versorgung der Kommunalbeamten.** Mit Ausführungsanweisung. Von Dr. **W. Ledermann,** Magistratsassessor zu Berlin. 1899. 1 M. 25 Pf.

23. **Ausführungsgesetz zum Bürgerlichen Gesetzbuche.** Von Landrichter Dr. **P. Siméon.** 2. Aufl. 1905. 1 M. 80 Pf.

24. Die **Hinterlegungsordnung** in der Fassung des Ausführungsgesetzes z. BGB. v. 20. Sept. 1899 nebst Ausführungsbestimmungen. Von Regierungsassessor Dr. **Georg Bartels.** 1900. 1 M. 50 Pf.

25. **Preußische Kommunalbeamtengesetzgebung.** Von Magistr.-Assess. Dr. **Fr. Kremski,** Berlin. 1901. 3 M.

26. Gesetze über das **Diensteinkommen der Lehrer und Lehrerinnen, Ruhegehalt und Fürsorge für Hinterbliebene.** Tabelle zur Berechnung der Ruhegehalts-, Witwen- u. Waisenbezüge. Von Dr. **Ed. Cremer,** Beigeordneter. 1900. 2 M. 40 Pf.

27. Gesetz, betreffend die **Warenhaussteuer.** Von Geh. Ober-Finanzrat Dr. **G. Strutz.** 1900. 1 M. 20 Pf.

28. Gesetz über die **Fürsorgeerziehung Minderjähriger.** Nebst Ausführungsbestimmungen. Von Landgerichtsdirektor Dr. **P. F. Aschrott.** Zweite umgearbeitete Auflage. 1907. 2 M. 80 Pf.

29. Gesetz, betr. **die ärztlichen Ehrengerichte, das Umlagerecht und die Kassen der Aerztekammern.** Von Amtsgerichtsrat Dr. **Fidler.** 1901. 1 M. 50 Pf.

30. Die das **Preußische Staatsschuldbuch** und **Reichsschuldbuch** betr. Gesetze nebst Ausführungsbestimmungen. Von Wirkl. Geh. Ober-Finanzrat **J. Mücke,** Mitglied der Staatsschuldenverwaltung. 1902. 2 M.

31a. **Die geltenden Preußischen Gesindeordnungen.** Herausgegeben in zwei Bänden von **Stephan Gerhard,** Rechtsanwalt in Berlin. 1902.

Band I: Gesindeordnung für die altpreußischen Provinzen vom 8. XI. 1810, mit Erläuterungen unter Berücksichtigung der Ergänzungsgesetze und der Rechtsverhältnisse der Gesindevermieter, sowie die Gesindeordnung für Neuvorpommern und Rügen und für die Rheinprovinz. 2 M. 50 Pf.

31b. **Band II:** Gesindeordnungen für Hannover, Schleswig-Holstein, Hessen-Nassau und den Regierungsbezirk Hohenzollern. 2 M. 50 Pf.

32. **Die Städteordnung für die sechs östlichen Provinzen** Preußens vom 30. Mai 1853 nebst ihren gesetzlichen Ergänzungen. Von **Dr. jur. Walter Ledermann,** Magistrats-Assessor zu Berlin. (In größerem Oktav-Format.) 1902. 6 M.

33. **Rentenguts- und Anerbenrechts-Gesetzgebung in Preußen.** Von Landgerichtsrat **M. Peltasohn** und Rechtsanwalt **Bruno Peltasohn.** 1903. 3 M.

34. Sammlung der wichtigsten **preußischen Strafgesetze** nebst Anhang: Gesetz betr. polizeiliche Strafverfügungen vom 23. April 1883. Von **Otto Lindemann,** Amtsrichter. 1903. 2 M. 50 Pf.

Inhalt: Mobiliar-Feuerversicherung — Chausseegeld — Jagdpolizei — Jagdschein — Wild-Schonzeit — Fischerei — Versammlungs- u. Vereinigungsrecht — Belagerungszustand — Gesindedienstpflichten — Mineraliengewinnung und -Aneignung — Schlachthäuser — Dampfkesselbetrieb — Wandergewerbebetrieb — Reblausverbreitung — Forstdiebstahl — Wald- u. Wassergenossenschaften — Feld- u. Forstpolizei — Lotteriespiel — Verkehrsabgaben — Landestrauer.

35. **Geschäftsordnung für Gerichtsvollzieher.** Gerichtsvollzieherordnung und Gebührensätze von Amtsgerichtssekretär a. D. **Emil Exner.** 1904. 3 M. 50 Pf.

36. Die Gesetzgebung über **Polizeiverordnungen in Preußen** von **Otto Lindemann,** Amtsrichter in Köslin. 1904. 1 M. 50 Pf.

37. Gesetz über die **Enteignung von Grundeigentum** vom 11. Juni 1874. Von Landrichter **O. Meyer.** 1905. 2 M.

38. **Kreis- und Provinzial-Abgabengesetz.** Vom 23. April 1906. Von **Fr. Schmidt,** Gemeindevorsteher. 1906. 1 M. 25 Pf.

39. Gesetz betr. die **Unterhaltung der öff. Volksschulen.** Vom 28. Juli 1906. Von **Dr. A. Marcks,** Regierungsrat. 1906. 2 M.

40. Gesetz betr. das **Verwaltungsstreitverfahren** bei Zuwiderhandlungen gegen die Zollgesetze und die sonstigen Vorschriften über indirekte Reichs- und Landesabgaben, sowie die Bestimmungen über die Schlacht- und Wildpretsteuer vom 26. Juli 1897. Von **Dr. Richard Katzenstein,** Gerichtsassessor. 1907. 3 M. 60 Pf.

41. Die **preußischen Jagdpolizeigesetze.** Von **Fr. Kunze,** Wirkl. Geh. Oberregierungsrat und **R. Kühnemann,** Rechtsanwalt. Zweite gänzlich veränderte und verbesserte Auflage. 3 M. 60 Pf.

Guttentag'sche Sammlung von Text-Ausgaben mit Sachregister ohne Anmerkungen.

Die Preußischen Ausführungsgesetze, Verordnungen und ministeriellen Verfügungen zu dem Bürgerlichen Gesetzbuche und den Reichs-Justizgesetzen nebst anderen zugehörigen Gesetzen. Textausgabe, nach Materien geordnet, mit Sachregister von **L. Busch.** Zweite Auflage von Gerichtsassessor **O. Eylau.** 8°. Preis geb. 4 M. 50 Pf.

Die Preußischen Ausführungsgesetze zum Bürgerlichen Gesetzbuche und Nebengesetze. Text-Ausgabe ohne Anmerkungen. Fünfte Auflage. Taschenformat. Preis geb. in ganz Leinen 1 M. 80 Pf.

Handbuch des Testamentrechts mit zahlreichen Beispielen und Formularen. Dargestellt von **Heinrich Pelser,** Landgerichtsrat. gr. 8° (496 S.). Zweite Auflage. Preis 9 M., gebunden 10 M.

Bürgerliches Rechts-Lexikon.

Nach dem Bürgerlichen Gesetzbuch, dem Handelsgesetzbuch und sonstigen Reichs- und Landesgesetzen

bearbeitet von

E. Christiani, Amtsgerichtsrat.

Dritte, wesentlich vermehrte und verbesserte Auflage.

1908. Lex. 8°. Geb. in ganz Leinen Preis ca. 10 M. 50 Pf.

J. Guttentag, Verlagsbuchhandlung, G. m. b. H.
in Berlin W 35.

Preußische
Bürgerliche Gesetzsammlung.

Sammlung der noch geltenden Landesgesetze privatrechtlichen Inhalts. Herausgegeben von den Gerichtsassessoren **D. Fischer** und **Dr. F. Schroeder.**

8°. 2 Bände Preis geb. in ganz Leinen 20 M.

Erster Band: **Das Allgemeine Landrecht mit den Einführungs-Patenten.** Preis 6 M.

Zweiter Band: **Gesetze von 1773–1902.** Preis 14 M.

Das Recht der Agenten nach Deutschem Handelsrecht. Ein Kommentar zu §§ 84—92 des Handelsgesetzbuches von Dr. **Carl Albrecht** und Dr. **Paul Tentler,** Rechtsanwälte in Hamburg. 1908. gr. 8°. VIII und 202 S. Geb. in Leinen 4 M.

Das Preußische Baupolizeirecht nebst den einschlägigen Bestimmungen des **Ansiedelungs-, Feld- und Forstpolizei-, Waldschutz- und Deichgesetzes,** sowie dem **Fluchtlinien-, Rayongesetz** und dem Gesetz über die Zulässigkeit des Rechtsweges gegen polizeiliche Verfügungen. Kommentar von Kgl. Polizeiassessor A. Born. 1902. gr. 8°. (497 S.) 10 M., geb in Leinen 11 M.

Strafrecht der Berufsgenossenschaften nach den Unfallversicherungsgesetzen vom 30. Juni 1900. Unter Benutzung amtlichen Materials zum praktischen Gebrauche dargestellt von Professor, Regierungsrat Dr. Ludwig Laß. 1901 8°. (134 S.) Geb. in Leinen 3 M.

Erbenhaftung und Nachlaßkonkurs im neuen Reichsrecht. Von Professor Dr. Ernst Jaeger. 1898. gr. 8°. (117 S.) 3 M.

Fluchtliniengesetz. — Das Gesetz, betreffend die **Anlegung und Veränderung** von Straßen und Plätzen in Städten und ländlichen Ortschaften vom 2. Juli 1875. Des Kommentars von weil. Oberverwaltungsgerichtsrat R. Friedrichs fünfte, völlig neubearbeitete Auflage. Von Senatspräsident Dr. jur. Hugo von Strauß und Torney. 1905. 8°. (364 S.) geb. 5 M.

Die **freiwillige Gerichtsbarkeit** im Reiche und in Preußen. Ein Leitfaden von Dr. A. Nußbaum 1900. 8°. (268 S.) Geb. in Leinen 4 M.

Gewerberecht und Arbeiterschutz. Führer für Arbeitgeber und Arbeiter durch die Gewerbe- und Arbeiterschutzgesetze. Von G. Laurisch, Kgl. Gewerbeinspektor. 1901. 8°. (210 S.) Kart. 1 M. 80 Pf.

Die **Gläubigeranfechtung außerhalb des Konkurses.** Auf Grundlage des Gesetzes v. 21. Juli 1879. Von Prof. Dr. Ernst Jaeger. 1905. (356 S.) 9 M., geb. 10 M.

Die **Grundbuchordnung** nebst den preußischen Ausführungsbestimmungen mit Kommentar und systematischer Uebersicht über das materielle Grundbuchrecht. Von Reichsgerichtsrat Dr. Alex Achilles und Landrichter O. Strecker. 1901. Lex. 8°. (960 S.) 12 M., geb. in Halbfr. 14 M.

Die **Verfügungen in Grundbuchsachen**. Leitfaden für Grundbuchbeamte, Notare und Referendare. Von Amtsgerichtsrat Max Löwenherz. 1904. (115 S.) gr. 8°. 2 M., geb. in Leinen 2 M. 50 Pf.

Die **Haftpflicht der Beamten.** Nach Reichsrecht und dem Recht der deutschen Bundesstaaten unter Berücksichtigung der Haftpflicht des Staates (Gemeindeverbandes usw.). Von Landrichter Dr. H. Delius. 1901. 8°. (147 S.) Kart. 2 M.

Das Recht der Handlungsgehilfen und Handlungslehrlinge auf Grund des Handelsgesetzbuches, der Reichs-Gewerbeordnung, der Reichs-Versicherungsgesetze und des bürgerlichen Rechts dargestellt für Juristen und Kaufleute. Von Rechtsanwalt Hugo Horrwitz. 2. vollständig neubearbeitete Auflage. 1905. (203 S.) Geb. in Leinen 3 M.

Handelsgesetzbuch vom 10. Mai 1897 nebst Abdruck des Gesetzes über die Angelegenheiten der freiwilligen Gerichtsbarkeit und Gerichtsverfassungsgesetz (Titel 7, Kammern für Handelssachen). Zu praktischem Gebrauch dargestellt von Oberlandesgerichtsrat H. Könige. 1899. 8°. (410 S.) Geb. in Leinen 4 M. 50 Pf.

Das **Kommunalabgabengesetz** vom 14. Juli 1893. Für den praktischen Gebrauch mit einer geschichtlichen Einleitung und Erläuterungen versehen, sowie mit einem die Ausführungsanweisung berücksichtigenden Nachtrag. Kommentar von Oberbürgermeister Dr. Franz Adickes. 1894. 8°. (417 S.) Kart. 6 M.

Das **Absonderungsrecht im Konkurse** mit besonderer Berücksichtigung des preußischen und gemeinen Rechts, systematisch dargestellt von Oberlandesgerichtsrat Dr. Th. Wolff. 1892. gr. 8°. (542 S.) 10 M.

Konkursordnung mit Einführungsgesetz, Nebengesetzen und Ergänzungen in der Fassung des Gesetzes vom 17. Mai 1898. Kommentar von Oberlandesgerichtsrat Dr. Th. Wolff. 1900. gr. 8°. (555 S.) 11 M., geb. in Leinen 12 M.

Die Kurtaxe. Betrachtungen über ihre rechtliche Natur. Von Professor J. Kohler. 1902. gr. 8°. (52 S.) 1 M.

Das **Wohnungsmietrecht** nach dem Bürgerlichen Gesetzbuch. Zum praktischen Gebrauch für Juristen, Hausbesitzer und Mieter bearbeitet von Rechtsanwalt und Notar Th. Loomann. 1900. 8°. (144 S.) 2 M.

Der Raritätenbetrug. Von Dr. Hanns Gross, Universitäts-Professor. 1901. gr. 8°. (296 S.) 6 M.

Polizei und Publikum. Eine Darstellung der beiderseitigen Rechte und Pflichten an der Hand der grundlegenden Bestimmungen für die Ausübung der örtlichen allgemeinen Verwaltungspolizei in Preußen. Von Bürgermeister M. Koehne. 1897. 8°. (144 S.) Geb. in Leinen 2 M. 75 Pf.

Patentgesetz und Gesetz, betreffend den **Schutz von Gebrauchsmustern.** Von Justizrat Dr. A. Seligsohn. 2. Auflage. 1901. gr. 8°. (557 S.) 12 M., geb. in Leinen 13 M.

Die **Tätigkeit der Polizei in Strafsachen** auf Grund der Reichsjustizgesetze und des Preußischen Rechts für Polizeiverwalter und Polizeibeamte. Von Oberverwaltungsgerichtsrat St. Genzmer. 4. Auflage. 1900. 16°. (117 S.) Kart. 90 Pf.

Beschwerde und **Klage** sowie sonstige **Rechtsmittel** gegen polizeiliche Verfügungen und Zwangsmaßregeln. Gemeinverständlich dargestellt und durch Beispiele erläutert von Oberverwaltungsgerichtsrat B. von Kamptz. 1894. 12°. (93 S.) Kart. 1 M. 20 Pf.

Dienstunterricht für Polizei-Exekutiv-Beamte. 1. Teil. Strafgesetzgebung (Gerichtsverfassung, Strafprozeßordnung, Strafgesetzbuch). Von Polizeiinspektor J. Segger. 1900. 8°. (308 S.) Kart. 2 M.

Die Registratur. 2. Auflage. 1906. Von Hermann Kollrack, Kgl. Polizeisekretär am Berliner Polizeipräsidium. 8°. (84 S.) Kart. 1 M. 40 Pf.

Rechtsbrevier für deutsche Ehefrauen. 52 Merksprüche aus dem Bürgerl. Gesetzbuch mit Erläuterungen. Von Dr. jur. Emilie Kempin. 8°. (62 S.) Kart. 1 M.

Verwaltungs-Hygiene. Ein Handbuch der öffentlichen Gesundheitspflege für Verwaltungsbeamte. Von Dr. A. Pfeiffer. 1895. gr. 8°. (228 S.) 5 M., geb. in Leinen 6 M.

Handbuch des Vormundschaftsrechts. Unter Berücksichtigung der Ausführungsgesetze der deutschen Bundesstaaten. Von H. Schultetus, Landgerichtsrat in Rostock. 1899. 8°. (261 S.) 4 M., geb. in Leinen 4 M. 60 Pf.

Die Pflichten des Waisenrates. Ein praktischer Leitfaden für Waisenräte und Verwaltungsbeamte. Von F. Baum, Geh. Justizrat und Vormundschaftsrichter. Achte vermehrte und verbesserte Auflage. 1906. 8°. (46 S.) 60 Pf.

Wechselstempelsteuer und ihre Reform. Eine kritische Studie. Von Dr. jur. Eug. Jacobsohn. 1906. gr. 8°. (47 S.) 1 M.

Der Vormund, Gegenvormund, Pfleger u. Familienrat. Nach dem Bürgerlichen Gesetzbuch, dem Reichsgesetz über die Angelegenheiten der freiwilligen Gerichtsbarkeit und dem Ausführungsgesetz zum BGB. Ein praktischer Leitfaden. Von F. Baum, Geh. Justizrat und Vormundschaftsrichter. 1899. 8°. (64 S.) 50 Pf.

Gesetz zum **Schutz der Warenbezeichnungen** vom 12. Mai 1894, nebst Ausführungsbestimmungen. 2. Auflage, bearbeitet von Dr. A. Seligsohn in Gemeinschaft mit Rechtsanwalt Martin Seligsohn. 1905. gr. 8°. (353 S.) 7 M., geb. 8 M.

Anleitung zur **Bildung öffentlicher Genossenschaften zur Ent- und Bewässerung** von Grundstücken für Zwecke der Landeskultur in den preuß. Provinzen nebst den in Betracht kommenden Gesetzen und Ministerialerlassen. Zugleich ein Handbuch des landwirtschaftlichen Wasserrechts für jedermann. Von Regierungsrat Dr. Bernh. Webdige. 1887. 8°. (300 S.) 4 M. 50 Pf.

Das **Wildschadengesetz.** Vom 11. Juli 1891. Kommentar von Dr. A. Holtgreven u. Dr. Th. Wolff. Vierte vermehrte und verbesserte Auflage. 1902. 8°. (224 S.) 4 M., geb. in Leinen 4 M. 50 Pf.

Belehrung über den Wucher. Ein Schutz gegen Schädigung mit Fingerzeigen für jedermann. Nach dem neuen Wuchergesetz bearbeitet von Carl Pfafferoth, Geh. Kanzleirat im Reichsjustizamt. 1893. 8°. (38 S.) 50 Pf.

Das **Reichsgesetz zur Bekämpfung des unlauteren Wettbewerbs** nebst den ergänzenden Bestimmungen des Bürgerlichen Gesetzbuchs. Kommentar von Justizrat Albert Pinner, 1903. gr. 8°. (189 S.) 5 M., geb. in Leinen 6 M.

Verfassung des Deutschen Reichs. Mit Einleitung und Kommentar. Dritte, stark vermehrte und verbesserte Auflage. Von Prof. Dr. A. Arndt. 1907. 8°. (436 S.) 4 M., geb. in Leinen 5 M.

Das **Preußische Versammlungs- und Vereinsrecht.** Systematisch dargestellt. Von Staatsanwaltschaftsrat Dr. Paul Caspar. 1894. 8°. (130 S.) 2 M.

Handbuch für Vereine bei Aufstellung, Beratung und Änderung der Vereinssatzung auf Grund der §§ 21—79 des Bürgerlichen Gesetzbuches. Mit erläuternden Anmerkungen, einer sachlichen Einleitung sowie einem Satzungsentwurf versehen von Paul Behrens. 1899. 8°. (57 S.) kart. 1 M.

Die **Rechtsverhältnisse der geschlossenen Gesellschaften und Vereine** nach preußischem Recht unter besonderer Berücksichtigung der Befugnisse der Polizeibehörden. Von Dr. H. Delius, Landrichter. 1902. 8°. (85 S.) kart. 1 M. 60 Pf.

Wie leitet man eine Versammlung? Geschäftlicher Handweiser für Vorsitzende. Von einem Mitgliede des deutschen Reichstages und des preußischen Abgeordnetenhauses. 12°. (88 S.) kart. 1 M.

Handbuch zum Verfahren der Zwangsversteigerung und Zwangsverwaltung nach dem Reichsgesetz v. 24. März 1897 (Fassung vom 20. Mai 1898). Ein Hilfsbuch für die Praxis und ein Lehrbuch für jüngere Juristen von Amtsgerichtsrat M. R. Samter. 1904. gr. 8°. (392 S.) 8 M. 50 Pf., geb. in Halbfr. 10 M.

Auf der Fahrt mit Landstreichern. Von J. Flynt. Aus dem Englischen. Uebersetzt von Lilli du Bois Reymond. 1904. 8°. (259 S.) 3 M.

Schlagwort-Register.

R. – Nummer der Sammlung Deutscher Reichsgesetze.
P. = Nummer der Sammlung Preußischer Gesetze.
S. – Seite.

FSC
www.fsc.org
MIX
Papier | Fördert
gute Waldnutzung
FSC® C083411

Kolibri 360 GmbH
Ferdinand-Jühlke-Straße 7
99095 Erfurt, Deutschland
produktsicherheit@kolibri360.de